Lucineide Cruz
Juliana Pontelo

GESTÃO DE TALENTOS

SENAC • Serviço Nacional de Aprendizagem Comercial-DF

Presidente do Conselho Regional
Adelmir Santana

Diretor Regional
Luiz Otávio da Justa Neves

Editora Senac Distrito Federal
Coordenador
Luiz Otávio da Justa Neves

Editora-chefe
Bete Bhering
(mariabh@senacdf.com.br)

Livreiro-chefe
Antonio Marcos Bernardes Neto
(marcos@senacdf.com.br)

Coordenação Editorial
Gustavo Coelho
(gustavo.souza@senacdf.com.br)

Equipe da Editora Senac-DF
Bete Bhering, Gustavo Coelho,
Nair Ofuji e Eduarda Trivelli

Editora Senac Distrito Federal
SIA Trecho 3, Lotes 625/695,
Shopping SIA Center Mall, Loja 10
CEP 71200-030 Guará, DF |
Telefone: (61) 3313-8789
E-mail: editora@senacdf.com.br
Site: www.senacdf.com.br/editora

Conselho Editorial

Membros Titulares
Antonio Marcos Bernardes Neto
Kátia Christina S. de Morais Corrêa
Lindomar Aparecida da Silva
Luiz Carlos Pires de Araújo
Helena Souza de Oliveira

Membros Colaboradores
Eunice Nóbrega Portela
Elidiani Domingues Bassan de Lima
Heloisa Helena Almeida Borges
Moacir Boaventura Júnior
Cinara Gomes de Oliveira

Projeto Gráfico | Diagramação| Capa
Eduarda Trivelli e Gustavo Coelho

Revisão de prova | Nair Ofuji

Revisão de texto | Edelson Rodrigues
Nascimento (Working – Associação de Integração)

Leitor Crítico | Paulo Bezerra

Foto capa | Thinkstock

Copyright © by Lucineide Cruz e
Juliana Pontelo
Todos os direitos desta edição
reservados à Editora Senac-DF
Editora Senac Distrito Federal, 2016

Dados Internacionais de Catalogação na Publicação (CIP)
(Cláudio da Silva de Jesus – Bibliotecário - CRB 2758/DF)

C957g

    Cruz, Lucineide.
       Gestão de Talentos / Lucineide Cruz, Juliana de Fátima Pontelo –
    Brasília: Senac-DF, 2016.
    288 p.: il. ; 16,5x24 cm.

    ISBN: 978-85-62564-55-0

    1. Gestão de Pessoas. 2. Recursos Humanos. 3. Liderança. I.Título.

    CDU 005.96

GESTÃO DE TALENTOS

Lucineide Cruz
Juliana Pontelo

Brasília -2016

Agradecimentos

Agradecemos a todos que diretamente ou indiretamente contribuíram para a construção do livro: Viviane Rassi; Paulo Bezerra; Rejane Miranda; Adelmir Santana; Valdíria Thorstenberg e a Editora Senac-DF o pela coordenação da publicação desta obra.

Ao leitor

Este livro destina-se a profissionais, empresários e estudantes que pretendem conhecer e compreender os conceitos que englobam o gerenciamento de talentos.

O livro foi elaborado por meio de estudos, pesquisas, publicações, e experiências de profissionais, principalmente, da área de gestão de pessoas. No início de cada capítulo foram colocadas questões para reflexões com a finalidade incentivar o leitor a refletir sobre o assunto, antes de lê-lo. Também foram inseridos os objetivos de cada capítulo para auxiliar a identificar o assunto que será abordado.

Já no desenvolvimento, destacam-se além dos conceitos e conteúdos pertinentes ao tema, dicas, textos e artigos publicados na internet para complementação do assunto.

Ao final de cada capítulo foram incluídos casos de estudo, dicas de filmes com a finalidade de visualizar, comparar, analisar e compreender os conteúdos abordados, por meio de imagens, cenas, personagens, histórias e estórias.

Esperamos contribuir para maior disseminação do assunto "gestão de talentos", e que em cada capítulo o leitor possa sentir-se estimulado a continuar o seu processo de aprofundamento e capacitação de seus conhecimentos.

As autoras

Prefácio

O presente livro obra primorosamente produzida como fruto de diversos anos de trabalho das autoras, corresponde a um acervo aprimorado de material, amplamente usado por profissionais da área de gestão de pessoas quanto em disciplinas de graduação e de pós-graduação, ministradas nas principais instituições de educação superior de todo o Brasil.

Gerir talentos é coordenar estratégias que permitam desenvolver as potencialidades dos colaboradores, fazendo com que saibam quais são as suas potencialidades e como conduzi-las para o aumento do nível do desempenho organizacional. Afinal, quando colaboradores são reconhecidos pelos seus talentos e alocados a tarefas que permitam desenvolver suas competências, pessoas e organizações ganham com essa parceira.

Recrutar e selecionar talentos não são tarefas fáceis, exige que o gestor conheça o negócio da organização e perceba nas pessoas que irá selecionar potenciais colaboradores cujas habilidades, adequadamente desenvolvidas, poderão satisfazer as necessidades presentes e futuras da organização.

Muito do sucesso do negócio está na gestão dos talentos de seus colaboradores e isso se baseia essencialmente na relação de confiança, justiça e reciprocidade entre a organização e seu pessoal e pode proporcionar, entre outros benefícios, aumento da demanda e eficiência organizacional, níveis mais elevados de inovação e vantagem competitiva.

Essa obra converge para a essência da gestão de talentos quando aborda o que são talentos nas organizações, como pensar e agir antes do processo de recrutamento e seleção, assim como identificar e avaliar os talentos existentes no ambiente de trabalho. Trata da qualidade de vida no trabalho e de outras estratégicas para retenção de talentos na organização. São conhecimentos importantes que irão contribuir na arte de gerenciar pessoas normais em rumo a resultados excepcionais.

Profa.Ma. Rejane Miranda
Doutoranda da FEA/USP em Administração

Sumário

Apresentação 11

Capítulo 1 - Gestão de Recursos Humanos ou Gestão de Pessoas? 13

Capítulo 2 - O Talento nas Organizações 31

Capítulo 3 - O planejamento para o Processo de Recrutamento e Seleção de Talentos 47

Capítulo 4 - Recrutando e Selecionando Talentos para a Organização 65

Capítulo 5 - Atração de Talentos para a Organização 93

Capítulo 6 - Identificação e Avaliação de Talentos nas Organizações 129

Capítulo 7 - Estratégias Utilizadas na Retenção de Talentos 147

Capítulo 8 - Estratégias de Qualidade de Vida para a Retenção de Talentos 189

Capítulo 9 - Liderança e a Gestão de Pessoas 219

Capítulo 10 - Rotatividade de Empregados – *Turnover* 235

Capítulo 11 - Desafios da Gestão de Talentos 255

Glossário 265

Referencias Bibliográficas 271

Anexos 281

Apresentação

> "Qualquer ser humano, em qualquer parte do mundo, irá florescer em cem talentos e capacidades inesperadas, simplesmente por lhe ser dada oportunidade de o fazer." - Doris Lessing

Vivemos em um cenário competitivo em que as empresas precisam cada vez mais de melhor capacidade de planejamento e gestão de pessoas. As empresas buscam maiores níveis de competitividade, agilidade no mercado e captação e retenção de colaboradores que demonstram engajamento e comprometimento com os valores da empresa. Esse é um grande desafio para a área de gestão de pessoas principalmente no que se refere aos talentos.

O desempenho de uma empresa é o resultado de como são geridos seus recursos internos, e, um dos principais, é o Capital Humano. O cuidado com os colaboradores e a atenção nos diversos aspectos, principalmente em um ambiente organizacional atrativo, é a preocupação deste livro.

Este livro aponta que a busca de um processo constante de melhoria com foco na produtividade e efetividade dos colaboradores necessita de diretrizes e políticas que perpassam o recrutamento e seleção, a atração de talentos, a identificação e a avaliação dos talentos na organização, além das estratégias de retenção.

As autoras mostram, claramente, que os setores de Recursos Humanos das empresas deixaram de ser burocráticos e administrativos para assumir o desafio de lidar com um contexto dinâmico de um cenário competitivo. Esse novo contexto trouxe novas relações com o trabalho e uma dinâmica que aponta para ações estratégicas por parte das áreas de RH, definidoras na geração de vantagens competitivas sustentáveis.

Com a evolução das estratégias e com o RH como o catalizador e qualificador na área de gestão de pessoas, as autoras apontam ainda a importância do estilo e formação da liderança no processo da busca do atingimento das metas corporativas e os grandes desafios da gestão de talentos.

Um dos principais ativos de uma empresa é o Capital Humano. Saber lidar com sua alocação, desenvolvimento e atração, além de valorização, é um grande passo para que os objetivos empresariais sejam alcançados. Considero este livro um excelente instrumento nesta empreitada em que cada página desperta novas formas de pensar.

Viviane Rassi
Coordenadora do Núcleo de Planejamento e Orçamento Senac-DF

Capítulo 1
Gestão de Recursos Humanos ou Gestão de Pessoas?

"O mais importante e bonito do mundo é isto: que as pessoas não estão sempre iguais, mas que elas vão sempre mudando."

Guimarães Rosa

> *Objetivos deste capítulo:*
>
> *1) Apresentar a evolução da área de gestão de pessoas.*
> *2) Proporcionar um conceito abrangente sobre gestão de pessoas.*
>
> *Antes de ler sobre o assunto, faça uma reflexão:*
>
> *1) Como ocorreu a evolução da área de gestão de pessoas no Brasil?*
> *2) O governo brasileiro influenciou o desenvolvimento da área de gestão de pessoas?*

Administrar é o desafio de planejar, de organizar, de comandar, de controlar e de coordenar esforços no sentido de obter resultados desejados. Para que isso aconteça, é necessário contar tanto com recursos patrimoniais, financeiros, quanto com os recursos humanos (mão-de-obra), que podem ser uma fonte de talento para auxiliar no sucesso organizacional.

Ao longo da história, a compreensão sobre como administrar pessoas, tanto no Brasil quanto no restante de mundo, foi sendo modificada e influenciada por diversos fatores, como poderemos ver a seguir.

1.1 Histórico da Área de Gestão de Pessoas

O histórico da gestão de pessoas é repleto tanto de contribuições de teóricos e de organizações que apresentaram êxito organizacional e influenciaram outras (como, por exemplo, a Microsoft, a Apple e o Google), quanto de modelos de sistema econômico e de interferências governamentais, que, por meio de legislações, mudaram, na maioria das organizações, a forma como estas realizam a gestão das pessoas que nelas trabalham.

No Brasil, o processo de escravidão deixou marcas tanto nos corpos dos escravos como no padrão de gestão que foi copiado por décadas em organizações, que preferiram o distanciamento do colaborador e uma política que pode ser traduzida em frases como: "Manda quem pode, obedece quem tem juízo" e "Você é pago para trabalhar, e não para pensar".

Até nos dias de hoje é possível encontrar a prática da escravidão. Dados do Ministério do Trabalho e Emprego (MTE), da Divisão de Fiscalização para

Erradicação do Trabalho Escravo[1], relatam que, no período entre 1995 a 2013, foram resgatados 46.478 trabalhadores que viviam em condições similares à escravidão, apesar de estar tipificado como crime no Código Penal Brasileiro, desde 1940 (Decreto-Lei n° 2.848) e revisado em 2003 (Lei n° 10.803).

> A **Lei n° 10.803, de 11 de dezembro de 2003**, alterou o art. 149 do Decreto-Lei n° 2.848, de 7 de dezembro de 1940 – Código Penal, para estabelecer penas ao crime nele tipificado e indicar as hipóteses em que se configura condição análoga à de escravo.
> Art. 1° O art. 149 do Decreto-Lei n° 2.848, de 7 de dezembro de 1940, passa a vigorar com a seguinte redação:
> **Art. 149.** Reduzir alguém a condição análoga à de escravo, quer submetendo-o a trabalhos forçados ou a jornada exaustiva, quer sujeitando-o a condições degradantes de trabalho, quer restringindo, por qualquer meio, sua locomoção em razão de dívida contraída com o empregador ou preposto:
> Pena – reclusão, de dois a oito anos, e multa, além da pena correspondente à violência.
> § 1° Nas mesmas penas incorre quem:
> I – cerceia o uso de qualquer meio de transporte por parte do trabalhador, com o fim de retê-lo no local de trabalho;
> II – mantém vigilância ostensiva no local de trabalho ou se apodera de documentos ou objetos pessoais do trabalhador, com o fim de retê-lo no local de trabalho.
> § 2° A pena é aumentada de metade, se o crime é cometido:
> I – contra criança ou adolescente;
> II – por motivo de preconceito de raça, cor, etnia, religião ou origem." (NR)

É importante lembrar que o combate à escravidão não ocorreu somente no Brasil. As ações que aqui ocorreram estão em conformidade com a Declaração Universal dos Direitos Humanos, que afirmou, na Resolução n° 217 A (III) da Assembléia Geral das Nações Unidas, em seu artigo IV: "ninguém será mantido em escravidão ou servidão, a escravidão e o tráfico de escravos serão proibidos em todas as suas formas" (dezembro de 1948).

Mas o que leva, em pleno século XXI, as pessoas a viverem como se estivessem no século XVI? Por quais razões não foi possível erradicar totalmente a prática da escravidão? No Brasil, os séculos que envolveram a escravidão deixaram o seu legado, mas esta não foi o único fator a deixar marcas. Para

---

[1]QUADRO geral das operações de fiscalização para erradicação do trabalho escravo - SIT/SRTE 1995 a 2013. **Divisão de Fiscalização para Erradicação do Trabalho Escravo** – DETRAE. Disponível em: <http://portal.mte.gov.br/data/files/8A7C816A-45B26698014625BF23BA0208/Quadro%20resumo%20opera%C3%A7%C3%B5es%20T.E.%201995%20-%202013.%20Internet.pdf>f.

compreender melhor a administração de gestão de pessoas, no Brasil, é necessário compreender o seu histórico e a sua evolução.

Saiba mais...

28 de janeiro – Dia Nacional de Luta contra a Escravidão[2] – O Dia nacional de Combate ao Trabalho Escravo foi instituído após a Chacina de Unaí. Há nove anos, três auditores fiscais de trabalho e um motorista do Ministério do Trabalho foram assassinados durante uma fiscalização em fazendas da cidade mineira de Unaí, distante 160 quilômetros de Brasília. Até hoje, a Justiça não conseguiu concluir o processo. O caso motivou as autoridades a instituírem a data de 28 de janeiro como o Dia Nacional de Combate ao Trabalho Escravo. Várias manifestações populares vêm sendo realizadas nesse dia ao longo dos últimos anos, organizadas pela população e, principalmente, por profissionais que atuam direta ou indiretamente no combate a esse tipo de condição ilegal de trabalho..

Lei que fecha empresa com escravidão é sancionada[3] – Regra vale para envolvimento direto ou indireto nas violações. Autuados ficarão impedidos, por dez anos, de exercer no estado o mesmo ramo de atividade econômica. O governador do estado de São Paulo, Geraldo Alckmin, sancionou, no dia 28/01/13, o Projeto de Lei n° 1.034/2011, que prevê o fechamento de empresas que utilizem trabalho em condições análogas à escravidão.

Trabalho escravo é uma realidade também na cidade de São Paulo[4] – Imigrantes latino-americanos em situação ilegal no Brasil são vítimas de trabalho escravo na maior cidade do país. Bolivianos, paraguaios, peruanos e chilenos compõem um "exército" de mão-de-obra barata e abundante na capital paulista.

---

[2] 28 DE JANEIRO Dia Nacional de Luta contra a Escravidão. CPT - **Comissão Pastoral da Terra Regional** - PI. Disponível em: <http://cptpi.blogspot.com.br/2013/01/28-de-janeiro-dia-nacional-de-luta.html>.
[3] OJEDA, Igor. **Lei que fecha empresa com escravidão é sancionada. Repórter Brasil**. Disponível em: <http://www.reporterbrasil.org.br/pacto/noticias/view/448>.
[4] ROSSI, Camila; SAKAMOTO, Leonardo. **Trabalho escravo é uma realidade também na cidade de São Paulo.** Repórter Brasil. Disponível em: <http://reporterbrasil.org.br/2005/04/trabalho-escravo-e-uma-realidade-tambem-na-cidade-de-sao-paulo/>.

MTE atualiza "lista suja"[5]

No cadastro de exploradores de mão de obra análoga à de escravo, foram feitas 91 inclusões de empregadores e 48 exclusões.

Brasília, 02/07/2014 – O Ministério do Trabalho e Emprego (MTE) atualizou, nesta terça-feira (1), o cadastro de empregadores flagrados explorando mão de obra análoga à escrava no país. No cadastro, foram incluídos 91 nomes de empregadores flagrados mantendo trabalhadores em condições análogas às de escravo. Além disso, 48 empregadores foram excluídos do cadastro conhecido como "Lista Suja", em cumprimento a requisitos administrativos.

Com a atualização, o documento passa a conter 609 infratores, entre pessoas físicas e jurídicas com atuação no meio rural e urbano. Desse total, o estado do Pará apresenta o maior número de empregadores inscritos na lista, totalizando cerca de 27%, seguido por Minas Gerais, com 11%, Mato Grosso, com 9%, e Goiás, com 8%. A pecuária constitui a atividade econômica desenvolvida pela maioria dos empregadores (40%), seguida da produção florestal (25%), agricultura (16%) e indústria da construção (7%).

Os procedimentos de inclusão e exclusão são determinados pela Portaria Interministerial nº 2/2011, que estabelece a inclusão do nome do infrator no Cadastro após decisão administrativa final relativa ao auto de infração, lavrado em decorrência de ação fiscal, em que tenha havido a identificação de trabalhadores submetidos a "trabalho escravo".

As exclusões derivam do monitoramento, direto ou indireto, pelo período de dois anos da data da inclusão do nome do infrator no Cadastro, a fim de verificar a não reincidência na prática do "trabalho escravo", bem como do pagamento das multas decorrentes dos autos de infração lavrados na ação fiscal. A lista passa por atualizações maiores a cada seis meses.

O MTE não emite qualquer tipo de certidão relativa ao Cadastro. A verificação do nome do empregador na lista se dá por intermédio da simples consulta à lista, que elenca os nomes em ordem alfabética.

---

[5] MTE atualiza lista suja. **Portal do Trabalho e Emprego. Ministério do Trabalho e Emprego.** Disponível em: <http://portal.mte.gov.br/imprensa/mte-atualiza-lista-suja.htm>.

Dica de filme:

"Doze anos de escravidão"
Direção: Steve McQueen
Ano: 2013

Dados sobre o filme: Este filme, baseado no livro da autobiografia de Solomon Northup, retrata os registros da sua condição de escravo, no período de 1841 a 1853 nos Estados Unidos. Solomon Northup, nasceu livre, cidadão nova-iorquino, era letrado e vivia com sua família até o dia em que após receber uma falsa proposta de trabalho, foi sequestrado, drogado e vendido como escravo, na cidade de Washington em 1841. Levado para o sul do País, passou a maior parte do tempo em cativeiro, trabalhando na condição de escravo, em fazendas de plantações de algodão no estado de Louisiana – EUA. Somente em 1853, ele conseguiu ser resgatado.

Observe no filme: Características da relação de trabalho escravo, o assédio moral e sexual, bem como elementos de crueldade e desrespeito ao trabalhador. É possível também refletir sobre a maneira como era realizada a liderança, a gestão das pessoas e dos negócios nas fazendas, ou seja, a forma como os escravos eram escolhidos; a relação de trabalho e as condições as quais estes eram submetidos.

1.2 - Era Industrial

Com a popularização da máquina a vapor, que auxiliou o desenvolvimento da primeira revolução industrial, estudiosos como Frederick W. Taylor, Henry Ford Henri Fayol, Elton Mayo, entre outros, contribuíram para a evolução da Administração nas organizações e para a maneira como estas organizavam, controlavam, estimulavam e coordenavam também a mão-de-obra.

Na Administração Científica, que teve entre seus colaboradores Frederick W. Taylor e Henry Ford, ocorreu a fundamentação científica, que implicava observar, analisar, verificar e posteriormente aplicar estratégias e princípios às atividades administrativas e de pessoal.

Naquela época as atividades se caracterizavam fundamentalmente pela preocupação com a diminuição dos custos e despesas na organização. Taylor, engenheiro e grande observador, detectou que, na fábrica, os operários produziam menos do que poderiam produzir. Para sanar essa questão, estudou o tempo e o movimento dos trabalhadores. Identificando os melhores operários, analisava seus movimentos, criava modelos para depois replicar e capacitar os demais trabalhadores, a fim de desenvolver melhor movimento destes, resultando numa diminuição no tempo em cada tarefa.

Henry Ford, um dos pioneiros da indústria automobilista, preocupou-se também com a especialização do trabalhador e a adaptação dos movimentos ao ritmo da produção. Alicerçou a idéia da produção em massa, em série e em cadeia contínua. Valorizou e atraiu trabalhadores efetuando pagamentos de salários mais altos que a média das outras empresas.

> Declaração de Ford no início da carreira como produtor de carros[6]:
> Construirei um carro motorizado para as multidões. Será grande o bastante para a família, mas pequeno o suficiente para que uma pessoa o guie e consiga mantê-lo. Será construído com os melhores materiais, pelos melhores homens disponíveis, a partir de projetos mais simples que a engenharia moderna puder conceber. Mas terá um preço tão baixo que todo homem que tenha um bom salário será capaz de ter um – para desfrutar, com sua família, da bênção das horas de prazer nos grandes espaços abertos de Deus.
> - (MAXWELL, 2007, p. 161)

---

[6] MAXWELL, John C. **As 21 irrefutáveis leis da liderança:** uma receita comprovada para desenvolver o líder que existe em você. Thomas Nelson Brasil. Rio de Janeiro, 2007. Ou Rio de Janeiro: Thomas Nelson Brasil, 2007..

Já a contribuição de Fayol foi baseada em estudos sobre como dirigir pessoas e atividades. Acreditava que as funções administrativas englobariam: previsão; planejamento; organização; direção; coordenação; e controle.

Com os estudos e experiências coordenadas por Elton Mayo, nos Estados Unidos, no campo do comportamento humano no trabalho, verificou-se a influência de fatores psicológicos e sociais na produtividade, o que estimulou a visão do trabalhador como um ser social na gestão de pessoas.

No Século XVIII, teve inicio a revolução industrial, e em 1919 foi criada a Organização Internacional do Trabalho (OIT), que é responsável pela formulação e aplicação das normas internacionais do trabalho, cujas convenções e recomendações influenciaram, no Brasil, a construção da Consolidação das Leis Trabalhistas (CLT).

> Organização Intencional do Trabalho – OIT[7]
>
> Em 1919 foi criada a Organização Internacional do Trabalho – OIT, como parte do Tratado de Versalhes, que pôs fim à Primeira Guerra Mundial. Fundou-se sobre a convicção primordial de que a paz universal e permanente somente pode estar baseada na justiça social. É a única das agências do Sistema das Nações Unidas com uma estrutura tripartite, composta de representantes de governos e de organizações de empregadores e de trabalhadores. A OIT é responsável pela formulação e aplicação das normas internacionais do trabalho (convenções e recomendações). As convenções, uma vez ratificadas por decisão soberana de um país, passam a fazer parte de seu ordenamento jurídico. O Brasil está entre os membros fundadores da OIT e participa da Conferência Internacional do Trabalho desde sua primeira reunião.
> Na primeira Conferência Internacional do Trabalho, realizada em 1919, a OIT adotou seis convenções.
> A primeira delas respondia a uma das principais reivindicações do movimento sindical e operário do final do século XIX e começo do século XX: a limitação da jornada de trabalho a 8 horas diárias e 48 semanais. As outras convenções adotadas nessa ocasião referem-se à proteção da maternidade, à luta contra o desemprego, à definição da idade mínima de 14 anos para o trabalho na indústria e à proibição do trabalho noturno de mulheres e menores de 18 anos. Albert Thomas tornou-se o primeiro Diretor-Geral da OIT.
> Em 1926, a Conferência Internacional do Trabalho introduziu uma inovação importante com vistas a supervisionar a aplicação das normas. Criou uma

---

[7] HISTÓRIA. **Organização Internacional do Trabalho**. Disponível em: <http://www.oit.org.br/>.

Comissão de Peritos, composta por juristas independentes, encarregada de examinar os relatórios enviados pelos governos sobre a aplicação de Convenções por eles ratificadas (as "memórias"). A cada ano essa Comissão apresenta seu próprio relatório à Conferência. Desde então, seu mandato foi ampliado, para incluir memórias sobre convenções e recomendações não ratificadas.

Em 1932, depois de haver assegurado uma forte presença da OIT no mundo durante 13 anos, Albert Thomas faleceu. Seu sucessor, Harold Butler, teve que enfrentar o problema do desemprego em massa, produto da Grande Depressão. Nesse contexto, as convenções já adotadas pela OIT ofereciam um mínimo de proteção aos desempregados.

Durante seus primeiros quarenta anos de existência, a OIT consagrou a maior parte de suas energias a desenvolver normas internacionais do trabalho e a garantir sua aplicação. Entre 1919 e 1939 foram adotadas 67 convenções e 66 recomendações. A eclosão da Segunda Guerra Mundial interrompeu temporariamente esse processo.

Em agosto de 1940, a localização da Suíça no coração de uma Europa em guerra levou o novo Diretor-Geral, John Winant, a mudar temporariamente a sede da Organização de Genebra para Montreal, no Canadá. Em 1944, os delegados da Conferência Internacional do Trabalho adotaram a Declaração de Filadélfia, que, como anexo à sua Constituição, constitui, desde então, a carta de princípios e objetivos da OIT. Essa Declaração antecipava em quatro meses a adoção da Carta das Nações Unidas (1946) e em quatro anos a Declaração Universal dos Direitos Humanos (1948), para as quais serviu de referência. Reafirmava o princípio de que a paz permanente só pode estar baseada na justiça social e estabelecia quatro ideias fundamentais, que constituem valores e princípios básicos da OIT até hoje: que o trabalho deve ser fonte de dignidade, que o trabalho não é uma mercadoria, que a pobreza, em qualquer lugar, é uma ameaça à prosperidade de todos e que todos os seres humanos têm o direito de perseguir o seu bem-estar material em condições de liberdade e dignidade, segurança econômica e igualdade de oportunidades.

No final da guerra, nasce a Organização das Nações Unidas (ONU), com o objetivo de manter a paz por intermédio do diálogo entre as nações. A OIT, em 1946, se transforma em sua primeira agência especializada.

Dica de filme:

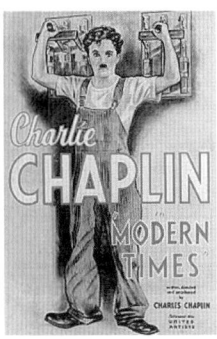

"TEMPOS MODERNOS"
Direção: Charles Chaplin
Ano: 1936

Dados sobre o filme: Este filme faz uma crítica ao processo industrial desenvolvido em sua época. Chegou a ser proibido na Alemanha, na época de Hitler e na Itália, na gestão de Mussolini. No filme podem ser observados os conceitos da Teoria Científica e Clássica da administração, muito utilizadas na primeira Revolução Industrial, onde com a popularização da máquina a vapor, a produção artesanal foi substituída pela produção em série. O filme descreve também a vida urbana e a grande depressão que se abateu, após a crise de 1929, nos Estados Unidos.

Observe no filme: a forma como eram realizadas a divisão das tarefas, a hierarquia, a liderança, a gestão dos colaboradores e o controle da produção na fábrica, bem como o contexto em que viviam os cidadãos da época.

1.3 - A regularização das leis trabalhistas no Brasil

A estrutura das relações de trabalho e emprego teve um impacto no que se refere a direitos e deveres que influenciou o processo de gestão de pessoas, principalmente nas décadas de 1930 e 1940.

No governo de Getúlio Vargas, ocorreu a criação do Ministério do Trabalho Indústria e Comércio, atualmente Ministério do Trabalho e Emprego, por meio do Decreto nº 19.433, de 26 de novembro de 1930. O primeiro ministro que assumiu a pasta foi Lindolfo Leopoldo Boeckel Collor (avô do ex-presidente

Fernando Collor de Melo). Em 19 de março de 1931, por meio do Decreto nº 19.770, foi decretada a Lei da Sindicalização, que regulamentou a sindicalização das classes patronais e operárias.

Também no governo de Getulio Vargas foi promulgada a Consolidação das Leis do Trabalho, mais conhecida como CLT, por meio do Decreto-Lei nº 5.452, de 1º de maio de 1943, que entrou em vigor no dia 10 de novembro do mesmo ano. Por meio dela foram legitimados os direitos trabalhistas como: os horários de trabalho, o período de descanso, o período das férias, medidas preventivas de medicina do trabalho e instituída a obrigatoriedade de assinatura da Carteira de Trabalho e Previdência Social (CTPS), entre outras regulamentações.

Após a promulgação da CLT, as organizações sofreram transformações, devido à necessidade das modificações internas para atenderem à regulamentação trabalhista.

Nas organizações, a área de recursos humanos (atualmente gestão de pessoas) realizava basicamente as tarefas de registrar o empregado, controlar a quantidade de pessoal e elaborar a folha de pagamento. Após a promulgação da CLT, surgiu a necessidade de ter um profissional para acompanhar e manter os trabalhadores, com o intuito de manter a organização dentro das normas da legislação trabalhista.

1.4 - O desenvolvimento da área de gestão de pessoa ao longo dos anos

No Brasil, a década de 1960 ficou marcada com o impulso à industrialização e a transferência da Capital Federal do Rio de Janeiro para Brasília, pelo então presidente Juscelino Kubitschek, o que abriu muitas oportunidades de trabalho.

A industrialização exigiu mudanças nas relações de trabalho, principalmente porque houve a necessidade de ter trabalhadores qualificados. As organizações precisavam de operadores que executassem bem suas atividades, que envolviam em grande parte maquinários, assim como precisava de pessoas que fossem capazes de efetuar um gerenciamento eficaz.

No intuito de estimular a capacitação dos trabalhadores, em 2 de Dezembro de 1965, por meio do Decreto nº 57.375, no governo de Castello Branco, foi determinado que uma das metas do Serviço Social da Indústria (Sesi), criado em 1º de julho de 1946, seria a elevação da produtividade industrial e atividades assemelhadas. Para isso, até os dias de hoje, essa instituição oferece cursos para melhorar a qualidade da educação, auxiliando, por meio da qualificação de trabalhadores, as organizações.

Com o desenvolvimento da industrialização, ocorreu uma influência das teorias administrativas, devido à preocupação com o controle de tempo, o movimento, a padronização e a minimização de custos. Para auxiliar o processo administrativo, foi criado, em muitas organizações, o departamento de pessoal, para o processo de admissão, demissão e pagamento dos trabalhadores. Nessa época (década de 1960), a área de recursos humanos era gerenciada, principalmente, por engenheiros e advogados.

Como forma de auxiliar as organizações na contratação de profissionais, surge, em 1965, em Minas Gerais, o grupo SELPE[8] de Recursos Humanos, que oferece, desde então, o serviço de recrutamento e seleção para as organizações, sendo um dos pioneiros na área.

Nesse mesmo ano, em Campinas, São Paulo, foi criada a Associação Brasileira de Administração de Pessoal (Abape), atualmente conhecida como Associação Brasileira de Recursos Humanos (ABRH-Nacional), que tem como missão[9] disseminar conhecimento sobre o mundo do trabalho, para desenvolver pessoas e organizações, influenciando na melhoria da condição social, política e econômica do país.

O desenvolvimento do estudo na área de administração ocorre no governo de Castelo Branco, por meio da Lei nº 4.769, de 9 setembro de 1965, que acrescentou ao Grupo da Confederação Nacional das Profissões Liberais, constante do Quadro de Atividades e Profissões, anexo à CLT, a categoria profissional de Técnico de Administração.

A visão sobre as pessoas na organização toma maior abrangência quando, em 1966, o Conselho Federal de Educação, por meio do Parecer nº 307/66, fixa o primeiro currículo mínimo do curso de Administração, em que constavam as disciplinas: Administração de Pessoal, Legislação Social e Psicologia Aplicada à Administração.

---

[8] GRUPO SELPE. Linha do tempo. **Grupo Selpe**. Disponível em: <http://www.gruposelpe.com.br/institucional/linha-do-tempo>.
[9] ABRH. **ABRH- Brasil**. Disponível em: <http://www.abrhnacional.org.br/abrh/quemsomos.html>.

No olhar mais aberto em relação ao trabalho e emprego, em 1968, o presidente Costa e Silva, por meio do Decreto n° 62.150, promulga a Convenção n° 111 da OIT, que visa à não discriminação no trabalho.

> **CONVENÇÃO n° 111 DA ORGANIZAÇÃO INTERNACIONAL DO TRABALHO – OIT**[10]
> Promulgada pelo Decreto n° 62.150, de 19 de janeiro de 1968.
> Artigo 1°.
> 1. Para os fins desta Convenção, o termo "Discriminação" compreende:
> a) toda distinção, exclusão ou preferência, com base em raça, cor, sexo, religião, opinião política, nacionalidade ou origem social, que tenha por efeito anular ou reduzir a igualdade de oportunidade ou de tratamento no emprego ou profissão;
> b) qualquer outra distinção, exclusão ou preferência, que tenha por efeito anular ou reduzir a igualdade de oportunidades, ou tratamento, emprego ou profissão, conforme pode ser determinado pelo país-membro concernente, após consultar organizações representativas de empregadores e de trabalhadores, se as houver, e outros organismos adequados.
> 2. As distinções, exclusões ou preferências fundadas em qualificações exigidas para um determinado emprego não são consideradas como discriminação.

Na década de 1970, o Brasil vive o milagre econômico, o que impactou em um período de crescimento, principalmente na indústria, setor em que são gerados muitos empregos. Nessa década o movimento sindicalista ganha mais expressão.

Na década de 1980, organizações brasileiras, principalmente as industriais, adotaram o Círculo de Controle de Qualidade (CCQ), utilizado no Japão, que teve por objetivo auxiliar o desenvolvimento organizacional.

Em 1982 foi criada a Associação Mineira de Círculos de Controle da Qualidade (AMCCQ), que se tornou mais tarde União Brasileira para a Qualidade (UBQ), uma entidade civil, que visava disseminar os conceitos e as boas práticas da Qualidade, com a finalidade de auxiliar as organizações a compreenderem e incorporarem a filosofia em seus processos.

---

[10] BRASIL. Convenção n° 111 da Organização Internacional do Trabalho. **DECRETO NO 62.150, DE 19 DE JANEIRO DE 1968.** Disponível em: <http://www.planalto.gov.br/ccivil_03/decreto/1950-1969/D62150.htm>..

A metodologia do CCQ procurava reunir grupos de colaboradores de maneira voluntária, para desenvolverem estratégias no intuito de promover a melhoria contínua, bem como a diminuição de perdas. Essa ação promoveu uma aproximação e valorização do capital intelectual organizacional.

Em 1988, com o objetivo de assegurar o exercício dos direitos sociais e individuais, a liberdade, a segurança, o bem-estar, o desenvolvimento, a igualdade e a justiça, foi promulgada a Constituição da República Federativa do Brasil.

E, em 11 de Dezembro de 1990, por meio da Lei n° 8.112, regulam-se as formas de ingresso na carreira pública, sendo uma das mais comuns o concurso público, bem como os requisitos básicos para quem desejasse ser servidor (pessoa legalmente investida em cargo público).

Na década de 1990, em razão da política de comércio exterior brasileira – que culminou com a abertura comercial, facilitando a importação e aumentando a concorrência, devido a chegada de novos produtos no mercado –, gestores brasileiros priorizaram mudanças na estrutura e processos administrativos, bem como na cultura organizacional, visando diminuir custos e aumentar a produtividade. Para isso, organizações aplicaram a reengenharia, que significa uma reconstrução de sua estratégia organizacional.

E também nessa época se popularizou a terceirização, que é a contratação de outra empresa para administrar parte de suas atividades, como, por exemplo: limpeza, segurança, transporte, entre outras. A terceirização continuou sendo utilizada até os dias de hoje. Surgindo, posteriormente a prática do outsourcing, que é uma terceirização estratégica, em que se efetua, entre outros, o gerenciamento eletrônico de documentos e o aluguel de equipamentos.

Com a popularização da internet, sofre mudanças a rotina de trabalho, principalmente na forma de comunicação, e com isso novos conhecimentos e habilidades começaram a ser exigidos no processo de recrutamento e seleção.

Ainda na década de 1990, começa a ocorrer uma alteração que simboliza uma visão diferente do papel do trabalhador nas organizações. A área de recursos humanos passou a ser denominada gestão de pessoas.

Esse novo olhar entende que o colaborador não é um recurso, como, por exemplo, uma cadeira (que é um recurso patrimonial), mas sim um profissional que pode contribuir de uma forma diferente para o sucesso organizacional. Com isso vem o entendimento de que é necessário realizar, de forma eficaz, eficiente e efetiva, o gerenciamento de pessoas.

Desta forma, o colaborador passou a ser convidado cada vez mais a participar; a pensar estrategicamente; a conhecer; a reconhecer; a aprender; a reaprender e a saber posicionar-se de acordo os objetivos organizacionais.

Em 1991 foi criada uma instituição com um grupo de representantes dos setores público e privado, a Fundação Nacional da Qualidade (FNQ)[11], que na época se chamava Fundação para o Prêmio Nacional da Qualidade, uma entidade privada, sem fins lucrativos, e que faz até hoje a administração do prêmio de qualidade.

A Fundação Nacional da Qualidade possui o objetivo de: ser reconhecida como o mais importante agente promotor, articulador e disseminador da cultura e da excelência da gestão no Brasil. E esta, no que se refere à gestão de pessoas, acredita e dissemina que as pessoas contidas nas organizações devem estar capacitadas e satisfeitas, a fim de atuar em um ambiente que torne possível a consolidação da cultura de excelência.

1.5 - Chegamos ao século XXI

Quais foram as modificações evidentes nas relações trabalho/emprego que se percebe na área de gestão de pessoas, nesse período?

No início do ano 2000, com o intuito de melhorar o estudo de administração, foi instituída a formação profissional de administração de recursos humanos, por meio da Resolução n° 4, de 13 de julho, do Conselho Nacional de Educação Câmara de Educação Superior, as Diretrizes Curriculares Nacionais do Curso de Graduação em Administração, em que se determinou que, entre os conteúdos de formação básica, devem constar: estudos de cunho psicológico, ético-profissional e comportamental.

A área de gestão de pessoas toma um novo rumo em direção à gestão estratégica de pessoas com métodos de avaliação de desempenho, concentrando-se no conhecimento e no desenvolvimento de habilidades, atitudes e conhecimentos (CHA), além de oferecer feedback aos colaboradores, para que possam atingir as competências organizacionais previamente determinadas no planejamento estratégico organizacional.

---

[11] FNQ. **Fundação Nacional da Qualidade.** Disponível em: <http://www.fnq.org.br/>.

Adequando-se a essa realidade, em 2006, a Administração Pública Federal adaptou-se ao especificar novos métodos de capacitação e desenvolvimento, sancionando o Decreto n° 5.707/2006 e instituindo a Política e as Diretrizes para o Desenvolvimento de Pessoal da Administração Pública Federal direta, autárquica e fundacional, com a finalidade de:

> I - melhoria da eficiência, eficácia e qualidade dos serviços públicos prestados ao cidadão;
> II - desenvolvimento permanente do servidor público;
> III - adequação das competências requeridas dos servidores aos objetivos das instituições, tendo como referência o plano plurianual;
> IV - divulgação e gerenciamento das ações de capacitação; e
> V - racionalização e efetividade dos gastos com capacitação.

Atualmente, a área de gestão de pessoas enfrenta o desafio de saber ter, na organização, um posicionamento estratégico, como:

- ter o domínio da visão, da missão e dos valores da organização e saber se posicionar de modo cooperativo, auxiliando-a, de forma criativa e inovadora, rumo ao sucesso organizacional;
- ter credibilidade, tanto com os colaboradores quanto com a organização, para poder efetuar, de forma eficaz, eficiente e efetiva, o gerenciamento de talentos;
- saber conhecer e reconhecer os talentos dos colaboradores, bem como a cultura e o clima organizacional, para efetuar o posicionamento adequado do colaborador, ou seja, saber colocar a pessoa certa no lugar certo; e
- pesquisar, identificar e aplicar as boas práticas de metodologia adequadas ao colaboradores para o bom acompanhamento e desenvolvimento de competências organizacional.

Saiba mais...

As Normas Internacionais ISO[12] fornecem ferramentas práticas para enfrentar muitos dos desafios globais de hoje. As Normas Internacionais são elaboradas para serem utilizadas em atividades econômicas como por exemplo: saúde, educação, indústria, mudanças climáticas, alimentos entre outras.

Mas o que é ISO? É a sigla de International Organization for Standardization, ou Organização Internacional para Padronização, em português. A ISO é uma entidade de padronização e normatização, e foi criada em Genebra, na Suíça, em 1947.

ISO 9001:2008 – sistema de gestão da qualidade – requisitos

ISO 9001:2008 – 6.2. Recursos humanos

O grande diferencial de qualquer empresa de sucesso sem dúvida são as pessoas. A gestão de recursos humanos em uma empresa é fundamental para a gestão da qualidade.

Nenhuma empresa consegue ser bem sucedida nem realizar produtos e prestar serviços com qualidade sem contar com um quadro de colaboradores competentes e bem treinados para cada uma das funções relacionadas ao atendimento aos requisitos do produto.

A ISO 9001:2008 no requisito 6.2 – Recursos humanos, descreve como os recursos humanos de uma organização devem ser gerenciados para que a organização possa adquirir e manter as competências necessárias.

A ISO 9001:2008 subdivide esse requisito nos seguintes tópicos:

6.2. Recursos humanos.

6.2.1. Generalidades.

6.2.2. Competência, treinamento e conscientização.

---

[12] ISO. **International Organization for Standardization.** Disponível em: <http://www.iso.org/iso/home.html>.

Capítulo 2
O Talento nas Organizações

"Há um punhado de homens que conseguem enriquecer simplesmente porque prestam atenção aos pormenores que a maioria despreza."

Henry Ford, criador da Ford Motor Company.

> *Objetivos deste Capítulo:*
>
> *1) Identificar o talento nas organizações.*
> *2) Distinguir os talentos através das gerações.*
>
> *Antes de ler sobre o assunto, faça uma reflexão:*
>
> *a) Você sabe o que é talento?*
> *b) Você consegue identificar talentos na organização?*

2.1 - Talento

A palavra talento já obteve diferentes significados ao longo dos tempos: na Grécia, foi moeda; na Bíblia, foi eternizada em Mateus, capítulo 25, por meio da "Parábola dos dez talentos"; no Brasil, pode significar chocolate (chocolates garoto); e para a área de gestão de pessoas está atrelada ao colaborador, ao empregado, ao trabalhador, ao funcionário.

A "Parábola dos dez talentos", segundo a Bíblia, relata que um homem, antes de se ausentar de seu país, entregou a algumas pessoas seus bens (talentos) de maneira não igualitária. Quando retornou, foi prestar contas do que havia confiado a cada um. Ao final, os que utilizaram o talento obtiveram lucro e abundância, e os que preferiram enterrá-lo, com medo de utilizá-lo, alcançaram choro e ranger de dentes.

2.1.1 - Passagem de Mateus 25

Porque é assim como um homem que, ausentando-se do país, chamou os seus servos e lhes entregou os seus bens:

A um deu cinco talentos, a outro dois, e a outro um, a cada um segundo a sua capacidade; e seguiu viagem. O que recebera cinco talentos foi imediatamente negociar com eles, e ganhou outros cinco; da mesma sorte, o que recebera dois ganhou outros dois; mas o que recebera um foi e cavou na terra e escondeu o dinheiro do seu senhor.

Ora, depois de muito tempo, veio o senhor daqueles servos, e fez contas com eles. Então chegando o que recebera cinco talentos, apresentou-lhe outros cinco talentos, dizendo: Senhor, entregaste-me cinco talentos; eis aqui outros cinco que ganhei.

Disse-lhe o seu senhor: Muito bem, servo bom e fiel; sobre o pouco foste fiel, sobre muito te colocarei; entra no gozo do teu senhor. Chegando também o que recebera dois talentos, disse: Senhor, entregaste-me dois talentos; eis aqui outros dois que ganhei.

Disse-lhe o seu senhor: Muito bem, servo bom e fiel; sobre o pouco foste fiel, sobre muito te colocarei; entra no gozo do teu senhor. Chegando por fim o que recebera um talento, disse: Senhor, eu te conhecia, que és um homem duro, que ceifas onde não semeaste, e recolhes onde não joeiraste; e, atemorizado, fui esconder na terra o teu talento; eis aqui tens o que é teu.

Ao que lhe respondeu o seu senhor: Servo mau e preguiçoso, sabias que ceifo onde não semeei, e recolho onde não joeirei? Devias então entregar o meu dinheiro aos banqueiros e, vindo eu, tê-lo-ia recebido com juros.

Tirai-lhe, pois, o talento e dai ao que tem os dez talentos. Porque a todo o que tem, dar-se-lhe-á, e terá em abundância; mas ao que não tem, até aquilo que tem ser-lhe-á tirado. E lançai o servo inútil nas trevas exteriores; ali haverá choro e ranger de dentes.

Mateus, capítulo 25, versículos 14-30

Talento, referenciando pessoas, quando passou a ser utilizado trouxe consigo uma mudança estrutural em relação ao papel dos colaboradores nas organizações, no que se refere às possibilidades de suas contribuições.

2.2 - Qual a diferença entre dom e talento?[1]

Abraham Shapiro

Dom é uma palavra que vem do latim *donu*. **Significa dádiva, presente. O dom é uma capacidade especial inata. Na prática, um dom é um potencial para desempenhar com alguma facilidade determinadas tarefas que são complexas**

---

[1] SHAPIRO, Abraham. **Qual a diferença entre dom e talento?** Coaching, Canal do Empreendedor. Disponível em: <http://canaldoempreendedor.com.br/coaching/qual-a-diferenca-entre-dom-e-talento/>.

para a maioria das pessoas. Este é o fato de certas crianças desenharem bem, outras tocarem um instrumento musical com desenvoltura ou aprender números ou trabalhos manuais.

Um dom não é condição suficiente para caracterizar um gênio. Qualquer indivíduo pode ter um dom. Já um gênio tem, sim, um dom. Mas na genialidade há algo que a ciência ainda não explica. Quando citamos Beethoven, Mozart, da Vinci ou Pelé como exemplos de pessoas que tiveram um dom especial, não poderemos excluir o Seu Mané Mecânico – que descobre em poucos segundos qualquer problema de um carro, e o conserta como ninguém. Aqueles tinham um dom e também foram gênios. Já o Seu Mané apenas tem um dom.

E o que é talento? O talento se parece muito com o dom na sua essência. Mas tem origem diferente.

O talento é uma tendência ou um gosto especial que pode ser desenvolvido. Mesmo que exista algum componente genético, qualquer talento depende de três atitudes para atingir sua plenitude. O talento depende de treinar muito; ter disciplina: olhe para os atletas, por exemplo; e perseverança: persistir na busca dos resultados.

Isto só confirma a ideia de que "todo talento é 1% inspiração e 99% transpiração".

E como ficam aqueles que têm dom, mas não têm talento? Estes são um desperdício, nasceram com algo especial, mas não foram lapidados como deviam. E tem também os "desligados", aqueles que, mesmo tendo tido boas chances, não se esforçaram para se desenvolver. Deles é que se diz: "Deus dá asas para quem não quer voar".

Thomas Jefferson, um dos primeiros presidentes dos Estados Unidos, comentou com muita sabedoria: "Eu acredito muito na sorte. Quanto mais duro eu trabalho, mais sorte eu tenho". Isto equivale a dizer que inspiração sem transpiração de nada vale.

Legalmente não há diferença entre talento e colaborador, nos dois casos o gestor precisa pagar os devidos tributos e cumprir rigorosamente a

Consolidação das Leis do Trabalho, a Constituição Federal, bem como os acordos coletivos.

O que muda é a postura, o olhar do gestor para o trabalhador. A compreensão de que o colaborador pode e deve ser uma peça fundamental para o sucesso da organização e a visão de que é necessário realizar com competência a gestão das pessoas, por ser a organização composta e representada por cada um de seus talentos.

Vivemos no Brasil um momento em que é necessário que o gestor saiba respeitar a diversidade de pensamento, de personalidade, e que saiba tornar sua equipe produtiva, principalmente devido ao conflito de gerações.

Um gestor que tenha nascido na década de 1960, cresceu quando o Brasil vivia o período da ditadura militar (1964 a 1985); por isso, seus conceitos e influências podem ser diferentes das de um jovem, que viveu todos os seus dias no período democrático.

Não que um regime político seja melhor do que outro; porém os regimes políticos influenciam de maneiras diferentes as pessoas. Se considerarmos uma pessoa nascida em 1964, esta passou sua infância e adolescência num período militar, e ao tornar-se adulta passou a vivenciar o período democrático.

Isso de forma nenhuma implica dizer que uma pessoa que passou pela ditadura e viu nascer a democracia está menos ou mais preparada para o mercado de trabalho. Porém, quem vivenciou essas experiências pode ser influenciado de maneira diferente de quem nasceu após esse período.

As gerações podem demonstrar características profissionais e comportamentais que diferem uma das outras. Pois cada geração possui características distintas no que se refere aos mecanismos e métodos de trabalho, bem como à forma como lidam com a hierarquia e a autoridade. É preciso talento para orquestrar as diferenças.

Um fator importante a se considerar é a convivência, na organização, das diferentes gerações (Veteranos; Boomers; Geração X; Geração Y; Geração Z e Geração Fluxer). Veja o quadro das diferenças dos talentos através das gerações:

Quadro das diferenças entre as características dos talentos através das gerações[2]

Gerações	VETERANOS	BOOMERS	GERAÇÃO X	GERAÇÃO Y	GERAÇÃO Z	GERAÇÃO FLUXER[3]
Datas	Nascidos entre 1922 e 1945	Nascidos entre 1945 e 1965	Nascidos entre 1965 e 1977	Nascidos entre 1977 e 2000	Nascidos a partir dos anos 2000	Esta geração não tem fase de idade.
Características	Profissionais que tiveram educação muito rígida por causa das guerras mundiais. Disciplina Senso de hierarquias Patriotismo.	Profissionais que se engajaram em revoluções, foram contra a tirania e ditaduras. Otimistas em relação à mudança do mundo político. Prezam a Liberdade.	Descrentes Apáticos politicamente Refletem as frustrações da geração anterior Assumem a posição de expectadores da cena política.	Profissionais mais otimistas, idealistas, comprometidos em mudar o mundo. Responsabilidade social e ambiental. Senso de justiça social. Voluntariado.	Profissionais com muitas informações, pois tiveram contato com a velocidade da informação por meio da internet.	O termo Geração Flux foi citado recentemente pela edição da revista Fast Company. Essa geração surgiu com o intuito de produzir resultados positivos em meio a um ambiente cheios de incertezas e mudanças constantes. Isso se deve ao fato de inovação de tecnologia a todo instante e mudança de planos de negócios das organizações com o objetivo de se tornarem mais competitivas.
Como trabalham	Profissionais que: a) são comprometidos com a realização do trabalho; b) mantem lealdade aos colegas e a própria organização	Trabalhadores incansáveis, considerados como, Workaholics, Consideram o status muito importante e privilegiam o crescimento profissional.	São mais informais, tentam o equilíbrio entre a vida profissional e pessoal.	Extremamente informais, agitados, ansiosos e impacientes imediatistas. Acompanham a velocidade da internet.	raciocínio mais veloz, impaciente, não suporta ficar em um mesmo cargo, organização ou emprego por muito tempo. Informais; buscam sempre novas oportunidades.	Gostam de produzir resultados positivos competitivos; Trabalham para alcançar novos patamares; Gostam de trabalhar em atividades desafiadores.

[2] ESTEVES. Sofia. O que é estudo de Gerações e por que se fala tanto sobre isso? Carreira em gerações. Exame.Com. Disponível em: <http://vocesa.abril.com.br/blog/carreira-em-geracoes/2012/06/>.
[3] Samara. O que é Geração Flux? Carreira & Sucesso. Catho. Disponível em: <http://www.catho.com.br/carreira-sucesso/gestao-rh/o-que-e-geracao-flux>.

Consumidores	Estes não gostam de fazer dívidas a longo prazo, compram a vista, de forma conservadora, costumam poupar.	Consumidores conscientes, mas são responsáveis pelo estilo de vida que se tem hoje, de conquistas materiais, como casa, carro e acesso ao entretenimento.	Consumidores em potencial, ou seja, foram criados com o avanço da tecnologia e ficaram consumistas.	São consumistas em potencial, por causa da tecnologia, gostam de utilizar todos os recursos para estarem conectados.	São profissionais que estão sempre conectados com as mídias sociais e sites na internet. São consumistas em potenciais além de passarem o maior tempo em busca de informações e diversão na internet.	São consumidores comedidos, ou seja mais conscientes, pois foi um profissionais que passou por várias mudanças.
Como empregados	São profissionais de aguardar para receberem a recompensa pelo trabalho.	São profissionais fiéis às organizações em que trabalham, mantêm sempre o vínculo com ela.	São profissionais que não tem vinculo com organização, estão sempre priorizando os interesses pessoais e não são a favor de ficar muito tempo na mesma organização.	São profissionais indiferentes a autoridade e responsabilidade. São a favor da competência e não seguem muito a hierarquia.	São profissionais que buscam sempre desafios constantes.	Aspiram, planejam e agem para conseguir o que querem, não se preocupam quanto tempo irá demorar. Não temem a demissão. São auto-empregaveis Ele tem a convicção de que sempre há emprego para quem inova e faz acontecer.
Emocionalmente	São racionais, ligados a uma religião.	Para este profissional é importante que as dúvidas sejam previamente solucionadas para que possam tomar decisões. Gostam de networking, ou seja, formar ligações em relação a outros profissionais.	Gostam de trabalhar tendo objetivos definidos ou mesmo um foco para desenvolverem a sua motivação no trabalho e precisam de retorno de suas qualificações e atividades.	São profissionais que vivem sobrecarregados de informações, e não conseguem ter conhecimento.	Não se preocupam com a estabilidade financeira e profissional, acreditam que sempre haverá um empregado além de estarem sujeitos a se renovarem sempre.	Instável, imprevisível, tolerante, São propícios a mudanças de carreiras e modelos de negócios; aspiram ascender na organização e posições superiores

Conforme pode ser observado no quadro das diferenças entre as características dos talentos através das gerações, existem diferenças entre as características dos talentos através das gerações. Há divergência tanto na maneira como os profissionais exercem sua profissão, como no que os inspiram e motivam, quanto no que consideram importante como consumidores.

Compreender, respeitar e saber gerenciar as diferenças é dever de cada gestor que pretende ter e reter talentos em sua equipe de trabalho, bem como conquistar e fidelizar seus clientes ao longo dos anos.

Talento se tornou para a organização um tema estratégico, principalmente para aquelas que querem ampliar seu negócio no mercado competitivo. Atrair, captar e reter talentos é atribuição da área de gestão de pessoas, e investir no potencial dos talentos é dever de toda a organização.

2.3 - Potencial dos talentos – Um mundo a se desenvolver

Como identificar e verificar continuamente as necessidades e os desejos dos clientes utilizando o capital intelectual da organização?

Uma resposta para essa pergunta consiste em preparar os colaboradores para se tornarem consultores internos, para ficarem atentos aos clientes e repassarem à organização os anseios destes. Em uma clínica médica, por exemplo, é comum atendentes ou recepcionistas escutarem reclamações e sugestões dos clientes. Estas poderão ser repassadas para melhoria da clínica, se houver uma dinâmica nesse sentido.

Empregar estrategicamente os colaboradores, assim como capacitá-los e motivá-los para estarem atentos aos clientes, e informar suas percepções, deveria ser obrigatório em um ambiente competitivo de mercado.

É sempre possível colocar caixa de sugestões, abrir canal para envio de reclamações e solicitar avaliações; mas será que não se perde oportunidades preciosas por não escutar quem está próximo ao cliente?

Será que antes que um cliente indignado escreva e divulgue uma reclamação no Facebook, ou em sites como o Reclame Aqui (que se tornou popular, por ser um espaço no qual os consumidores registram suas insatisfações na internet), os colaboradores não ouviram ou perceberam a indignação do cliente? E a organização, será que adequadamente captou e estimulou a percepção do colaborador?

A origem do Portal Reclame Aqui, está diretamente relacionada a uma questão de insatisfação com os serviços prestados. Maurício Vargas, presidente do site, após ter um problema com uma empresa e não ter obtido satisfação nos serviços de atendimento ao consumidor desta, identificou a necessidade da criação de um canal em que o consumidor pudesse expor os problemas e a ineficiência dos canais de atendimento.

Assim foi criado o site que, entre outras opções, divulga o ranking das organizações mais reclamadas, das que obtiveram o maior índice de satisfação, com a solução do problema, e os índices dos clientes que voltariam a fazer negócios, mesmo após o problema que originou a reclamação.

Uma organização pode demorar horas, dias ou até meses para responder a um cliente insatisfeito, mas será que muitas das insatisfações não poderiam ter sido sanadas antes que a reclamação de fato precisasse existir?

A organização deve dispor de dinâmicas e canais de comunicação para estimular o colaborador a contribuir, de forma criativa, para a melhoria contínua dos processos no ambiente de trabalho, bem como ser os "olhos e ouvidos" da organização perante o consumidor, com o objetivo de trazer resultados positivos.

Na teoria, as organizações transmitem aos seus colaboradores sua missão, sua visão, seus valores e objetivos, mas, na prática, somente difundir esses conceitos não faz com que os colaboradores consigam internalizar esses valores na cultura organizacional.

É importante que a organização, além de divulgar, envolva os colaboradores na missão; que compartilhe a visão; que dê estímulos para que os colaboradores acreditem e coloquem em prática os valores; para que os objetivos organizacionais sejam atingidos de maneira eficiente, eficaz e efetiva.

Organizações chegam a gastar milhões de reais com marketing, para atrair clientes. Conseguir, por exemplo, que um cliente entre em uma loja é uma etapa do processo, as demais estão correlacionadas a como o cliente se sentirá dentro da loja, a maneira como ele será abordado, a forma como será realizado o atendimento e a fidelização.

Para conseguir um atendimento de qualidade é necessário ter e manter bons colaboradores (talentos). Vender uma idéia ou um conceito para os colaboradores é tão ou mais importante do que os vender aos clientes, pois quando estes chegam à organização precisam encontrar um bom atendimento.

É comum vermos campanhas em que a organização divulga: "aqui o cliente é rei", ou "o cliente sempre tem razão", "temos um atendimento com qualidade", "garantimos a qualidade de nossos atendimentos". Mas por quais razões nem sempre o cliente se sente como um rei ou como quem tem razão ou tem um atendimento que classifica de qualidade?

Uma das respostas é a falta de zelo ao colaborador. Pagar devidamente a remuneração de um colaborador não é garantia de que este se sinta comprometido com a organização. Prestar atenção nas pessoas, zelar pelo seu ambiente de trabalho, por suas condições de trabalho, conhecer e sanar suas insatisfações podem gerar mais resultados.

Um atendimento pode ou não ter cortesia, simpatia, empatia, mesmo assim será um atendimento, ou seja, o colaborador pode cumprir suas funções, realizar devidamente suas atribuições, sem esboçar nenhuma amabilidade. A cortesia, o sorriso, o bom tratamento podem ser conquistados, podem se tornar a marca de uma organização, desde que, a organização trabalhe para conquistar isso.

2.4 - Qual é o verdadeiro patrimônio de uma organização?

O verdadeiro patrimônio de uma organização são seus colaboradores, pois os equipamentos (maquinários) ficam obsoletos, os imóveis podem perder o seu valor, devido a especulações imobiliárias, o dinheiro pode ser desvalorizado pela inflação. Somente o capital intelectual (as pessoas) estarão continuamente reinventando a organização, para que esta consiga manter-se no mercado, até mesmo durante séculos.

Os gestores devem compreender que cada pessoa possui características e expertises. Reconhecer essas questões é necessário para poder extrair de cada talento seus conhecimentos, suas habilidades e boas atitudes.

Empresas centenárias já descobriram esse segredo. A Alpargatas (sandálias havaianas), por exemplo, presente no Brasil desde 1907, declara em seus valores o , "Respeito às Pessoas" e a "Construção de um ambiente meritocrático", com boas condições de trabalho e oportunidades de desenvolvimento, estimulando a satisfação e o orgulho de contribuir com a empresa.

Em seu portal está disponível o princípio de conduta e ética da empresa, direcionada aos públicos interno (colaboradores) e externo (clientes e fornecedores), e um canal por meio do qual é possível encaminhar uma denúncia, seja de forma anônima ou não, ao Comitê de Ética da Alpargatas, com garantia de sigilo sob as informações encaminhadas. Essa é uma estratégia para conseguir manter seus princípios e valores.

Princípios de Conduta e Ética - Alpargatas[4]
Compromisso com nosso público interno

Na Alpargatas, buscamos respeitar a individualidade de cada um e cultivar relações transparentes, fundamentadas em princípios básicos de ética e de relacionamento:
- Somos uma empresa comprometida com a igualdade de oportunidades de trabalho para todos e com as práticas trabalhistas não discriminatórias, independentemente de raça, sexo, religião ou nacionalidade.
- Valorizamos o desenvolvimento de nossos profissionais e reconhecemos as pessoas com base nos resultados e nas metas alcançados.
- Não toleramos qualquer favoritismo ou discriminação contra qualquer profissional. O critério para admissão e promoção na empresa é o atendimento aos requisitos básicos de cada função.
- Propiciamos um ambiente de trabalho seguro e saudável, que seja um espaço aberto à criação e que estimule a cooperação entre as equipes.
- Buscamos garantir a nossos empregados o menor risco possível em sua atividade. Para tanto, temos as condições de saúde e de segurança no trabalho como objetos de permanente atenção.

2.5 - A quantidade e a qualidade na gestão do talento

No mundo globalizado, as organizações têm o desafio de quantificar e qualificar os colaboradores que nela trabalham. Descobrir o ponto de equilíbrio entre a quantidade de colaboradores adequada para execução de um tarefa com a qualidade é papel de um bom gestor.

---

[4] PRINCÍPIOS de Conduta e Ética. Alpargatas. **Alpargatas.** Disponível em: <http://alpargatas.com.br/PRINCIPIOS_DE_CONDUTA_E_ETICA.pdf>.

Se houver número insuficiente de colaboradores ou sobrecarga a estes, a qualidade no atendimento aos clientes externos ou mesmo aos clientes internos (colaboradores) pode ficar comprometida, o que influencia negativamente uma organização.

Quando a informação sobre a quantidade de horas extras realizadas por um colaborador não chega adequadamente ao setor financeiro, este não terá como efetuar o pagamento adequado, o que poderá comprometer a qualidade do serviço prestado pelo setor e gerar a insatisfação de um colaborador, que abriu mão de suas horas de folga para dedicar-se à organização e não recebeu, no primeiro momento, o devido valor monetário pelo serviço prestado.

Por outro lado, excesso de colaboradores também não é garantia de qualidade na prestação de serviços, pois, além de onerar a folha de pagamento, pode gerar uma "preguiça organizacional", um jogo de empurra-empurra, uma má vontade e uma comparação e pensamentos como: "Por que passaram isto para mim? Fulano fica lá sem fazer nada e eu é que tenho que fazer?"

Se tanto a falta quanto o excesso de colaboradores não contribuem para a qualidade da prestação de serviço, como conseguir o ponto de equilíbrio? Para responder a essa questão é necessário: primeiro, observar e mapear os processos que envolvem a realização da atividade e verificar se existem formas de maximizar o tempo e a produção; segundo, avaliar a produtividade individual, verificando quem produz mais em menor tempo; e, terceiro, desenvolver indicadores de desempenho, para compreender a produtividade da equipe e a forma como os colaboradores trabalham em conjunto.

Com base nesses estudos, um gestor poderá analisar tanto os procedimentos realizados quanto a produtividade dos envolvidos e, se necessário, efetuar ajustes adequados, pois quantidade e qualidade devem ser parceiras em todo o processo da gestão de pessoas.

2.6 - A qualidade do atendimento e a influência na internet no mundo corporativo

Com a globalização e a popularização da internet, o acesso à informação pode estar à distância de um clique, tanto dos clientes e potenciais clientes quanto de colaboradores e fornecedores.

A forma de comunicação, consulta e indicação de um produto ou serviço foi ampliada com a internet. Recentemente, um cliente insatisfeito com a demora da entrega do material comprado em uma loja de material que causou atrasos em sua obra filmou e postou na internet um vídeo que ficou conhecido como "Dia de fúria". Nele, o cliente entra na loja, grita o nome de alguns colaboradores e quebra peças idênticas às que havia comprado e que estavam no mostruário da loja.

O vídeo teve mais de um milhão de acessos, e como ainda está disponível, o número poderá aumentar. Portanto, nesta era digital, em que está disponível o acesso a redes sociais, uma falha organizacional, ou mesmo um mau atendimento, pode ser alardeado e atingir um grande número de pessoas em pouco tempo.

Por meio da internet, os clientes podem divulgar tanto o lado positivo (entrega pontual, boa qualidade no atendimento, entre outros) quando o lado negativo (produto de má qualidade, banheiros sujos, entre outros), tudo dependerá da – e refletirá a – maneira como ocorrem o planejamento, o comando, a coordenação, a organização, o controle, a interação e a motivação na organização.

2.7 - Estudo de caso

A falta de experiência de uma empresa com doze anos de experiência[5]

É inacreditável a quantidade de empresas que ainda sobrevivem, apesar do amadorismo. Contratar uma prestação de serviço, mesmo caro, com uma empresa que esteja há muito tempo no mercado, nem sempre é garantia de qualidade.

Quem já passou pela experiência de solicitar móveis planejados pode infelizmente se identificar com a seguinte situação. O primeiro momento, o da contratação do serviço, normalmente é tranquilo. Expressões como "você fez a melhor escolha", "garantimos a qualidade do nosso serviço", "entregaremos tudo em x dias", "não atrasamos na entrega", "você ficará satisfeito", são comuns, o difícil é obter tudo isso após efetuar o pagamento.

---

[6] CRUZ, Lucineide. **A falta de experiência em doze anos de experiência.** Gestão de Pessoas - Gestão de Talentos. Disponível em: <http://gerenciamentodetalentos.blogspot.com.br/2012_05_01_archive.html>.

Uma falha que é comum se observar é a falta de diálogo entre a linha de produção e os vendedores, pois, se um vendedor vender mais do que o de costume em um determinado período do mês e não conversar ou estiver alinhado com a linha de produção, poderá prometer o que a empresa não terá condições de cumprir.

Considerando que uma empresa de móveis planejados, que possua fábrica própria, consiga produzir e instalar x móveis por mês e a área comercial vende x+5, caso não haja mudança no quadro de colaboradores, haverá consequentemente atraso na entrega e na instalação dos móveis, dado que os instaladores podem não conseguir atender ao aumento da demanda. A consequência direta que o aumento não planejado nas vendas pode gerar é a insatisfação de parte ou da totalidade dos clientes.

Para um bom atendimento, é necessário que o gestor compartilhe informações sobre a capacidade produtiva da organização e tenha um bom canal de comunicação interna, a fim de facilitar o fluxo de dados, para que o vendedor consiga assegurar, com maior precisão, o prazo de entrega mais adequado para a organização e para o cliente.

Quando nada disso é feito, o resultado é a insatisfação, a reclamação e, consequentemente, o marketing negativo. Um cliente insatisfeito repassa a informação para muitas pessoas, e isso pode ter efeito multiplicador, ou seja, um cliente comenta com um amigo, que fala para um terceiro para não fazer o serviço naquela loja, que, apesar de estar há anos no mercado, não aparenta (ao menos para o cliente insatisfeito) ter aprendido com os erros ao longo do tempo para realizar uma gestão eficaz.

Nem sempre é feito o cálculo do cliente perdido. Mas hoje, estando quase tudo conectado em rede, e as pessoas mais acostumadas a compartilhar suas experiências virtualmente, o lucro obtido com uma venda mal planejada pode não compensar a quantidade de vendas perdidas ou de indicações não realizadas.

Reflexão:

- O que deve fazer o gestor para conseguir administrar a venda de produtos e/ou prestação de serviços de forma eficaz?
- Como o gestor pode avaliar a qualidade da venda do produto e/ou serviços prestados?

Dica de filme:

"Um Sonho Possível"
Direção: John Lee Hancock
Ano: 2009

Dados sobre o filme: O filme é baseado em fatos reais. Narra a história e trajetória de Michael Oher, jovem pobre, negro, oriundo de um lar destruído, que foi separado de sua mãe e dos irmãos, ainda criança, sem apoio, torna-se um sem-teto. Ele consegue despertar a atenção e amor de Leigh Anne, uma senhora de família rica que resolve auxiliá-lo e posteriormente adotá-lo como filho. Esta senhora, mesmo contrariando as pessoas mais próximas em relação ao preconceito e a dificuldade nos estudos do jovem, acredita e investe em seu potencial de jogador de futebol americano.

Observe no filme: a maneira pela qual um talento pode ser despertado, estimulado e desenvolvido, bem como um exemplo de superação, por meio do esforço e determinação.

Capítulo 3
O planejamento para o processo de recrutamento e seleção de talentos.

"A vida é uma oportunidade de ousar."

George Clemenceau

> *Objetivos deste capítulo:*
>
> *1) Descrever etapas que antecedem o processo de recrutamento e seleção.*
> *2). Apresentar as competências do cargo.*
>
> *Antes de ler sobre o assunto, faça uma reflexão:*
>
> *Como a sua organização se prepara para o processo de recrutamento e seleção?*
> *Você concorda com o preparo realizado?*
> *O que pode ser melhorado no processo que antecede ao recrutamento e seleção?*

3.1 - O preparo da organização

Tanto no Brasil quanto nos demais países, as áreas de gestão de pessoas vêm se posicionando mais estrategicamente em relação à sua contribuição para o desenvolvimento dos negócios e assumindo uma maior importância na estrutura da organização.

"Quem não se preocupar em gerenciar adequadamente seus colaboradores, seus talentos, poderá perder seu capital intelectual para o concorrente."

3.2 - Organizações que atraem jovens talentos

A organização que deixa em um quadro na parede a descrição sobre sua missão, sua visão e seus valores e se esquece de transformá-la em um "norte" (caminho a ser seguido por todos), conscientizando seus colaboradores da importância dos objetivos organizacionais, normalmente não possui critério pré-definidos, tanto no processo de recrutamento quanto no de seleção.

Os jovens têm demonstrado que querem ser contratados por organizações que tenham valores sólidos e que se preocupam com responsabilidade social. De acordo com a 13ª edição da pesquisa Empregos dos Sonhos dos

Jovens, realizada pela consultoria de recursos humanos Cia de Talentos e pela empresa de pesquisa Nextview People, que ouviu quase 52 mil jovens brasileiros (estudantes e recém-formados), com idades entre 17 a 26 anos, identificou-se que o jovem deseja obter da organização:
1. desenvolvimento de habilidades para o futuro;
2. clareza das possibilidades de carreira;
3. valores sólidos;
4. ambiente saudável;
5. coaching e mentoring;
6. líderes que os desenvolvam.

E desejam para si:

1. reinventar-se a cada dia;
2. cargo de liderança;
3. futuro estável;
4. realização profissional;
5. empreender no futuro.

Os melhores investimentos que a empresa pode fazer para desenvolver os jovens, de acordo com a pesquisa, são:
- cursos de pós-graduação – 62%;
- programas de coaching e/ou mentoring – 61%;
- treinamentos "on the job" (treinamentos no trabalho) – 44%;
- programas de "job rotation" (aprender novas atividades) – 42%;
- palestras e workshops – 27%.

A pesquisa também identificou as dez empresas mais desejadas ou "sonhos de consumo" desses jovens estudantes ou recém-formados para iniciar sua carreira. Os critérios utilizados foram:
- desenvolvimento profissional;
- boa imagem no mercado;
- possibilidade de inovar;
- desafios constantes;
- fazer o que se gosta (realização pessoal).

As empresas em que os jovens mais desejam trabalhar são:

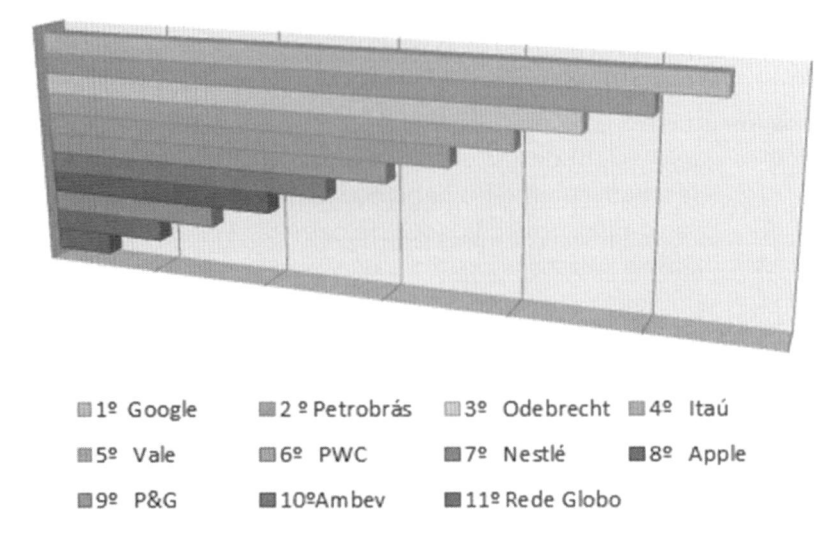

■ 1º Google   ■ 2º Petrobrás   ■ 3º Odebrecht   ■ 4º Itaú
■ 5º Vale   ■ 6º PWC   ■ 7º Nestlé   ■ 8º Apple
■ 9º P&G   ■ 10º Ambev   ■ 11º Rede Globo

Fonte: CIA DE TALENTOS. Empresa dos Sonhos dos Jovens 2014. Disponível em: http://www.ciadetalentos.com.br/esj/brasil.html.

3.3 - Por que a Google é a empresa dos sonhos dos jovens?

Fundada em 1998, por Larry Page e Sergey Brin, a Google declara que[1]:

> "Não medimos esforços para manter a cultura livre que costuma ser associada às startups, onde todos são colaboradores participativos e sentem-se confortáveis para trocar ideias e opiniões. Em nossas reuniões gerais semanais ('TGIF'), sem falar nos e-mails ou nos cafés, os Googlers fazem perguntas diretamente para Larry, Sergey e outros executivos sobre qualquer tipo de problema da empresa. Nossos escritórios e cafés são projetados para incentivar as interações entre os Googlers dentro e entre as equipes, e para estimular conversas sobre o trabalho e brincadeiras".

Veja alguns dos pensamentos da Google sobre benefícios:

> "Estamos constantemente à procura de maneiras originais para melhorar a saúde e a felicidade dos nossos Googlers. E não para por aí – a nossa esperança é que, em última análise, você se torne uma pessoa melhor por trabalhar aqui."

---

[1] GOOGLE. Nossa Cultura. **Google Empresa.** Disponível em: http://www.google.com/intl/pt-BR/about/company/facts/culture/

"Os seus interesses e necessidades evoluem ao longo do seu tempo de vida. Da mesma forma, nós avaliamos nossos benefícios regularmente e os adaptamos às necessidades da nossa população."

"Sua família é importante para você, por isso eles são importantes para nós, também. Temos uma série de programas de benefícios e comodidades no local para apoiar você e seus entes queridos através de várias fases e situações da vida. Ei, nós somos uma família".

Entre os benefícios, constam: seguro de saúde, seguro de viagem e assistência de emergência – mesmo em férias pessoais, aconselhamento legal, sem nenhum custo, sala de jogos, sala de música, sala de relaxamento e biblioteca.

Para que as organizações sejam atraentes para jovens talentos, estas podem utilizar de estratégias como:
- oferecer vagas para estagiários em sites, jornais ou em empresas de recrutamento e seleção;
- disponibilizar vagas para trainees;
- fazer palestras dentro das instituições de ensino superior, principalmente no curso ao qual se deseja atrair os jovens;
- participar de feira de carreiras;
- estabelecer parcerias com as instituições de ensino superior, para que os estudantes possam fazer visitas técnicas.

Uma etapa importante para que as organizações possam se tornar atraentes para talentos é realizar um bom planejamento de recrutamento e seleção. E para que isso aconteça, é necessário estruturar e organizar o processo.

3.4 - O impacto do mercado de trabalho sobre as práticas de gestão de pessoas

Quando há dificuldade para uma organização encontrar talentos no mercado de trabalho, normalmente essa dificuldade é partilhada também por outras organizações. A partir daí surge uma importância de saber atrair e manter os talentos, para não os perder para a concorrência, esteja esta localizada dentro ou fora do país.

Um fator que influencia diretamente as organizações é a economia. Uma fase de crise econômica, por exemplo, causa impactos negativos no mercado de trabalho, dado que nesses períodos as empresas não ampliam seus negócios, não oferecem novas vagas de emprego e, por vezes, precisam diminuir o número de colaboradores.

No quadro a seguir, é possível identificar o impacto do mercado de trabalho na área de gestão de pessoas quando existem mais ou menos pessoas disponíveis para o mercado (desempregadas).

Mercado de trabalho em oferta (poucos candidatos disponíveis)	Mercado de trabalho em procura (muitos candidatos disponíveis)
Investimento em recrutamento, para atrair candidatos.	Baixos investimentos em recrutamento, devido à oferta de candidatos.
Critérios de seleção mais flexíveis.	Critérios de seleção mais rígidos, em razão da abundância de candidatos.
Investimento em treinamento, para compensar a inadequação dos candidatos.	Poucos investimentos em treinamento, para aproveitar candidatos já treinados.
Ofertas salariais estimulantes, para atrair candidatos.	Ofertas salariais mais baixas, para aproveitar a competição entre candidatos.
Investimentos em benefícios sociais, para atrair candidatos e reter funcionários.	Poucos investimentos em benefícios sociais, pois não há necessidade de mecanismos para fixação do pessoal.
Ênfase no recrutamento interno como meio de manter os funcionários atuais e dinamizar os planos de carreira.	Ênfase no recrutamento externo como meio de melhorar o potencial humano, substituindo funcionários por candidatos de melhor qualificação.

Fonte: Chiavenato, 1999, p. 83.

Conforme o quadro anterior, existem interferências na área de recursos humanos que não podem ser controladas, e justamente por esse motivo é que o gestor deve estar atento ao mercado para antever possíveis cenários para preparar-se da melhor forma possível.

3.5 - Planejando o Processo de Recrutamento e Seleção de talentos

3.5.1 - O preparo do cargo

Encontrar a pessoa ideal para ocupar um cargo na organização é uma das tarefas mais árduas da área de gestão de pessoas. Ao se contratar, por exemplo, um vendedor que não possua habilidade para o atendimento ao público, perde-se todo o esforço que foi realizado pelo marketing a fim de atrair clientes.

A organização, antes de definir os cargos a serem inseridos, deve visualizar, mapear e especificar como deverão funcionar os departamentos e setores. Verificar como será realizado o fluxo das informações e de quais formas ocorrerá a integração ou mesmo a conexão entre eles, para depois determinar o cargo e a quantidade de tarefas.

O processo de contratação envolve estudo e análise. Etapas como as descritas a seguir devem ser contempladas antes de anunciar a abertura de um cargo:

>   a. analisar a missão, a visão, os valores e os objetivos organizacionais;
>
>   b. estudar o organograma e o fluxograma da organização;
>
>   c. verificar como o cargo está conectado à organização;
>
>   d. avaliar as contribuições que o cargo pode efetuar para a organização;
>
>   e. descrever o conhecimento, as habilidades e as atitudes necessárias para o cargo;
>
>   f. verificar a real necessidade da abertura de um processo seletivo.

O detalhamento do cargo auxilia a organização a identificar qual deve ser a ocupação, o local, as funções e as atividades que o profissional desenvolverá, além de esclarecer o que será exigido do futuro colaborador. Ao especificar os métodos de trabalho para o futuro contratado, a organização consegue relacionar as atividades e as tarefas com os demais cargos, além de posicionar o sistema hierárquico da organização. Assim, a organização começa a desenhar as posições de trabalho e as responsabilidades nela contidas.

3.5.2 - Desenho do cargo

O desenho do cargo deve seguir uma sequência lógica entre preparação e execução, de forma a ser fácil identificar o fluxo do trabalho e da comunicação. As questões a seguir podem auxiliar a realizar uma reflexão com o intuito de identificar a coerência entre o cargo e as atividades a serem desenvolvidas:

      a. Quais setores/departamentos estão conectados ao trabalho?

      b. Quais variáveis interferem no trabalho?

      c. A quem o trabalho será encaminhado?

      d. Qual a melhor maneira de encaminhar o trabalho?

Após realizada a análise, poderá ser fácil definir:
- o conjunto de tarefas ou atribuições que o ocupante desempenhará;
- como as tarefas deverão ser desempenhadas;
- a quem o serviço será destinado;
- o perfil das pessoas que deverão fazer parte do processo.

3.5.3 - Vamos a prática...

A descrição de cargos deve ser elaborada após a identificação dos seguintes itens:
- Qual o cargo que se deseja?
- Qual o local de trabalho?
- Quais atividades (rotineiras, contínuas, esporádicas e periódicas) serão realizadas?
- Quais equipamentos serão utilizados?
- Quais softwares e sistemas deverão ser disponibilizados?

A seguir, um modelo de descrição de cargos.

Descrição de Cargos		
Cargo/Função/Atividade	Departamento	Gerência

Descrição do Cargo

Descrição detalhadas das atividades e tarefas a serem realizadas		
Atividade rotineiras/contínuas	Atividade periódicas (mensais e anuais)	Atividade esporádicas ou ocasionais

Descrição dos equipamentos/máquinas/softwares/sistemas utilizados
Outras especificações

Divulgado na internet...

91% das empresas encontram dificuldades para contratar profissionais no Brasil[2]

Por Jovem Pan

Uma pesquisa realizada pela Fundação Dom Cabral ouviu 167 companhias de diversos setores da economia, que representam 23% do PIB nacional. O levantamento, realizado desde 2010, reforça a deficiência na formação básica e a escassez de profissionais capacitados. O dado é alarmante, 91% das empresas alegam encontrar dificuldades em contratar profissionais no Brasil.

A primeira edição apontou que 92% das empresas enfrentavam dificuldades, e a última pesquisa, de 2013, mantém o difícil cenário. Cerca de 60% das empresas afirmam que diminuem as exigências para contratação de cargos de nível técnico, flexibilizando a experiência.

Em entrevista a Marcelo Mattos, o coordenador do Núcleo de Infraestrutura e Logística, Paulo Resende, defende mudanças bruscas no ensino do país. Em

---

[2] 91% DAS EMPRESAS encontram dificuldades para contratar profissionais no Brasil. **Joven Pan.** Disponível em: <http://jovempan.uol.com.br/noticias/brasil/91-das-empresas-encontram-dificuldades-para-contratar-profissionais-no-brasil.html>.

> 2010, os profissionais mais difíceis de contratar eram técnicos, 45%, engenheiros, 34%, e gerentes de projetos, 29%.
>
> Já em 2013, os compradores, 72%, técnicos, 66%, e administradores, 65%, são os quadros mais escassos. No estudo por área, a produção, o "chão de fábrica", continua sendo a mais difícil de encontrar profissionais capacitados, 47%.
>
> O gerente de estudos da CNI, Confederação Nacional da Indústria, Márcio Guerra, ressalta [que] a menor qualificação implica na [sic] competitividade brasileira. A pesquisa da Fundação Dom Cabral também revela que as funções técnica e operacional são as posições de qualificação mais precária.
>
> Para reter os profissionais, 93% das empresas oferecem benefícios, como assistência médica e odontológica, além de previdência privada.

Assim que for aprovada a descrição do cargo, devem-se identificar as competências, habilidades e atitudes necessárias para ocupá-lo. Ao elaborar uma matriz de competências, a organização consegue elucidar melhor e identificar as competências, habilidades e atitudes necessárias ao cargo.

3.5.4 - Matriz de competências

3.5.4.1 - Conceito de Competência

De acordo com o Dicionário Aurélio, competência significa: 1 Direito, faculdade legal que um funcionário ou um tribunal têm de apreciar e julgar um pleito ou questão. 2 Capacidade, suficiência (fundada em aptidão). 3 Atribuições. 4 Porfia entre os que pretendem suplantar-se mutuamente. 5 à competência: a quem o faz melhor; a quem mais.

A Norma de Sistema de Gestão da Qualidade ISO 9001:2008[3], em seu subitem 6.2.2, faz referência à competência, ao treinamento e à conscientização da organização, entre outros itens, dispõe que: "determinar a competência necessária para as pessoas que executam trabalhos que afetam a conformidade com os requisitos do produto, bem como assegurar que o seu pessoal está consciente quanto à pertinência e importância de suas atividades e de como elas contribuem para atingir os objetivos da qualidade".

---

[3] IISO. ISO 9001:2008. Foreword. **ISO**. Disponível em:
<https://www.iso.org/obp/ui/#iso:std:iso:9001:ed-4:v2:en>

Na área de gestão de pessoas, competência está correlacionada a um conjunto de conhecimentos, habilidades e atitudes (CHA). O primeiro passo para identificar as competências é mapear as necessidades do cargo na organização, que deve conter os elementos: conhecimentos, habilidades e atitudes, que são características a serem incluídas na análise da descrição do cargo, das atividades e dos processos.

Critérios que podem ser observados para a composição da competência de cargo:

Conhecimentos (ter o saber)	Habilidades (saber fazer)	Atitudes (querer fazer)
Análise de Cenários	Administrar Conflitos	
Análise e melhoria de Processos	Aprender Continuamente	Adaptabilidade
Banco de Dados, noções e instrumentos de análise	Capacidade de Síntese	Assertividade
Capacidade de Assessoramento	Comunicar-se bem e em Inglês e Espanhol	Comportamento Ético
Comportamento Organizacional	Liderar	Comprometimento
	Saber negociar	Empatia
Ferramentas e Técnicas de Gestão	Pensar Criticamente	Entusiasmo
Gestão de Conflitos	Trabalhar em Equipe	Flexibilidade
Gestão de Equipes	Visão Estratégica	Foco em Resultados
Gestão de Pessoas	Visão Sistêmica	Proatividade
Gestão de Projetos		Resiliência
Gestão do Conhecimento		
Metodologias de Modelagem de Estrutura Organizacional		
Métodos e Técnicas de Avaliação de Desempenho		
Métodos e Técnicas de Construção de Indicadores		
Métodos e Técnicas de Planejamento e Mapeamento		
Liderança		
Planejamento Estratégico		
Processos de Estrutura Organizacional		

Sistemas de Informações Gerenciais		
Técnicas de Apresentação		
Técnicas de Condução de Reuniões		
Técnicas de Feedback		
Técnicas de Negociação		
Técnicas de Redação e Redação Oficial		
Tecnologia da Informação		

3.5.5 - Vamos à prática...

Baseando-se nos processos a serem executados ou nas atividades, identifique as competências, habilidades e atitudes a serem desenvolvidas no cargo e coloque-as na matriz de competência.

Matriz de competências por processos, atividades ou gerência

Processos/ atividades/ gerência	Atividades, ações, programas e funções esempenhadas	Habilidades técnicas	Liderança	Capacidade analítica	Capacidade decisória
Comunicação	Relações interpessoais	Visão sistêmica	Gestão do conhecimento	Trabalho em equipe	Negociação

A etapa a seguir refere-se à solicitação de um colaborador para o Departamento/Gerência/Setor/Seção.

3.5.6 - Requisição de colaboradores/profissionais e vagas

Assim que o cargo estiver definido, a etapa de requisição de pessoal começa a ser realizada. A requisição envolve a solicitação pelo Departamento/Gerência/Setor/Seção que necessite aumentar o número de vagas ou colaboradores.

A requisição de colaborador deve ser feita por meio de um formulário ou documento, preenchido pelo solicitante da vaga, visando fornecer à área de gestão de pessoas informações a respeito do cargo e das competências requeridas do colaborador para ocupá-lo. Essa requisição deve conter as seguintes informações:

- exigência do cargo;
- experiências requeridas para o cargo;
- tarefas e atividades a serem executadas;
- conhecimentos, habilidades e atitudes exigidas para o cargo;
- escolaridade e grau de instrução necessários para o cargo;
- especificações sobre o cargo;
- outras informações relevantes.

3.5.7 - Vamos a prática...

Elabore uma requisição de abertura de vagas, conforme o modelo a seguir:

Empresa:		CNPJ:	
Endereço:		Telefone:	
Dados do requisitante:	Nome: _____ e-mail: _____ Telefone: _____ Setor _____		
Finalidade da contratação: Aumento do quadro ( ) Substituição ( ) Efetivo ( ) Temporário ( )			
Pré-requisitos para o cargo:			
Escolaridade:			
Tempo experiência na função:			
Idioma(s):			
Informática:			
Disponibilidade para viagens:			
Departamento/Lotação:			
Supervisor imediato:			
Horário de trabalho:			
Remuneração/Salário:			
Benefícios:			
Transporte/Vale transporte:		Assistência médica e odontológica:	
Vale alimentação:		Auxílio creche e babá:	
Vale refeição:		Outros benefícios:	
Conhecimentos (Conhecimentos técnicos, cursos, formação):			

Habilidades (É a prática do conhecimento):
Atitudes esperadas (É o conjunto de comportamentos que potencializam o conhecimento e as habilidades):
Principais atividades/Responsabilidades:
Outras considerações:
Assinatura do requisitante:_____ Data: ___/___/___   Recebido por: _____ em: ___/___/___

Uma outra etapa importante para a área de gestão de pessoas é a pesquisa de mercado.

3.5.8 - Pesquisa de mercado de trabalho

A pesquisa de mercado procura averiguar, entre outros fatores:
- situação do mercado, se existe profissionais no mercado de trabalho com as competências desejadas;
- identificação de onde localizar os profissionais desejados;
- condições de oferta, ou seja, quanto se recebe um profissional com o perfil desejado, quais as condições de trabalho e benefícios são oferecidos por outras organizações para o profissional com as competências desejadas;
- os métodos mais adequados para realizar o recrutamento (recrutamento interno, externo ou misto);
- os meios (cartazes em instituições de ensino; anúncios em jornais/revistas; redes sociais) mais eficazes para o anunciar da vaga.

Montar e manter a equipe bem estruturada deve ser prioridade nas organizações. É importante lembrar que somente oferecer uma boa remuneração pode não atrair um bom profissional. É preciso preocupar-se também com outros fatores, como: as perspectivas de carreira; a imagem da organização na sociedade ou no mercado; os benefícios oferecidos pela organização aos colaboradores e seus familiares; entre outros benefícios.

Uma organização que queira ser bem sucedida deve continuamente se preocupar em incentivar e desejar que seus colaboradores conheçam, compreendam, assimilem e sigam a missão, a visão, os valores e os objetivos organizacionais. Além de criar um ambiente propicio ao desenvolvimento de uma boa equipe, em que cada contratação seja minuciosamente planejada, assim como o entrosamento desta.

A preocupação é similar à de um técnico ou time de futebol. Por exemplo, como atrair o Neymar, jogador de futebol que já recebeu inúmeras premiações, ou seja, que possui um excelente currículo, para um time? É necessário que o time seja atraente, estruturado e que possa oferecer excelentes benefícios e remunerações.

Conseguir atrair e selecionar um profissional talentoso como o Neymar é uma etapa; as outras referem-se à ambientação, ao entrosamento e à maneira pela qual o talento – no nosso exemplo, do jogador, no clube –, seja reconhecido, estimulado e despertado a maximizar seu potencial.

Digamos que o técnico, após a contratação do jogador, não identifique devidamente o seu talento e resolva colocá-lo como goleiro – claro, isso é perder a maestria do jogador em campo e ganhar um péssimo goleiro.

Esse mesmo pensamento serve para as demais organizações e suas contratações. É preciso conhecer minuciosamente a função, as atribuições de cada cargo e identificar com maestria os conhecimentos, as habilidades e as atitudes de cada candidato antes de contratá-lo, a fim de poder identificar melhor onde alocá-lo e oferecer condições para o seu desenvolvimento.

Também é importante pensar em como criar um clima favorável para o crescimento do colaborador de tal forma que deixar a organização, ou seja, pedir demissão, não passe pela cabeça dele, e a retenção tenha condições de existir mesmo quando os concorrentes desejarem atrair o talentoso profissional.

Dica de Filme:

"Onze homens e um segredo"
Direção: Steven Soderbergh
Ano: 2001

Dados do filme: O filme retrata a estória de planejamento e execução de um assalto ao cofre central de três cassinos localizados na cidade de Las Vegas - EUA. Um ex-presidiário, localizou seu amigo na Califórnia, e propôs a ele um desafio: assaltarem três cassinos na cidade de Las Vegas. Para isto precisam de planejamento e de recrutar pessoas. Depois, de todos reunidos o plano e os objetivos são expostos. O plano consistia em levantar dados e informações, estudar e definir o ataque, adquirir todo o material necessário e por fim, realizar o treinamento da equipe.

Observe no filme: o planejamento; organização; controle; comunicação; liderança; processo de recrutamento e seleção; coordenação da equipe de trabalho; gestão para o resultado e relações interpessoais.

Capítulo 4
Recrutando e Selecionando Talentos para a Organização

"Temos que ser sábios o suficiente para tomada de decisão, por mais simples que seja, terá consequências complexas."

Fabio Santos

> *Objetivos deste capítulo:*
>
> *1) Conceituar recrutamento e seleção.*
> *2) Apresentar as etapas para o processo de recrutamento e seleção.*
>
> *Antes de ler sobre o assunto, faça uma reflexão:*
>
> *1) Qual a importância do processo de recrutamento e seleção?*
> *2) Uma contratação equivocada pode trazer prejuízos à organização?*

4.1 - Recrutamento e Seleção

Ter uma excelente estrutura física, financeira (capital) e organizacional (departamentos, setores) não é garantia de sucesso organizacional. Para que o sucesso aconteça e se perpetue, é necessário acrescentar um importante elemento... o colaborador.

A excelência na gestão de pessoas é o que favorecerá o diferencial, por exemplo, no atendimento ao cliente, pois é o sorriso espontâneo da atendente quando dá o bom dia ao cliente; a forma de tratamento e atenção da vendedora que ajudará a conquistar e fidelizar o cliente.

Por essa razão, a preocupação com o processo de recrutamento e seleção deve existir. Recrutar é mostrar que está a procura, é divulgar uma vaga. Selecionar é convidar para fazer parte, é incluir. O processo de recrutamento e seleção pode ser denominado como uma etapa de captação de pessoas, que tem a missão de procurar bons candidatos e selecionar entre eles o que melhor se adapta ao cargo.

E para que seja possível selecionar o profissional adequado ao objetivo da organização, deve-se ter os seguintes cuidados antes de recrutar: definir criteriosamente as vagas, os cargos; assim como saber quais competências, habilidades e atitudes serão necessárias para o bom desenvolvimento das atividades ou funções.

4.1.1 - Recrutamento

Saber o que se precisa e o que se deseja é o primeiro passo para conseguir ter o que se espera. O segundo é verificar como obter o desejado. Nessa linha de pensamento, é necessário, em primeiro lugar, olhar para organização, conhecer a necessidade desta, para depois planejar a forma de atrair as pessoas certas para fazerem parte.

A organização deve efetuar um processo de recrutamento somente quando realmente identificar a necessidade de obter mais um colaborar ou quando se fizer necessária a criação de uma nova função ou cargo.

Um processo de recrutamento pode atrair muitos candidatos, principalmente quando se publicar o anúncio da vaga em jornais de grande circulação ou em redes sociais. Por isso, quanto mais precisa for a descrição das exigências para ocupar a vaga, mais fácil se tornará o processo de análise dos candidatos, aumentando a possibilidade de encontrar a pessoa adequada para o cargo.

Antes de começar um processo de recrutamento, o recrutador deve:

a. ter uma visão sistêmica da organização;

b. conhecer o organograma e o fluxograma da organização.

c. conhecer quais são realmente as necessidades da organização;

d. identificar os conhecimentos, as competências (as habilidades e as atitudes) necessárias para o desenvolvido das atividades no cargo;

e. dialogar com as equipes e colaboradores do departamento ou setor, para se informar das possíveis atualizações técnicas de alguns cargos;

f. analisar, no mercado e na própria organização, de onde e como atrair as pessoas com o perfil desejado.

g. elaborar um mecanismo de divulgação da vaga;

h. desenvolver uma estratégia para receber currículos;

i. planejar e coordenar todas as etapas que deverão ser realizadas para verificação dos candidatos mais adequados para o preenchimento da vaga.

A organização deve realizar bem o processo de recrutamento, porque é a partir dele que será possível convidar, selecionar e escolher o profissional que possua o perfil mais adequado para o cargo a ser preenchido.

Para atrair bons candidatos, a organização precisa também ser atraente, ter uma boa imagem, oferecer bons benefícios, como: perspectiva de progressão na carreira; bom ambiente de trabalho; incentivos salariais e bolsas de estudos; e até mesmo se preocupar com a família deles, oferecendo, por exemplo, plano de saúde e estudo aos seus familiares.

A escolha de não oferecer além do obrigatório por lei é da organização; porém, um bom candidato, que conhece o seu potencial e sabe como agregar valor ao seu serviço, pode ficar tentado a participar de processos seletivos de organizações nas quais o seu talento gera mais rendimentos financeiros, benefícios e crescimento profissional.

Divulgado na internet...

Onde estão as pessoas certas para a sua equipe?

Entenda que contratar e reter talentos exige cultura voltada para a gestão de pessoas e comprometimento efetivo das lideranças

Jerônimo Mendes[1]

Antes de responder a pergunta que serve de título para este artigo, vale a pena refletir sobre outra questão: por que algumas empresas não encontram os profissionais que tanto procuram? Alguns insights para ajudá-lo na resposta:

- A política de recursos humanos não existe; quando existe, há sempre um diretor ou gerente que se acha no direito de abrir uma exceção e isso contamina o processo.
- Algumas empresas nem sabem o que significa Política de RH; outras acham isso uma grande bobagem.
- Os gestores encontram tempo para tudo, menos para fazer gestão de pessoas.

1 MENDES, Jerônimo. **Entenda que contratar e reter talentos exige cultura voltada para a gestão de pessoas e comprometimento efetivo das lideranças.** Empreendedorismo. Onde estão as pessoas certas para a sua empresa? Endeavor Brasil. Disponível em: <http:// www.endeavor.org.br/onde-estao-as-pessoas-certas-para-a-sua-empresa/>..

- Existem empresas que simplesmente ignoram a gestão de pessoas.
- Os lideres não são treinados para avaliar pessoas.
- O processo de admissão não tem consistência alguma.
- Os objetivos não estão claros e as pessoas são "largadas" literalmente no seu local de trabalho.
- Não existe programa de desenvolvimento de talentos internos.
- O negócio está dando muito dinheiro e algum alienado acha que isso pode dispensar a necessidade de treinamento; além de tantos outros.
- Agora sim, respondendo a questão do título, como encontrar as pessoas certas para a sua equipe? Primeira dica: é nem sempre elas estão na concorrência. Segunda dica: elas podem estar dentro da sua própria empresa.
- Que tal adotar os seguintes critérios?
- Comece a envolver e a responsabilizar os gestores durante o processo de seleção, interna ou externa, e de avaliação até que o profissional se estabilize.
- Indicação vale, mas, independentemente disso, torne o processo o mais transparente e profissional possível. Se indicação fosse suficiente, o serviço público seria uma beleza.
- Adote processos de avaliação que levem em conta tanto os fatores comportamentais quanto os resultados; as pessoas precisam saber o que vão fazer, como devem fazer e o que vai acontecer se não fizerem; não precisa xingar nem reclamar nem falar mal do profissional no corredor, basta ser claro em relação ao desempenho.
- Nenhuma empresa acerta todos os processos de admissão. Se, apesar de ter tomado todos os cuidados e de ter feito as avaliações etc., o profissional não corresponder às expectativas, corrija o processo rapidamente e parta em busca de nova opção.
- Dê oportunidades para as pessoas da sua própria empresa; muitos talentos estão deslocados da sua vocação natural e, ao promover a seleção interna, você concede a si mesmo o direito de corrigir algumas deficiências do processo original de admissão.
- Deixe de se iludir e carregar as pessoas nas costas. Em todas as empresas, existem poucas pessoas comprometidas. A maioria não está nem aí para o negócio e uma boa parte não vê a hora de a aposentadoria chegar. Como líder, gerente, empreendedor ou empresário, você tem o direito de tentar novamente.
- Contratar e reter talentos (modismo puro) exige cultura voltada para a gestão de pessoas e comprometimento efetivo das lideranças como o monitoramento dos resultados de todos os profissionais a serviço

> da empresa, periodicamente, e não apenas uma vez a cada cinco anos, quando se faz.
> - Por fim, lembre-se, nenhum profissional vindo de fora conseguirá suprir a deficiência gerada pela falta de processos, de políticas, de normas e procedimentos instituídos para todas as áreas e para todos os níveis hierárquicos da empresa.

4.1.1.1 - Tipos de recrutamento

Escolher o tipo de recrutamento que deverá ser utilizado em cada cargo é uma decisão estratégica que deve ser pautada em uma análise organizacional. Cada tipo de recrutamento apresenta suas vantagens e desvantagens.

Confirmada a necessidade da abertura da vaga, pode-se utilizar o recrutamento interno, quando a procura é realizada somente entre os integrantes da organização; ou o recrutamento externo, quando a vaga é destinada a pessoas que não trabalham na organização. Existe também a possibilidade de se efetuar o recrutamento misto, que é realizado quando ocorre participação tanto dos integrantes da organização quanto dos que não trabalham nela.

4.1.1.1.1 - Recrutamento interno

Recrutar internamente consiste em divulgar uma possibilidade de preenchimento das vagas para os integrantes da organização, por meio de promoção, transferência, abertura de vaga ou mesmo uma mudança de função, refletindo na valorização dos talentos internos.

Vantagens:
- Possibilidade de crescimento na organização, que pode gerar a atração e retenção de talentos, bem como motivar os colaboradores;
- baixo custo do processo, se comparado ao recrutamento externo, pois não é necessário, por exemplo, gastar com a divulgação em jornais ou revistas de grande circulação;
- economia de investimentos e tempo em relação a treinamentos de novos profissionais, pois o colaborador interno já conhece a organização;

- o candidato que já trabalha na organização pode estar mais adaptado ao ritmo, à cultura, aos valores, à missão e à visão desta;
- seleção mais rápida em razão de os participantes serem pessoas conhecidas, que já atuam na empresa.

Desvantagens:
- Desmotivação dos candidatos não aproveitados;
- dificuldade interna em conseguir a liberação do candidato aprovado;
- possibilidade de cometer injustiças;
- risco de gerar conflitos de interesse e competição negativa.

4.1.1.1.1.1 - Meios de recrutamento interno

Os principais meios utilizados no processo de recrutamento interno podem ser:
- quadro de aviso disponibilizado na organização, comunicando a abertura da vaga;
- comunicação interna, por meio, por exemplo de envio de e-mail para os colaboradores;
- divulgação em jornal interno, circular ou sistemas destinados na intranet à mobilidade interna;

4.1.1.1.2 Recrutamento externo

No recrutamento externo, o processo de atração para uma vaga visa somente a pessoas que não pertençam à organização.

Devido à popularização da internet, tem crescido o número de organizações que utilizam como forma de atração de talentos externos um link (do tipo "trabalhe conosco") em seu próprio portal para receber currículos ou utilizar-se de redes sociais para divulgação da vaga.

Apesar disso, ainda são utilizados anúncios em jornais, escolas, universidades, sindicatos, associações de classe, bem como contratação de agências de recrutamento e solicitações de indicações dos colaboradores.

Vantagens do recrutamento externo
- Renova o capital intelectual, com inclusão de profissionais com novas experiências, ideias, estratégias, habilidades e diferentes abordagens de problemas internos;
- consegue evitar alguns conflitos de interesses em relação aos talentos já existes na organização;
- enriquece o capital intelectual, ao incluir novos conhecimentos, experiências, estratégias e habilidades diferentes;
- beneficia-se de treinamentos e capacitações do recrutado que foram realizados e/ou custeados por outras organizações.

Desvantagens do recrutamento externo:
- Mais oneroso e demorado, pois requer custos ou despesas imediatas com anúncios, jornais, honorários de agências de recrutamento, entre outras ações;
- necessidade de treinamento e capacitação, para que o novo talento conheça as regras e os procedimentos da organização;
- possibilidade de resistência e falta de colaboração dos colaboradores para com os recrutados;
- necessidade de socialização dos colaboradores com os recrutados;
- desmotivação por parte dos colaboradores, se visualizem dificuldade de ascensão na organização.

Mas, antes mesmo de divulgar ou anunciar uma vaga de emprego, a área de gestão de pessoas deve analisar bastante a descrição a ser publicada, a fim de evitar qualquer tipo de discriminação, seja por raça, sexo, orientação sexual, entre outros requisitos que possam ser interpretados e se configurar como desigualdade no recrutamento.

Lembre-se de que as organizações são regidas por leis, entre elas, as trabalhistas. Isso implica dizer, por exemplo, que, por mais que um empresário seja o dono, ele não deve tomar atitudes que contrariem a legislação, como:

> I - publicar ou fazer publicar anúncio de emprego no qual haja referência ao sexo, à idade, à cor ou situação familiar, salvo quando a natureza da atividade a ser exercida, pública e notoriamente, assim o exigir (art. 333-A, I, da CLT);
>
> II - recusar emprego, promoção ou motivar a dispensa do trabalho em razão de sexo, idade, cor, situação familiar ou estado de gravidez, salvo quando

a natureza da atividade seja notória e publicamente incompatível (art. 333-A, II, da CLT);

III - considerar o sexo, a idade, a cor ou situação familiar como variável determinante para fins de remuneração, formação profissional e oportunidades de ascensão profissional (art. 333-A, III, da CLT);

IV - exigir atestado ou exame, de qualquer natureza, para comprovação de esterilidade ou gravidez, na admissão ou permanência no emprego (art. 333-A, IV, da CLT).

4.1.1.1.2.1 - Meios para o recrutamento externo

Os meios para o recrutamento externo podem ser:
- **Agências de recrutamento:** São empresas habilitadas para executar esse tipo de serviço. Tal procedimento é utilizado principalmente para cargos especializados, quando, por meio do recrutamento interno, não foi possível encontrar o profissional desejado. As agências normalmente realizam o recrutamento e a empresa executa apenas a seleção.
- **Anúncios em jornais:** Anunciar em jornais, principalmente de grande circulação, pode permitir que um elevado número de candidatos tome conhecimento do cargo disponível. Um bom anúncio deve deixar claro as condições de trabalho, ou seja, especificar, entre outros: o cargo, os requisitos, as habilidades e os conhecimentos que serão necessários, assim como especificar o horário do trabalho, a disponibilidade para viagens, se for o caso, a remuneração e os benefícios. Pois assim, evita receber um volume muito grande de currículos o que implica em uma demanda maior de tempo para fazer uma triagem e analisar os currículos que são compatíveis com a vaga.
- **Anúncios em sites de busca de profissionais:** Existem alguns sites especializados em procurar profissionais disponíveis no mercado. Alguns têm um enorme poder de comunicação com os candidatos.
- **Utilização de redes sociais:** As organizações disponibilizam também anúncios em redes sociais, como, por exemplo, Twitter, Facebook e LinkedIn.

- **Banco de dados:** local que pode ficar disponível na organização em um espaço, tendo como objetivo o armazenamento de dados de candidatos para uma possível contratação.

Dica de Filme:

"A rede social"
Direção: David Fincher
Ano: 2009

Dados do filme: Esse filme retrata a trajetória do co-fundador do Facebook, Mark Zuckerberg e outros universitários de Harvard, que desenvolveram em 2003, uma rede social, que tinha na época a pretensão de facilitar a comunicação entre os universitários da instituição. Entretanto, tornou-se mais tarde, a famosa rede social, Facebook, que hoje é um importante meio de comunicação, entre as diversas pessoas do mundo.

Observe no filme: Processo de invenção, transformação e desenvolvimento de um projeto, que hoje conecta milhares de pessoas.

Divulgado na iternet...

> **Linkedin[2]**
>
> O LinkedIn é a maior rede profissional, com 300 milhões de usuários em mais de 200 países e territórios em todo o mundo. É uma empresa de capital aberto e tem um modelo de negócios bem diversificado, em que a receita provém de assinaturas de usuários, vendas de publicidade e soluções de talentos. Começou na sala de estar do cofundador Reid Hoffman, em 2002, e teve seu lançamento oficial em 5 de maio de 2003. Jeff Weiner é o presidente do LinkedIn, e a equipe de gestão da empresa é composta por executivos experientes vindos de companhias como Yahoo!, Google, Microsoft, TiVo, PayPal e Electronic Arts. A missão do LinkedIn é simples: conectar profissionais do mundo todo, tornando-os mais produtivos e bem-sucedidos. Ao se cadastrar no LinkedIn, você ganha acesso a pessoas, vagas, notícias, atualizações e *insights* que o ajudam a brilhar na sua profissão.

4.1.1.1.3 - Recrutamento misto

O recrutamento misto ocorre quando são utilizados tanto o recrutamento interno quanto o externo. Quando a organização opta por desenvolver esse tipo de recrutamento, ela pode:

- **Realizar primeiramente o recrutamento interno, depois o externo** – nessa forma, a organização busca primeiro o recrutamento interno, ou seja, em seu quadro de colaboradores, alguém que queira se candidatar ao cargo; caso ninguém tenha perfil, interesse ou qualificação adequada, busca-se fora da organização o profissional ideal.
- **Realizar primeiramente o recrutamento externo, depois o interno** – nessa forma, a organização busca primeiro no mercado externo algum profissional qualificado e com novas experiências; caso não encontre nenhum perfil ideal para o cargo, busca-se dentro da organização o profissional adequado.
- **Realizar os dois recrutamentos, o externo e o interno, simultaneamente** – a organização faz um recrutamento concomitante entre a busca externa de profissional e a busca de colaborador interno, abrindo oportunidade para todos se candidatarem.

---

[2] LINKEDIN. Sobre nós. **LinkedIn**. Disponível em:
<https://www.linkedin.com/about-us?trk=hb_ft_about>.

Divulgado na internet...

Recrutamento *on-line*: uma realidade cada vez mais presente nas empresas[3]

Leandro Correa Martins

Escrevi há algum tempo um artigo intitulado "Mudar é essencial para sua carreira", e das muitas mensagens que recebi – através do site RH.com.br onde foi publicado – uma tinha a seguinte pergunta: "Como você avalia o recrutamento pela Internet?".

A área de Recursos Humanos requer cada vez mais sistemas de gestão eficazes para gerir suas demais áreas: Recrutamento e Seleção, Treinamento e Desenvolvimento, Planejamento de Carreira, Cargos e Salários, Administração de Pessoal etc... Meu foco será em Recrutamento e Seleção. A gestão eficaz da área de Recrutamento e Seleção depende também de um sistema de recrutamento on-line eficiente. Existem inúmeras ferramentas no mercado para suprir essa necessidade, mas muitas empresas ainda não utilizam essa solução. Acredito que as empresas que não se preocuparem com a gestão de sua área de Recrutamento e Seleção terão sérios problemas na organização de seus processos num futuro bem próximo.

Atualmente, o recrutamento on-line é a forma mais inteligente de se recrutar candidatos. Existe uma série de funcionalidades que organizam cada processo seletivo de modo que cada candidato em cada vaga mantenha seus status atualizado, tal [sic] como: avaliações do recrutador – entrevistas e dinâmicas –, testes on-line etc. Isso facilita o trabalho dos recrutadores, consultores, assistentes e das áreas coligadas, como: Administração de Pessoal, Cargos e Salários, Treinamento e Desenvolvimento, Planejamento de Carreira, já que todas as informações podem ser compartilhadas. Como por exemplo vejamos alguns diferenciais da solução de e-Recruitment para as empresas, citados por alguns sites que oferecem esse serviço:

- acesso à base exclusiva de candidatos;
- gestão da entrega dos e-mails enviados aos candidatos;
- entrevistas e dinâmicas de grupo on-line;
- candidatura on-line e envio de currículo;
- sistema avançado de busca de vagas e agentes de busca ativos;

---

[3] MARTINS, Leandro Correa. **Recrutamento on-line: uma realidade cada vez mais presente nas empresas.** RH.com.br. Disponível em: http://www.rh.com.br/Portal/Recrutamento_Selecao/Artigo/4101/recrutamento-on-line-uma-realidade-cada-vez-mais-presente-nas-empresas.html.

- portal na Intranet para recrutamento interno;
- promoção da sua empresa e acesso em qualquer lugar do mundo;
- publicação de vagas no seu website, na sua Intranet e em outros sites de emprego.

As empresas podem manter um contato mais personalizado com os candidatos, enviando mensagens de atualização, agradecimento, informando sobre os processos seletivos etc., podendo atingir um grande público individualmente, melhorando a sintonia com todos os profissionais. Por outro lado, beneficia também os candidatos às futuras vagas, pois eles podem manter seus dados atualizados – entrando com *login* e senha na área destinada a eles, no *site* – facilitando futuros contatos; podem contar ainda com eficientes agentes de busca de vagas, recebendo por *e-mail* as vagas que tem relação com seu perfil/objetivo profissional.

Segundo Lidercio Januzzi, que também publicou um artigo sobre esse assunto no RH.com.br (http://www.rh.com.br/ler.php?cod=3739&org=3), as empresas utilizarão cada vez mais o recrutamento pela *Internet* e isso vai forçar os recrutadores a obterem competências específicas. Além disso, os gastos com consultorias de recrutamento e seleção irá diminuir consideravelmente.

Como podemos observar, o recrutamento *on-line (e-Recruitment)* é uma tendência irreversível. Portanto, os recrutadores que não possuem bons conhecimentos em *Internet* e pesquisa, precisam se aperfeiçoar rapidamente. Em contrapartida, as empresas que ainda não têm uma área de recrutamento *on-line* devem acelerar seu planejamento nesse sentido, pois aquelas que já possuem aumentaram substancialmente a eficiência de sua área de recrutamento e seleção, obtendo números bastante positivos nos processos seletivos onde [sic] sem dúvida alguma o custo/benefício é seu maior diferencial.

É importante ressaltar que empresas e profissionais devem saber utilizar a *Internet* com inteligência, responsabilidade e segurança. Afinal, os candidatos só irão cadastrar suas informações em *sites* de empresas que comprovem a confidencialidade de seus processos, e acima de tudo, a privacidade das informações cadastradas e isso pode ser conquistado com um bom sistema de recrutamento *on-line.*

> **Questões:**
>
> - Você acredita que o recrutamento on-line é mais eficiente que outros tipos de recrutamento?
> - O recrutamento on-line é uma tendência irreversível?
> - As organizações cada vez mais dependerão de Internet para recrutar os profissionais?

4.1.1.2 - Etapas do processo de recrutamento

As etapas para um processo de recrutamento de talento são:

1 – Elaboração da requisição de pessoal
- Identificar os motivos que fizeram surgir a vaga ou mesmo a urgência dela, que pode ser por, entre outros motivos: demissão ou pedido de demissão de um trabalhador; necessidade de aumento de profissionais ou existência de nova função.
- Identificar o objetivo, as tarefas, as atividades, as funções, as responsabilidade e o posicionamento do cargo no organograma da organização. Essas informações podem estar contidas na requisição e na abertura de vagas.

2 – Escolha do tipo de recrutamento a ser realizado
- Verificar as políticas e as normas da organização em relação ao tipo de recrutamento a ser escolhido.
- Decidir estrategicamente qual será o recrutamento mais adequado a ser realizado.

3 – Consultar as melhores formas de recrutamento interno, externo e misto
- Definir quais serão as formas mais adequadas dentro do tipo de recrutamento escolhido para divulgar a abertura da vaga (rede social, jornal impresso, boletim interno, indicações internas e/ou externas, conferências, congressos, seminários, rádio, entre outras formas).

4 – Divulgação da vaga
- Divulgar a vaga, após definir o tipo de recrutamento e analisar qual o melhor mecanismo de divulgação.

5 – Realização das etapas de recrutamento
- Separar os candidatos pelos critérios anteriormente definidos e informá-los da próxima etapa.

6 - Encaminhamento dos candidatos para o processo de seleção
- Realizar o processo de seleção dos candidatos, após o recrutamento;
- Apresentar o resultado baseado em critérios e análises predefinidas em relação ao cargo, que estejam em concordância com as normas e políticas da organização.

4.1.2 - O preparo do profissional

O candidato à vaga na organização deve, antes de tudo, informar-se sobre a organização, pesquisando sua missão, sua visão e seus valores. Essa pesquisa poderá auxiliá-lo a conhecer melhor a organização à qual está se candidatando. Atualmente, muitas organizações disponibilizam em seu site dados sobre seu posicionamento estratégico, sua política interna, bem como informações sobre: benefícios, plano de carreiras, oportunidades, entre outros assuntos de interesse profissional.

Mas, antes de candidatar-se ao cargo, é importante verificar:

1. Quais são as vantagens da organização?
2. Na organização há possibilidade de crescimento?
3. Quais benefícios a organização oferece?
4. A organização sabe identificar e valorizar os seus talentos?
5. Na organização o índice de demissão é alto?
6. Como os clientes e o mercado avaliam a organização?

O candidato que se identificar com a organização, após fazer essa análise, tendo interesse em fazer parte dela, deve preparar-se para uma entrevista e refletir sobre:
- Quais são os principais desafios e oportunidades que permeiam a organização?
- Como eu poderia contribuir para o sucesso da organização?
- O que realmente gosto de fazer?
- O que gosto de fazer e faço bem?
- Quais os meus pontos fortes?

- Como os meus pontos fortes podem me ajudar a crescer na organização?
- Quais os meus pontos fracos?
- Como devo gerenciar meus pontos fracos para que eles não me atrapalhem na entrevista e no trabalho?

Dica de Filme:

"O diabo veste Prada"
Direção: David Frankel
Ano: 2006

Dados sobre o filme: Retrata a trajetória de uma jovem, jornalista, que trabalhou como assistente pessoal da editora chefe de uma famosa revista. Em busca de conhecimento e desenvolvimento profissional, a jovem vivenciou experiências impactantes que transformaram a sua visão vida pessoal e profissional.

Observe no filme: desenvolvimento de uma carreira profissional, valores éticos, clima e cultura organizacional.

4.1.3 - Seleção

A seleção, em qualquer organização, deve visar escolher o melhor entre os candidatos que foram atraídos pelo cargo, por meio do recrutamento, com o intuito de aumentar a eficácia, a eficiência e a efetividade na organização.

A finalidade da seleção é escolher o candidato certo para o cargo certo, para que, dessa forma, haja otimização dos recursos empregados na organização, pois o sucesso de uma empresa está diretamente relacionado às habilidades técnicas e aos interpessoais e intrapessoais das pessoas que nela atuam, ou seja, depende de seus conhecimentos, habilidades e aptidões.

Em função disso, torna-se de vital importância saber selecionar corretamente os candidatos que irão representar a empresa, de forma que estes possam, saibam e queiram contribuir para o crescimento da organização e para a construção e manutenção de uma imagem organizacional positiva perante seus clientes internos (colaboradores) e externos.

É importante lembrar que, de acordo com o art. 373, I, II e V, da CLT, e o art. 1º da Lei nº 9.029/1995, não se pode selecionar candidatos com critérios discriminatórios, tais como: idade, sexo, cor, aparência, exigência de não estar inscrito no serviço de proteção ao crédito, entre outros.

Divulgado na internet...

> **Empresa que errou em processo seletivo deve indenizar candidato por dano moral-TRT - 4ª Região**[4]
>
> A 4ª Turma do Tribunal do Trabalho do Rio Grande do Sul (TRT-RS) fixou em R$ 5 mil a indenização por dano moral devida a um candidato que, após ter sido aprovado em processo seletivo, teve sua contratação cancelada.
>
> O autor recebeu da empresa um documento informando o cargo a ser exercido, o salário, a data de início do contrato e as instruções para a abertura de uma conta-salário. Com a vaga tida como certa, o autor pediu demissão do emprego anterior. Porém, dias depois, a empresa informou que sua contratação havia sido cancelada. O motivo teria sido uma alteração na contagem de plaquetas no sangue do candidato, constatada em exame médico realizado após a entrega do documento com aquelas informações.
>
> Para o relator do acórdão, Desembargador Ricardo Gehling, a reclamada errou ao não ter avisado o candidato que sua aprovação ainda dependeria do resultado do exame. Cita o acórdão: "As atitudes do reclamado revelam que a fase inicial estava encerrada e o contrato se encaminhava rapidamente para a celebração. Nesse sentido o pedido de abertura de conta corrente para

---

[4] EMPRESA que errou em processo seletivo deve indenizar candidato por dano moral. Notícias Jurídicas. TRT - 4ª Região – RS. JurisWay. Disponível em: <http://www.jurisway.org.br/v2/noticia.asp?idnoticia=55064>.

percepção de salários, declaração da data em que teria início o contrato de trabalho, função a ser exercida, valor do salário a ser pago e a realização de exame admissional. Evidentemente que não se faz [sic] tais declarações quando não há certeza de que o contrato será celebrado. O pedido de desligamento da empresa na qual prestava serviços, bem como a frustração por não ter sido contratado, evidentemente originou sofrimento e constrangimento, caracterizando abuso de direito suficiente a ensejar o deferimento da indenização pleiteada".

Questões:

1) Você concorda com a decisão de indenizar o candidato por dano moral?

2) Se você fosse o Diretor de Gestão de Pessoas da organização que cometeu o erro, qual seria a sua atitude?

No processo de seleção, existem vários mecanismos que têm como objetivo identificar a correlação entre os perfis de competências profissionais e pessoais exigidos para o cargo. Algumas etapas são importantes para esse processo, como, por exemplo:

- **Avaliação do currículo:** é uma das mais importantes etapas nesse processo, pois analisa as informações sobre a trajetória profissional, ou seja, as experiências profissionais e acadêmicas, os treinamentos e a capacitação do candidato. A área de gestão de pessoas pode estabelecer critério de pontuação para análise dos currículos.
- **Prova de conhecimentos:** tem a finalidade de avaliar os conhecimentos dos candidatos. Podem ser elaboradas provas de conhecimentos gerais ou específicos, subjetivas ou objetivas. O conteúdo programático deve ser definido pela área que solicitou a vaga.
- **Prova situacional:** esta é utilizada para mensurar o grau de conhecimento do candidato em relação à tarefa ou atividade que irá exercer, caso seja selecionado. Para isso, podem ser utilizados estudos de casos, em que o candidato ira redigir sobre uma situação hipotética, baseada em situações vividas no setor ou departamento que solicitou a vaga.
- **Prova prática:** é utilizada para mensurar o conhecimento do candidato em relação ao seu desempenho prático, suas habilidades e atitudes do cargo preterido. Essa consiste em uma etapa

que tem por objetivo observar como o candidato realiza determinada atividade correlacionada ao cargo, na prática. Exemplo: do motorista, para ser contratado, poderá ser exigida uma prova de direção; do professor/instrutor candidato poderá ser exigida uma microaula, a fim de se avaliarem a postura, o conhecimento teórico e a didática do candidato. A área de gestão de pessoas pode estabelecer critérios para pontuar a prova, como: a desenvoltura do candidato, a postura, o conhecimento do assunto, o tempo de realização da prova, o controle emocional, a segurança, a habilidade verbal, entre outros.

- **Testes psicológicos:** esse tipo de recurso visa identificar e avaliar os aspectos de comportamento em relação à inteligência cognitiva, à atenção, aos traços de personalidade, à aptidão, ao raciocínio, entre outros fatores do candidato.
- **Dinâmica de grupo:** utilizada para observação e análise do comportamento, das atitudes e do desempenho dos candidatos dentro de um grupo. Algumas dinâmicas de grupos são realizados por meio de jogos e dramatizações.
- **Entrevista para a seleção:** essa pode ser a etapa final do processo de seleção. É realizada como um recurso pelo qual, por meio de uma conversa, podem-se elucidar dúvidas sobre dados contidos no currículo, bem como oportunizar ao candidato acrescentar informações relevantes que não constem no seu currículo.

Para a candidatura a algum cargo da organização, a área de gestão de pessoas pode solicitar:
- que seja preenchida uma ficha de solicitação de emprego;
- que seja enviado currículo; ou
- que seja preenchido o currículo no próprio sítio da organização.

Vamos a prática...

Preencha a ficha de solicitação de empregado.

```
Nome: _____
Data: ___ / ___ / ___
Indicado por: _____
```

Naturalidade:	Data de Nascimento: ___ / ___ / _____	
Estado Civil:	Cônjuge:	
Endereço:	Telefones para contato:	
Bairro:	Cidade:	CEP: UF:
Filiação		
Pai:	Mãe:	

Documentação

CPF:	CTPS nº: Série:
RG: Data de Emissão: ___ / ___ / ___ Órgão Expedidor:	

Formação Acadêmica

Cursos, Treinamentos, Seminários, Convenções, entre outros

Referências Pessoais

Nome:	Parentesco:
Telefones:	
Nome:	Parentesco:
Telefones:	

Empregos Anteriores

Organização:	Telefone:
Contato:	Departamento:
Cargo que exerceu:	
Endereço :	

Data de Admissão: ___ / ___ / _____ Data da Saída: ___ / ___ / _____	
Última Remuneração: R$	Motivo da Saída:
Organização:	Telefone:
Contato:	Departamento:
Cargo que exerceu:	
Endereço :	
Data de Admissão: ___ / ___ / _____ Data da Saída: ___ / ___ / _____	
Última Remuneração: R$	Motivo da Saída:

A organização deve tomar cuidado ao elaborar a solicitação de empregado, pois nesta não deverá haver itens que possam sugerir discriminação, sendo necessário estar em conformidade com a legislação trabalhista.

4.1.4 - A entrevista

Antes de marcar uma entrevista com qualquer candidato, a área de gestão de pessoas deve planejar esse evento. A primeira coisa a fazer é planejar o tempo necessário para realizar todas as etapas da entrevista, bem como as perguntas a serem feitas, a fim de eliminar as que possam discriminar o candidato, como, por exemplo: sobre questões religiosas ou culturais, orientação sexual, raça, entre outras.

As perguntas podem ser fechadas, cabendo ao candidato responder com um simples "sim", "não" ou "talvez", ou abertas, nas quais há a possibilidade de conhecer um pouco mais a opinião do candidato, suas habilidades e seus conhecimentos.

As perguntas devem ter uma sequência lógica de pensamento, e o tempo de duração da entrevista deve ser dividido, como, por exemplo: dedicar 40% do tempo para conhecer um pouco mais sobre o histórico profissional do candidato, principalmente alguns pontos que não tenham ficado claros no currículo; destinar 20% do tempo para questões referentes à vida acadêmica; 20% para assuntos referentes à família e 20% para os relativos à parte social. Na entrevista, é possível verificar também: a fluência verbal, a linguagem corporal, o tom de voz e as atitudes do candidato.

12 perguntas essenciais numa entrevista de seleção[5]

Willyans Coelho

A maior parte das perguntas realizadas durante uma entrevista de seleção deve ser específica para o cargo que será ocupado, além de ser adequada às características da empresa.

No entanto, há algumas perguntas básicas que podem ser reveladoras do candidato para qualquer cargo ou empresa. Nelas, **não há respostas certas ou erradas**, pois o objetivo será compreender as características pessoais, as realizações do candidato, bem como os seus planos para o futuro. **Caberá ao entrevistador avaliar se as respostas são interessantes para as necessidades e as características da empresa**. São elas:

- Por que você escolheu essa profissão?
- Como você avalia o seu desenvolvimento profissional até o presente momento?
- Quais são as suas principais limitações profissionais?
- Qual é a sua meta profissional de longo prazo?
- O que mais o irrita no ambiente de trabalho?
- Qual foi a situação profissional mais difícil que você resolveu? Como?
- Em seu último emprego, quais foram as suas realizações mais importantes?
- Qual objetivo que você não conseguiu atingir em seu último emprego?
- Dos gerentes com quem você já trabalhou, qual foi o melhor? E o pior? Por quê?
- Por que você saiu (ou deseja sair) do seu emprego atual?
- O que você sabe sobre nossa empresa?
- O que o faz querer trabalhar conosco?

Procure encaixar essas perguntas no momento mais adequado do seu roteiro de entrevista.

---

[5] COELHO, Willyans.**12 perguntas essenciais numa entrevista de seleção.** Dicas. Recrutamento e seleção. RH.com.br. Disponível em: <http://www.rh.com.br/Portal/Recrutamento_Selecao/Dicas/5292/12-perguntas-essenciais-numa-entrevista-de-selecao.html>.

Divulgado na internet...

Capixaba é entrevistada 14 vezes pela Apple, mas não é contratada pela gigante americana[6]

Folha Vitória - Redação Folha Vitória

As entrevistas, segundo a analista, foram todas ao telefone e em inglês. No primeiro contato, Débora foi aprovada em uma conversa que durou 30 minutos.

Já pensou em receber um e-mail da gigante mundial Apple, sendo convidado para uma entrevista de emprego? Foi isso que aconteceu, não só uma vez, mas 14 vezes, com a capixaba Débora Bossois, 30 anos. Após estudar inglês durante sete meses na Inglaterra, a analista de sistemas e mestre em Computação voltou ao Brasil e enviou e-mail para as grandes mundiais: Google, Apple e Microsoft. "Estava com o meu inglês fresco. Mandei o currículo numa sexta-feira; na segunda-feira seguinte, recebi um e-mail da Google e, quatro meses depois, um e-mail da Apple", conta.

As entrevistas, segundo a analista, foram todas ao telefone e em inglês. No primeiro contato, Débora foi aprovada em uma conversa que durou 30 minutos. "Ele agendou de cara três entrevistas por telefone, que seriam de 30 minutos cada, para conversar com diferentes profissionais. Na primeira delas, o entrevistador pediu que eu falasse sobre meu mestrado e sobre os desafios da língua portuguesa, seus diferenciais, estrutura de frase e conjugação de verbos", conta.

Foi só depois de desenvolvidas algumas etapas, que Débora soube que a vaga era para preenchimento urgente, e que seria ligada à versão em português do Siri, o assistente virtual do IPhone que "conversa" com o usuário. De acordo com Débora, a possibilidade a deixou entusiasmada. "Eu acompanhei o lançamento do Siri na época, e fiquei fascinada com os recursos do assistente. Trabalhar na Apple, no desenvolvimento do Siri para meu idioma materno, seria o auge da minha realização profissional", afirma.

Com o passar do tempo, as entrevistas foram acontecendo e a analista aumentando as expectativas. "Em uma das entrevistas, um brasileiro falou comigo. Ele

---

[6] CAPIXABA é entrevistada 14 vezes pela Apple, mas não é contratada pela gigante americana. Geral. Folha Vitória. Disponível em: <http://www.folhavitoria.com.br/geral/noticia/2014/11/capixaba-e-entrevistada-14-vezes-pela-apple-mas-nao-e-contratada-pela-gigante-americana.html>.l

disse que não trabalhava na área de computação e que não teria experiência na realização de entrevistas. Ele me deu dicas sobre como é a vida por lá, sobre onde morar, meios de transporte, clima e coisas do gênero", disse.

Segundo Débora, os profissionais da empresa desapareciam e retornavam de forma imprevisível. Durante o processo, Débora chegou a ficar oito meses sem informações, o que a deixou desanimada. "Aquela situação toda já vinha exaurindo meu tempo e minhas energias desde muito tempo. O trabalho dos sonhos já não me parecia tão bom; queria mesmo que aquilo terminasse, seja qual fosse a decisão", explicou.

No total, Débora realizou 14 entrevistas e acabou não sendo selecionada para a vaga. Segundo ela, não ter sido escolhida para o cargo não a deixou frustrada. "O simples fato de não ter sido contratada não foi problema; por algum motivo, eu não me encaixei na vaga, e não há motivo de frustração nenhum nisso. Só acho que o processo teria sido muito mais agradável se houvesse um *feedback* mais detalhado e organizado sobre o andamento por parte deles", argumenta.

Após a experiência incomum, a analista de sistema tem se dedicado a uma outra paixão recém-descoberta: a fotografia.

Reflexão:

- Considera os processos de recrutamento e seleção descritos eficazes?
- Se você fosse o gestor de pessoas, alteraria algum procedimento?

Vamos à prática...

Uma entrevista de emprego revela muito sobre um candidato, inclusive dados que não foram comentados, mas que foram identificados pelo entrevistador. Veja um exemplo de Modelo de Formulário de Entrevista de Candidatos e faça uma entrevista.

Nome do Candidato:
Entrevistador:
Cargo pretendido:
Avaliação geral de 0 a 10: _____

Questões	Péssimo	Regular	Bom	Ótimo
Observação do comportamento				
Qual o perfil do cargo?				
Demonstrou pontualidade?				
Qual foi a apresentação pessoal, roupas, calçados, aparência etc.? Compatíveis com o cargo?				
Demonstrou agressividade, nervosismo, tranquilidade, sinceridade e polimento?				
Qual foi a personalidade demonstrada?				
Como se apresentou na Recepção/Secretaria?				
Informações pessoais				
Qual o seu lazer preferido?				
Quais são seus pontos fortes e fracos?				
Em quais outras atividades atua?				
Como é seu trabalho ideal?				
O que você mais gosta de fazer?				
Preferência por local de trabalho?				
Qual o cargo/trabalho de que mais gostou?				
Relacionamentos interpessoal				
Como costuma ser reconhecido pelos seus amigos?				
O que o seu melhor amigo falaria de você?				
Como você se sente trabalhando com outras pessoas?				
Faz amizades com facilidade?				
Conhecimentos, habilidades e atitudes				
Quais suas habilidades e seus conhecimentos?				
Consegue trabalhar sob pressão, com metas?				
Como você lida com as adversidades?				
Empregos anteriores				
Descreva seu último emprego.				
Qual os salários nos últimos empregos?				
Como era o relacionamento com o seu ex-chefe?				
Sobre o futuro				
Por que você quer trabalhar nesta empresa?				

Tem disponibilidade para viajar?				
Qual o salário pretendido?				
Outras informações relevantes:				

Dica de Filme:

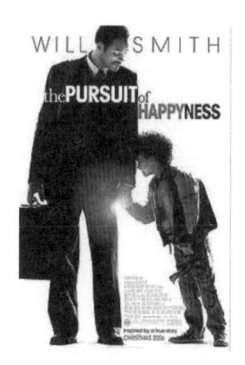

"À procura da felicidade"
Direção: Gabriele Muccino

Dados sobre o filme: O filme é baseado na história de vida de Chris Gardner, atualmente empresário norte-americano, que precisava contar com seu esforço para sobreviver e sustentar a si e ao seu filho. Enfrentou e superou dificuldades financeiras, com perseverança e dedicação para conseguir o sucesso profissional.

Observe no filme: A busca pelo sucesso profissional, a persistência, a perseverança e a motivação. A importância da resiliência e determinação em qualquer situação seja no trabalho ou na vida.

Capítulo 5
Atração de Talentos para a Organização

"Trate sempre os seus funcionários exatamente como quer que eles tratem os seus melhores clientes."

Stephen Covey

> *Objetivos deste capítulo:*
>
> *1) Identificar aspectos relevantes, na organização, para a atração de talentos.*
> *2) Analisar estratégicas utilizadas pelas organizações para atrair talentos.*
>
> *Antes de ler sobre o assunto, faça uma reflexão:*
>
> *1) A sua organização está preparada para atrair estudantes e recém-formados? Se estiver, você concorda com as ações que ela adota para atrair esses talentos?*
> *2) Em sua opinião, como deve ser realizado um processo de atração de talentos? Quais são as estratégias que uma organização deve adotar?*

5.1 - Processos utilizados pelas organizações para atração de novos talentos

Entre os processos de recrutamento utilizados pelas organizações para atração de novos talentos, principalmente quando estão na graduação ou são recém-formados, destacam-se: programas de trainee, de jovem aprendiz e de estágio.

Para as organizações, tais programas podem trazer para o seu âmbito a inovação das atividades e a oxigenação de idéias, agregando valor ao seu produto ou serviço. Já para os novos talentos, podem ser um caminho a ser seguido como forma de se inserir no mercado de trabalho e desenvolver sua carreira.

O processo de recrutamento de trainee e de estágio supervisionado possui características diferentes, conforme poderá ser visto a seguir.

5.1.1 - Programa de *trainees*

Organizações como América Latina Logística, Bosch, Energisa, Grupo Fleury, Rede Globo e a operadora de telefonia Oi utilizam o programa de trainees como forma de atração e identificação de novos talentos. Os processos para

a seleção dos candidatos quase sempre são extensos e rigorosos, envolvendo dinâmicas, entrevistas e testes que buscam identificar, entre outros requisitos:
- conhecimento de língua estrangeira, conhecimentos gerais e técnicos;
- relacionamento interpessoal;
- poder de persuasão;
- iniciativa; e
- liderança.

Esse programa normalmente tem a finalidade de desenvolver as habilidades e competências, com o intuito de treinar os recém-formados aprovados para ocuparem cargos e/ou funções estratégicas na organização.

O programas de *trainees* em organizações

Organização	Programa	Desenvolvimento e duração do trabalho	Benefícios oferecidos	Perfil esperado
UNILEVER[1] Indústria de bens de consumo	Programa de Trainee Elaborado para transformar jovens talentosos em gerentes. O programa de *trainees* permitirá experimentar, em três anos, mais do que alguém já imaginou ser possível.	Um verdadeiro trabalho diário Centrado na construção da capacidade de liderança e em acelerar o desenvolvimento, o programa envolve trabalho rotativo em diferentes áreas. Funções reais, com responsabilidades reais, irão fornecer uma visão fantástica da organização, testar e desenvolver continuamente habilidades, além de dar a oportunidade de fazer uma contribuição imediata para a empresa.	Assim como a aprendizagem no trabalho, ele terá acesso a muitos cursos estruturados. Pensar grande Onde quer que o *trainee* esteja baseado, vai rapidamente começar a ver como as funções funcionam em conjunto. Para ajudar a entender melhor essa interação, muitas vezes ele vai trabalhar como parte de equipes multifuncionais. Ele também se envolverá em todos os níveis, do trabalho	Candidato precisa ser focado; ambicioso para chegar aonde deseja; identificando oportunidades; assumindo a responsabilidade para seu próprio desenvolvimento.

---

1 UNILEVER. Programa de Trainee Unilever. Carreiras Unilever. Trainee & Estágio. **Unilever.** Disponível em: <http://www.unilever.com.br/carreiras/por_que_se_juntar_a_nos/trainees/>.

				na fábrica à vivência em um supermercado, por exemplo. Na medida em que avança, sua posição fica mais desafiadora. Isso pode significar gerir orçamentos maiores, marcas maiores ou mais pessoas.	
SAMSUNG ELETRONICS[2] A Samsung Electronics é líder global em eletrônicos de consumo e componentes. Seus produtos são parte da vida das pessoas em todo o mundo, permitem novas experiências e abrem oportunidades para criar e descobrir. A Samsung possui 206.000 funcionários e 197 escritórios em 72 países. Em 2011, apresentou um faturamento de US$ 143 bilhões. Além de trabalhar em uma empresa pioneira, que ultrapassa barreiras tecnológicas e amplia possibilidades dia a dia, você fará parte de um grupo em pleno crescimento e irá conviver com ideias efervescentes e inovadoras.	O programa de trainee da Samsung tem como objetivo identificar, treinar e desenvolver jovens talentos que se identifiquem com uma cultura veloz, inovadora e tecnológica, e que tenham o desejo de trabalhar nesta que é uma das dez marcas mais valiosas do mundo, segundo o mais recente ranking da Interbrand. Cada participante possui um mentor na sua área de destino, responsável por acompanhá-lo durante todo o programa. O programa tem duração de um ano, com "job rotation" em duas áreas, entre as quais destacamos: Marketing: nela o trainee terá a oportunidade de entender como são formuladas as diretrizes, os planos e as estratégias de marketing. Engloba as áreas de Marketing Intelligence, Product Marketing, Integrated Marketing Communication etc. Vendas: Aqui o trainee aprenderá como se formula e implementa as estratégias, as políticas e os processos de vendas como forma de criar valor. Engloba as áreas de Sales Management, B2C, B2B etc. Logística/Inovação: nessa área, o trainee entenderá como se estabelece a estratégia de médio e longo prazo, os processos-padrão e os projetos de inovação. Também terá foco no gerenciamento dos indicadores-chave de desempenho (KPIs). Recursos Humanos: O *trainee* terá a oportunidade de atuar	Treinamento e Desenvolvimento A Samsung possui uma plataforma global de aprendizagem, através da qual os trainees podem aprender e desenvolver as competências necessárias para sua área de atuação, a partir de uma grade (presencial & on-line) de cursos específicos e um processo sistemático de desenvolvimento. A Samsung possui ainda um programa de mobilidade, que oferece a oportunidade de assignment na matriz global, e que é uma importante ferramenta de desenvolvimento. Após o término do programa, o trainee poderá concorrer às vagas do programa de mobilidade global.	A Samsung oferece aos seus trainees um pacote atrativo, com remuneração competitiva, além de: seguro saúde "top nacional" (direito a apartamento – sem custo); seguro odontológico (sem custo); seguro de vida; vale refeição; previdência privada; estacionamento (sem custo); até dois salários (mensais) de bônus (anual).	Inscrições: pelo site da Cia de Talentos. Profissionais de Cursos: Administração, Ciências Econômicas, Comunicação Social (Publicidade e Propaganda, Relações Públicas), Engenharias (todas as modalidades), Marketing e Relações Internacionais. Formação entre dezembro/2009 a fevereiro/2013. Idiomas: inglês avançado; espanhol será considerado um diferencial.

[2] CIA de Talentos. Samsung Trainee Programa 2015. Samsung. Disponível em: <http://www.ciadetalentos.com.br/traineesamsung/>.

	e se desenvolver nas diferentes áreas de RH, contribuindo para dar suporte à cultura e à estratégia de inovação da organização.			

5.1.2 - Programas de estágio

A organização pode oferecer programas de estágio com o intuito de dar oportunidade para estudantes que ainda não disponham de experiência profissional, mas que estão dispostos a se desenvolver.

Ao fazer um estágio em uma organização de iniciativa privada, o estagiário poderá ser contratado. Não são raros os caso de pessoas que começaram nesse tipo de programa e chegam a ocupar cargos estratégicos, como aconteceu com Rodrigo Kede, presidente da IBM Brasil, que entrou na empresa como estagiário.

Divulgado na internet...

---

5 dicas de sucesso do estagiário que virou presidente da IBM[2]

Camila Pati

Desde 2012 a IBM no Brasil conta com o presidente mais jovem da sua história. Mas isso não significa que Rodrigo Kede, de 40 anos, não tenha trilhado um longo caminho na empresa até chegar ao mais alto posto da companhia.

Graduado em engenharia mecânica pela PUC-Rio, ele entrou na IBM quando ainda estava na <u>faculdade</u>. "Comecei como estagiário em 1993", contou a internautas esta semana, durante o bate papo *on-line* Na Prática, organizado pela Fundação Estudar.

Ou seja, foram mais de 20 anos de experiência de trabalho na IBM, e, por isso mesmo, fica mais surpreso com sua pouca idade para um cargo tão importante quem é de fora. "Aqui na IBM, as pessoas foram me conhecendo e acabou sendo natural", diz ele, que, aos 33 anos, já era CFO da empresa.

---

[3] PATI, Camila. **5 dicas de sucesso do estagiário que virou presidente da IBM. Carreira, Exame.** Com. Disponível em: <http://exame.abril.com.br/carreira/noticias/5-dicas-de-sucesso-do-estagiario-que-virou-presidente-da-ibm>.

Mas não foi só o tempo de casa que o levou ao topo, é claro. Aliás, ele conta que esse nunca nem foi o seu objetivo maior de carreira."Todo mundo quer crescer, ganhar dinheiro, mas, logo que me formei, minha cabeça era muito mais focada em desenvolvimento do que o pensamento de chegar nesse cargo ou naquela função", diz.

E por isso que deu certo, na opinião dele. Confira quais as regras que ele seguiu ao longo da sua carreira de sucesso e que podem servir como inspiração para muitos outros profissionais:

1. *Sair sempre da zona de conforto*

Acomodação, conforto e crescimento definitivamente não andam juntos, afirma Kede. "Tem que sempre estar fora da sua zona de conforto para crescer e progredir", diz.

As etapas da sua trajetória confirmam que ele sempre seguiu essa regra. Pela IBM, trabalhou nos Estados Unidos, comandou divisão na América Latina, trabalhou com as regionais da Ásia, passou pelas áreas financeira, de operações e de negócios.

"Uma companhia que fatura 100 bilhões de dólares ao ano, tem 400 mil funcionários em 170 países, dá essa chance de quase trabalhar em outra empresa estando na mesma", diz.

2. *Conectar-se com as pessoas dentro da empresa*

As temporadas internacionais de trabalho pela IBM foram fundamentais para o sucesso, segundo Kede. E o *networking* é parte importante nesse processo. Por meio dele, as pessoas passaram a conhecer o seu trabalho e a confiar nele também.

"Além de conhecer outra cultura e trabalhar com coisas diferentes, tive a chance de me conectar com pessoas da companhia e isso me abriu várias portas e acelerou minha carreira", conta.

3. *Recursar-se a aceitar frases como: "isso não dá pra fazer", "é muito complicado" , "ninguém nunca fez"*

Sua filosofia de carreira sempre foi a de correr atrás das coisas. "Acredito plenamente que para ter uma carreira de sucesso é preciso sempre não aceitar o inevitável. Não consigo aceitar situações e pessoas dizendo que não dá pra fazer, que é muito complicado, que ninguém nunca fez", conta.

4. Identificar-se com valores e pessoas dentro da empresa

A trilha de sucesso na IBM também relacionada à identificação com pessoas e com o propósito da companhia, segundo Kede. Foi isso que o motivou a continuar trabalhando e a recusar um sem-número de propostas de outras empresas.

"Fiquei na IBM porque gostava muito das pessoas. Gosto do propósito que é ligado ao desenvolvimento da sociedade", diz.

5. Errar, aprender e corrigir

Impossível só acertar. Mesmo a mais bem sucedida carreira coleciona alguns tropeços. "Tem dia que volto para casa e penso que devia ter feito algo diferente", diz Kede. De acordo com ele, isso é normal. "Você erra, aprende e corrige", explica.

Reflexão:

Você conhece outros casos de sucesso, em que o estagiário chegou à presidência ou à diretoria de uma organização? O que um estagiário pode fazer para obter crescimento em uma empresa?

Legislação do estágio

O estágio pode ser obrigatório e não obrigatório. O estágio se torna obrigatório quando consta no projeto do curso em que o estudante ingressou. Seja qual for o tipo estágio, este proporciona ao estudante uma oportunidade de aprender e conhecer pessoas que estão no mercado de trabalho.

Legislação do estágio

Lei nº 11.788, de 25 de setembro de 2008.
Art. 1º Estágio é ato educativo escolar supervisionado, desenvolvido no ambiente de trabalho, que visa à preparação para o trabalho produtivo de

educandos que estejam frequentando o ensino regular em instituições de educação superior, de educação profissional, de ensino médio, da educação especial e dos anos finais do ensino fundamental, na modalidade profissional da educação de jovens e adultos.

§ 1º O estágio faz parte do projeto pedagógico do curso, além de integrar o itinerário formativo do educando.

§ 2º O estágio visa ao aprendizado de competências próprias da atividade profissional e à contextualização curricular, objetivando o desenvolvimento do educando para a vida cidadã e para o trabalho.

Art. 2º O estágio poderá ser obrigatório ou não-obrigatório, conforme determinação das diretrizes curriculares da etapa, modalidade e área de ensino e do projeto pedagógico do curso.

§ 1º Estágio obrigatório é aquele definido como tal no projeto do curso, cuja carga horária é requisito para aprovação e obtenção de diploma.

§ 2º Estágio não-obrigatório é aquele desenvolvido como atividade opcional, acrescida à carga horária regular e obrigatória.

5.1.2.1 - Características do estágio supervisionado

A regulamentação do estágio está disposta na Lei nº 11.788, de 25 de setembro de 2008, que dispõe sobre o estágio de estudantes; altera a redação do art. 428 da Consolidação das Leis do Trabalho – CLT, aprovada pelo Decreto-Lei nº 5.452, de 1º de maio de 1943, e a Lei nº 9.394, de 20 de dezembro de 1996; revoga as Leis nos 6.494, de 7 de dezembro de 1977, e 8.859, de 23 de março de 1994, o parágrafo único do art. 82 da Lei nº 9.394, de 20 de dezembro de 1996, e o art. 6º da Medida Provisória nº 2.164-41, de 24 de agosto de 2001; e dá outras providências.

- **Vínculo empregatício** – o estágio, não cria vínculo empregatício de qualquer natureza.
- **Acompanhamento** – O educando deve ser acompanhamento efetivo pelo professor orientador da instituição de ensino e por supervisor da parte concedente, comprovado por vistos nos relatórios referidos no inciso IV do art. 7º dessa lei e por menção de aprovação final.

    Os agentes de integração serão responsabilizados civilmente se indicarem estagiários para a realização de atividades não compatíveis com a programação curricular estabelecida para cada curso, assim como estagiários matriculados em cursos ou instituições para as quais não há previsão de estágio curricular.

O local de estágio pode ser selecionado a partir de cadastro de partes cedentes, organizado pelas instituições de ensino ou pelos agentes de integração.

- **Instituição de ensino** – É obrigada a celebrar termo de compromisso entre o educando ou o representante legal e a parte concedente, bem como avaliar e zelar pelo cumprimento do termo de compromisso.
- **Da parte concedente** – As pessoas jurídicas de direito privado e os órgãos da administração pública direta, autárquica e fundacional de qualquer dos poderes da União, dos estados, do Distrito Federal e dos municípios, bem como profissionais liberais de nível superior devidamente registrados em seus respectivos conselhos de fiscalização profissional, podem oferecer estágio, observadas as seguintes obrigações:
- **Jornada de estágio** – A jornada de atividade em estágio será definida de comum acordo entre a instituição de ensino, a parte concedente e o aluno estagiário ou seu representante legal, devendo constar do termo de compromisso ser compatível com as atividades escolares e não ultrapassar:
I – 4 (quatro) horas diárias e 20 (vinte) horas semanais, no caso de estudantes de educação especial e dos anos finais do ensino fundamental, na modalidade profissional de educação de jovens e adultos;
II – 6 (seis) horas diárias e 30 (trinta) horas semanais, no caso de estudantes do ensino superior, da educação profissional de nível médio e do ensino médio regular.
- **Duração do contrato de estágio** – A duração do estágio, na mesma parte concedente, não poderá exceder 2 (dois) anos, exceto quando se tratar de estagiário portador de deficiência.
- **Remuneração do estágio** – O estagiário poderá receber bolsa ou outra forma de contraprestação que venha a ser acordada, sendo compulsória a sua concessão, bem como a do auxílio-transporte, na hipótese de estágio não obrigatório. A eventual concessão de benefícios relacionados a transporte, alimentação e saúde, entre outros, não caracteriza vínculo empregatício. Poderá o educando inscrever-se e contribuir como segurado facultativo do Regime Geral de Previdência Social.
- **Férias** – É assegurado ao estagiário, sempre que o estágio tenha duração igual ou superior a 1 (um) ano, período de recesso de 30 (trinta) dias, a ser gozado preferencialmente durante suas

férias escolares. O recesso de que trata esse artigo deverá ser remunerado quando o estagiário receber bolsa ou outra forma de contraprestação.
- Saúde e segurança no trabalho – Aplica-se ao estagiário a legislação relacionada à saúde e à segurança no trabalho, sendo sua implementação de responsabilidade da parte concedente do estágio.
- Contrato de estágio – O termo de compromisso deverá ser firmado pelo estagiário ou pelo seu representante ou assistente legal e pelos representantes legais da parte concedente e da instituição de ensino, vedada a atuação dos agentes de integração a que se refere o art. 5º dessa lei como representante de qualquer das partes.
- Quantidade de estagiário em relação ao quadro de pessoal – O número máximo de estagiários em relação ao quadro de pessoal das entidades concedentes de estágio deverá atender às seguintes proporções:
I – de 1 (um) a 5 (cinco) empregados: 1 (um) estagiário;
II – de 6 (seis) a 10 (dez) empregados: até 2 (dois) estagiários;
III – de 11 (onze) a 25 (vinte e cinco) empregados: até 5 (cinco) estagiários;
IV – acima de 25 (vinte e cinco) empregados: até 20% (vinte por cento) de estagiários.

Exemplo de organização que disponibiliza Programa de Estágio Remunerado

Organização	Programa	Remuneração e benefícios	Perfil esperado	Processo seletivo
Banco Itaú[4] Instituição privada bancária	Criado em 2005, o programa oferece um sólido aprendizado para que os universitários desenvolvam competências profissionais e comportamentais, proporcionando a inclusão no mercado de trabalho de forma consistente e justa. Durante um período de dois anos, você terá a oportunidade de maximizar o seu potencial individual, elevar o nível de contribuição e estará apto a assumir funções nas mais diferentes áreas do banco. O Programa de estágio contempla aprendizado "on the job" e uma grade de treinamentos corporativos, ambos proporcionando aprendizado e desenvolvimento profissional.	Salário Vale-refeição Vale-transporte Bolsa-auxílio Seguro de vida em grupo Itauclube (Colônia de Férias e Clube de Campo) Assistência médica e odontológica (opcionais)	Estudantes do antepenúltimo e penúltimo ano da graduação.	A seleção dos candidatos é anual (a partir de fevereiro) e o estágio é em horário flexível e compatível com os estudos (6 horas diárias). Etapas do processo A seleção é anual e ocorre em três etapas: triagem de currículos; entrevista coletiva, redação e dinâmica de grupo; entrevista individual com o gestor da área.

Instituições de ensino, principalmente quando o estágio é obrigatório, cobram do estudante um relatório das atividades executadas por ele, que esteja em conformidade com o que o aluno aprende no curso. De acordo com a Lei 11.788/2008, estágio é ato educativo escolar supervisionado, desenvolvido no ambiente de trabalho, que visa à preparação para o trabalho produtivo de educandos que estejam frequentando o ensino regular em instituições de educação superior, de educação profissional, de ensino médio, da educação especial e dos anos finais do ensino fundamental, na modalidade profissional da educação de jovens e adultos.

---

[4] CARREIRA. Programa de Estágio Corporativo. **Itaú**. Disponível em: <http://www.itau.com.br/carreira/>

Exemplo de Relatório de Estágio

Introdução

Nesta primeira parte, descreva a importância do estágio para a sua formação profissional; do tempo e local onde está sendo realizado o estágio; dos objetivos do seu estágio.

Apresentação da Empresa

Nesta parte, em forma de texto, procure responder as seguintes perguntas: Qual a área de atuação da organização? Onde e quando foi criada? Por quem foi criada? Qual(is) a missão, a visão, os valores e os objetivos organizacionais? Quantas pessoas trabalham nela? Em qual setor/departamento você fez o estágio? Quais as atribuições desse local?

Rotina de trabalho

Descreva, nesta parte: O que eu faço? Como faço? A quem se destina o que desenvolvo? Qual o impacto do que realizo para o setor em que trabalho e para a organização? Desenvolvi algo que trouxe um impacto positivo para a organização? O meu setor já desenvolveu? Descreva os benefícios gerados.

O estágio e a faculdade

Descreva como as disciplinas ministradas no curso se relacionam com as atividades desenvolvidas no estágio.

Propostas de melhoria

Escreva sobre:

- Análise de pontos que podem ser melhorados – Desenvolva uma análise crítica tanto do seu trabalho como do seu setor ou organização. Se você fosse um consultor ou o futuro dono da empresa, o que mudaria? O que melhoria? Por qual motivo? Qual impacto você visualiza, caso não seja implementada uma mudança?

- Proposta(s) de melhoria(s) – Como melhorar o que foi observado? O que pode ser criado? Que novas rotinas, novos modelos, novos processos podem ajudar?
- Expectativa(s) de retorno – Qual a expectativa de retorno que você espera, caso a sua proposta seja implementada? Pode aumentar em quanto a produtividade? Quanto pode gerar de lucratividade? Descreva todos os benefícios que poderão ser obtidos.

Conclusão

Emita sua opinião sobre a importância do estágio para a sua formação, relatando experiências importantes e dificuldades encontradas na realização daquele, bem como um resumo das propostas de melhorias apresentadas.

5.1.3 - Programa de jovem aprendiz

A contratação do jovem aprendiz ocorre por meio de um contrato especial de trabalho por tempo determinado (duração de até dois anos), no qual deve constar a ocupação de aprendiz, prevista na Classificação Brasileira de Ocupações – CBO do Ministério do Trabalho e Emprego – MTE. O jovem aprendiz deve ser, ao mesmo tempo, matriculado em algum curso de aprendizagem, em instituição qualificada reconhecida e responsável pela certificação.

A jornada de trabalho deve estar preestabelecida no contrato, somando o tempo necessário à vivência das práticas do trabalho na organização ao aprendizado de conteúdos teóricos ministrados na instituição de aprendizagem.

Em 2012, foi criado pelo Ministério do Trabalho e Emprego – MTE , o Cadastro Nacional de Aprendizagem Profissional (CNAP) por meio da Portaria nº 723/2012, este cadastro é destinado ao registro das instituições de ensino classificadas para ministrar cursos de aprendizagem de formação técnico-profissional metódica a fim de preparar e qualificar jovens para o mercado de trabalho, conforme disposto no Decreto nº 5598/2005.

5.1.3.1 - Legislação do aprendiz

Decreto nº 5.598, de 1º de dezembro de 2005 – **Regulamenta a contratação de aprendizes e dá outras providências.**
O PRESIDENTE DA REPÚBLICA, no uso da atribuição que lhe confere o art. 84, inciso IV, da Constituição, e tendo em vista o disposto no Título III, Capítulo IV, Seção IV, do Decreto-Lei nº 5.452, de 1º de maio de 1943 – Consolidação das Leis do Trabalho, e no Livro I, Título II, Capítulo V, da Lei no 8.069, de 13 de julho de 1990 – Estatuto da Criança e do Adolescente,
DECRETA:
Art. 1º Nas relações jurídicas pertinentes à contratação de aprendizes, será observado o disposto neste Decreto.

CAPÍTULO I
DO APRENDIZ

Art. 2º Aprendiz é o maior de quatorze anos e menor de vinte e quatro anos que celebra contrato de aprendizagem, nos termos do art. 428 da Consolidação das Leis do Trabalho – CLT.
Parágrafo único. A idade máxima prevista no *caput* deste artigo não se aplica a aprendizes portadores de deficiência.

CAPÍTULO II
DO CONTRATO DE APRENDIZAGEM

Art. 3º Contrato de aprendizagem é o contrato de trabalho especial, ajustado por escrito e por prazo determinado não superior a dois anos, em que o empregador se compromete a assegurar ao aprendiz, inscrito em programa de aprendizagem, formação técnico-profissional metódica compatível com o seu desenvolvimento físico, moral e psicológico, e o aprendiz se compromete a executar com zelo e diligência as tarefas necessárias a essa formação.
Parágrafo único. Para fins do contrato de aprendizagem, a comprovação da escolaridade de aprendiz portador de deficiência mental deve considerar, sobretudo, as habilidades e competências relacionadas com a profissionalização.
Art. 4º A validade do contrato de aprendizagem pressupõe anotação na Carteira de Trabalho e Previdência Social, matrícula e frequência do aprendiz à escola, caso não haja concluído o ensino fundamental, e inscrição em

programa de aprendizagem desenvolvido sob a orientação de entidade qualificada em formação técnico-profissional metódica.

Art. 5º O descumprimento das disposições legais e regulamentares importará a nulidade do contrato de aprendizagem, nos termos do art. 9o da CLT, estabelecendo-se o vínculo empregatício diretamente com o empregador responsável pelo cumprimento da cota de aprendizagem.

Parágrafo único. O disposto no *caput* não se aplica, quanto ao vínculo, a pessoa jurídica de direito público.

CAPÍTULO III
DA FORMAÇÃO TÉCNICO-PROFISSIONAL E DAS ENTIDADES QUALIFICADAS EM FORMAÇÃO TÉCINICO-PROFISSIONAL MÉTODICA

Seção I
Da Formação Técnico-Profissional

Art. 6º Entendem-se por formação técnico-profissional metódica para os efeitos do contrato de aprendizagem as atividades teóricas e práticas, metodicamente organizadas em tarefas de complexidade progressiva desenvolvidas no ambiente de trabalho.

Parágrafo único. A formação técnico-profissional metódica de que trata o *caput* deste artigo realiza-se por programas de aprendizagem organizados e desenvolvidos sob a orientação e responsabilidade de entidades qualificadas em formação técnico-profissional metódica definidas no art. 8º deste Decreto.

Art. 7º A formação técnico-profissional do aprendiz obedecerá aos seguintes princípios:

I - garantia de acesso e frequência obrigatória ao ensino fundamental;

II - horário especial para o exercício das atividades; e

III - capacitação profissional adequada ao mercado de trabalho.

Parágrafo único. Ao aprendiz com idade inferior a dezoito anos é assegurado o respeito à sua condição peculiar de pessoa em desenvolvimento.

Seção II
Das Entidades Qualificadas em Formação Técnico-Profissional Metódica

Art. 8º Consideram-se entidades qualificadas em formação técnico-profissional metódica:

I - os Serviços Nacionais de Aprendizagem, assim identificados:

a) Serviço Nacional de Aprendizagem Industrial – SENAI;

b) Serviço Nacional de Aprendizagem Comercial – SENAC;

c) Serviço Nacional de Aprendizagem Rural – SENAR;

d) Serviço Nacional de Aprendizagem do Transporte – SENAT; e

e) Serviço Nacional de Aprendizagem do Cooperativismo – SESCOOP;

II - as escolas técnicas de educação, inclusive as agrotécnicas; e

III - as entidades sem fins lucrativos, que tenham por objetivos a assistência ao adolescente e à educação profissional, registradas no Conselho Municipal dos Direitos da Criança e do Adolescente.

§ 1º As entidades mencionadas nos incisos deste artigo deverão contar com estrutura adequada ao desenvolvimento dos programas de aprendizagem, de forma a manter a qualidade do processo de ensino, bem como acompanhar e avaliar os resultados.

§ 2º O Ministério do Trabalho e Emprego editará, ouvido o Ministério da Educação, normas para avaliação da competência das entidades mencionadas no inciso III.

CAPÍTULO IV

Seção I
Da Obrigatoriedade da Contratação de Aprendizes

Art. 9º Os estabelecimentos de qualquer natureza são obrigados a empregar e matricular nos cursos dos Serviços Nacionais de Aprendizagem número de aprendizes equivalente a cinco por cento, no mínimo, e quinze por cento, no máximo, dos trabalhadores existentes em cada estabelecimento, cujas funções demandem formação profissional.

§ 1º No cálculo da percentagem de que trata o *caput* deste artigo, as frações de unidade darão lugar à admissão de um aprendiz.

§ 2º Entende-se por estabelecimento todo complexo de bens organizado para o exercício de atividade econômica ou social do empregador, que se submeta ao regime da CLT.

Art. 10. Para a definição das funções que demandem formação profissional, deverá ser considerada a Classificação Brasileira de Ocupações (CBO), elaborada pelo Ministério do Trabalho e Emprego.

§ 1º Ficam excluídas da definição do *caput* deste artigo as funções que demandem, para o seu exercício, habilitação profissional de nível técnico ou superior, ou, ainda, as funções que estejam caracterizadas como cargos de direção, de gerência ou de confiança, nos termos do inciso II e do parágrafo único do art. 62e do § 2o do art. 224 da CLT.

§ 2º. Deverão ser incluídas na base de cálculo todas as funções que demandem formação profissional, independentemente de serem proibidas para menores de dezoito anos.

Art. 11. A contratação de aprendizes deverá atender, prioritariamente, aos adolescentes entre quatorze e dezoito anos, exceto quando:

I - as atividades práticas da aprendizagem ocorrerem no interior do estabelecimento, sujeitando os aprendizes à insalubridade ou à periculosidade, sem que se possa elidir o risco ou realizá-las integralmente em ambiente simulado;

II - a lei exigir, para o desempenho das atividades práticas, licença ou autorização vedada para pessoa com idade inferior a dezoito anos; e
III - a natureza das atividades práticas for incompatível com o desenvolvimento físico, psicológico e moral dos adolescentes aprendizes.
Parágrafo único. A aprendizagem para as atividades relacionadas nos incisos deste artigo deverá ser ministrada para jovens de dezoito a vinte e quatro anos.
Art. 12. Ficam excluídos da base de cálculo de que trata o *caput* do art. 9º deste Decreto os empregados que executem os serviços prestados sob o regime de trabalho temporário, instituído pela Lei no 6.019, de 3 de janeiro de 1973, bem como os aprendizes já contratados.
Parágrafo único. No caso de empresas que prestem serviços especializados para terceiros, independentemente do local onde sejam executados, os empregados serão incluídos na base de cálculo da prestadora, exclusivamente.
Art. 13. Na hipótese de os Serviços Nacionais de Aprendizagem não oferecerem cursos ou vagas suficientes para atender à demanda dos estabelecimentos, esta poderá ser suprida por outras entidades qualificadas em formação técnico-profissional metódica previstas no art 8º.
Parágrafo único. A insuficiência de cursos ou vagas a que se refere o *caput* será verificada pela inspeção do trabalho.
Art. 14. Ficam dispensadas da contratação de aprendizes:
I - as microempresas e as empresas de pequeno porte; e
II - as entidades sem fins lucrativos que tenham por objetivo a educação profissional.

Seção II
Das Espécies de Contratação do Aprendiz
Art. 15. A contratação do aprendiz deverá ser efetivada diretamente pelo estabelecimento que se obrigue ao cumprimento da cota de aprendizagem ou, supletivamente, pelas entidades sem fins lucrativos mencionadas no inciso III do art. 8º deste Decreto.
§ 1º Na hipótese de contratação de aprendiz diretamente pelo estabelecimento que se obrigue ao cumprimento da cota de aprendizagem, este assumirá a condição de empregador, devendo inscrever o aprendiz em programa de aprendizagem a ser ministrado pelas entidades indicadas no art. 8º deste Decreto.
§ 2º A contratação de aprendiz por intermédio de entidade sem fins lucrativos, para efeito de cumprimento da obrigação estabelecida no caput do art. 9º, somente deverá ser formalizada após a celebração de contrato entre o estabelecimento e a entidade sem fins lucrativos, no qual, dentre outras obrigações recíprocas, se estabelecerá as seguintes:

I - a entidade sem fins lucrativos, simultaneamente ao desenvolvimento do programa de aprendizagem, assume a condição de empregador, com todos os ônus dela decorrentes, assinando a Carteira de Trabalho e Previdência Social do aprendiz e anotando, no espaço destinado às anotações gerais, a informação de que o específico contrato de trabalho decorre de contrato firmado com determinado estabelecimento para efeito do cumprimento de sua cota de aprendizagem ; e

II - o estabelecimento assume a obrigação de proporcionar ao aprendiz a experiência prática da formação técnico-profissional metódica a que este será submetido.

Art. 16. A contratação de aprendizes por empresas públicas e sociedades de economia mista dar-se-á de forma direta, nos termos do § 1º do art. 15, hipótese em que será realizado processo seletivo mediante edital, ou nos termos do § 2º daquele artigo.

Parágrafo único. A contratação de aprendizes por órgãos e entidades da administração direta, autárquica e fundacional observará regulamento específico, não se aplicando o disposto neste Decreto.

CAPÍTULO V
DOS DIREITOS TRABALHISTAS E OBRIGAÇÕES ACESSÓRIAS

Seção I
Da Remuneração

Art. 17. Ao aprendiz, salvo condição mais favorável, será garantido o salário-mínimo hora.

Parágrafo único. Entende-se por condição mais favorável aquela fixada no contrato de aprendizagem ou prevista em convenção ou acordo coletivo de trabalho, onde se especifique o salário mais favorável ao aprendiz, bem como o piso regional de que trata a Lei Complementar no 103, de 14 de julho de 2000.

Seção II
Da Jornada

Art. 18. A duração do trabalho do aprendiz não excederá seis horas diárias.
§ 1º O limite previsto no *caput* deste artigo poderá ser de até oito horas diárias para os aprendizes que já tenham concluído o ensino fundamental, se nelas forem computadas as horas destinadas à aprendizagem teórica.
§ 2o A jornada semanal do aprendiz, inferior a vinte e cinco horas, não caracteriza trabalho em tempo parcial de que trata o art. 58-A da CLT.
Art. 19. São vedadas a prorrogação e a compensação de jornada.

Art. 20. A jornada do aprendiz compreende as horas destinadas às atividades teóricas e práticas, simultâneas ou não, cabendo à entidade qualificada em formação técnico-profissional metódica fixá-las no plano do curso.
Art. 21. Quando o menor de dezoito anos for empregado em mais de um estabelecimento, as horas de trabalho em cada um serão totalizadas.
Parágrafo único. Na fixação da jornada de trabalho do aprendiz menor de dezoito anos, a entidade qualificada em formação técnico-profissional metódica levará em conta os direitos assegurados na Lei no 8.069, de 13 de julho de 1990.

Seção III
Das Atividades Teóricas e Práticas
Art. 22. As aulas teóricas do programa de aprendizagem devem ocorrer em ambiente físico adequado ao ensino, e com meios didáticos apropriados.
§ 1º As aulas teóricas podem se dar sob a forma de aulas demonstrativas no ambiente de trabalho, hipótese em que é vedada qualquer atividade laboral do aprendiz, ressalvado o manuseio de materiais, ferramentas, instrumentos e assemelhados.
§ 2º É vedado ao responsável pelo cumprimento da cota de aprendizagem cometer ao aprendiz atividades diversas daquelas previstas no programa de aprendizagem.
Art. 23. As aulas práticas podem ocorrer na própria entidade qualificada em formação técnico-profissional metódica ou no estabelecimento contratante ou concedente da experiência prática do aprendiz.
§ 1º Na hipótese de o ensino prático ocorrer no estabelecimento, será formalmente designado pela empresa, ouvida a entidade qualificada em formação técnico-profissional metódica, um empregado monitor responsável pela coordenação de exercícios práticos e acompanhamento das atividades do aprendiz no estabelecimento, em conformidade com o programa de aprendizagem.
§ 2º A entidade responsável pelo programa de aprendizagem fornecerá aos empregadores e ao Ministério do Trabalho e Emprego, quando solicitado, cópia do projeto pedagógico do programa.
§ 3º Para os fins da experiência prática segundo a organização curricular do programa de aprendizagem, o empregador que mantenha mais de um estabelecimento em um mesmo município poderá centralizar as atividades práticas correspondentes em um único estabelecimento.
§ 4º Nenhuma atividade prática poderá ser desenvolvida no estabelecimento em desacordo com as disposições do programa de aprendizagem.

Seção IV
Do Fundo de Garantia do Tempo de Serviço

Art. 24. Nos contratos de aprendizagem, aplicam-se as disposições da Lei no 8.036, de 11 de maio de 1990.

Parágrafo único. A Contribuição ao Fundo de Garantia do Tempo de Serviço corresponderá a dois por cento da remuneração paga ou devida, no mês anterior, ao aprendiz.

Seção V
Das Férias

Art. 25. As férias do aprendiz devem coincidir, preferencialmente, com as férias escolares, sendo vedado ao empregador fixar período diverso daquele definido no programa de aprendizagem.

Seção VI
Dos Efeitos dos Instrumentos Coletivos de Trabalho

Art. 26. As convenções e acordos coletivos apenas estendem suas cláusulas sociais ao aprendiz quando expressamente previsto e desde que não excluam ou reduzam o alcance dos dispositivos tutelares que lhes são aplicáveis.

Seção VII
Do Vale-Transporte

Art. 27. É assegurado ao aprendiz o direito ao benefício da Lei no 7.418, de 16 de dezembro de 1985, que institui o vale-transporte.

Seção VIII
Das Hipóteses de Extinção e Rescisão do Contrato de Aprendizagem

Art. 28. O contrato de aprendizagem extinguir-se-á no seu termo ou quando o aprendiz completar vinte e quatro anos, exceto na hipótese de aprendiz deficiente, ou, ainda antecipadamente, nas seguintes hipóteses:

I - desempenho insuficiente ou inadaptação do aprendiz;
II - falta disciplinar grave;
III - ausência injustificada à escola que implique perda do ano letivo; e
IV - a pedido do aprendiz.

Parágrafo único. Nos casos de extinção ou rescisão do contrato de aprendizagem, o empregador deverá contratar novo aprendiz, nos termos deste Decreto, sob pena de infração ao disposto no art. 429 da CLT.

Art. 29. Para efeito das hipóteses descritas nos incisos do art. 28 deste Decreto, serão observadas as seguintes disposições:

I - o desempenho insuficiente ou inadaptação do aprendiz referente às atividades do programa de aprendizagem será caracterizado mediante laudo de avaliação elaborado pela entidade qualificada em formação técnico-profissional metódica;

II - a falta disciplinar grave caracteriza-se por quaisquer das hipóteses descritas no art. 482 da CLT; e
III - a ausência injustificada à escola que implique perda do ano letivo será caracterizada por meio de declaração da instituição de ensino.
Art. 30. Não se aplica o disposto nos arts. 479 e 480 da CLT às hipóteses de extinção do contrato mencionadas nos incisos do art. 28 deste Decreto.

CAPÍTULO VI
DO CERTIFICADO DE QUALIFICAÇÃO PROFISSIONAL DE APRENDIZAGEM

Art. 31. Aos aprendizes que concluírem os programas de aprendizagem com aproveitamento, será concedido pela entidade qualificada em formação técnico-profissional metódica o certificado de qualificação profissional.
Parágrafo único. O certificado de qualificação profissional deverá enunciar o título e o perfil profissional para a ocupação na qual o aprendiz foi qualificado.

CAPÍTULO VII
DAS DISPOSIÇÕES FINAIS

Art. 32. Compete ao Ministério do Trabalho e Emprego organizar cadastro nacional das entidades qualificadas em formação técnico-profissional metódica e disciplinar a compatibilidade entre o conteúdo e a duração do programa de aprendizagem, com vistas a garantir a qualidade técnico-profissional.
Lei nº 10.097, de 19 de dezembro de 2000 – altera dispositivos da Consolidação das Leis do Trabalho – CLT, aprovada pelo Decreto-Lei n º 5.452, de 1º de maio de 1943.
Art. 1º Os arts. 402, 403, 428, 429, 430, 431, 432 e 433 da Consolidação das Leis do Trabalho – CLT, aprovada pelo Decreto-Lei no 5.452, de 1o de maio de 1943, passam a vigorar com a seguinte redação:
"Art. 402. Considera-se menor para os efeitos desta Consolidação o trabalhador de quatorze até dezoito anos." (NR)
" .... "
"Art. 403. É proibido qualquer trabalho a menores de dezesseis anos de idade, salvo na condição de aprendiz, a partir dos quatorze anos." (NR)
"Parágrafo único. O trabalho do menor não poderá ser realizado em locais prejudiciais à sua formação, ao seu desenvolvimento físico, psíquico, moral e social e em horários e locais que não permitam a frequência à escola." (NR)

"a) revogada;"
"b) revogada."
"Art. 428. Contrato de aprendizagem é o contrato de trabalho especial, ajustado por escrito e por prazo determinado, em que o empregador se compromete a assegurar ao maior de quatorze e menor de dezoito anos, inscrito em programa de aprendizagem, formação técnico-profissional metódica, compatível com o seu desenvolvimento físico, moral e psicológico, e o aprendiz, a executar, com zelo e diligência, as tarefas necessárias a essa formação." (NR) (Vide art. 18 da Lei nº 11.180, de 2005.)
"§ 1º A validade do contrato de aprendizagem pressupõe anotação na Carteira de Trabalho e Previdência Social, matrícula e frequência do aprendiz à escola, caso não haja concluído o ensino fundamental, e inscrição em programa de aprendizagem desenvolvido sob a orientação de entidade qualificada em formação técnico-profissional metódica." (AC)*
"§ 2º Ao menor aprendiz, salvo condição mais favorável, será garantido o salário mínimo hora." (AC)
"§ 3º O contrato de aprendizagem não poderá ser estipulado por mais de dois anos." (AC)
"§ 4º A formação técnico-profissional a que se refere o *caput* deste artigo caracteriza-se por atividades teóricas e práticas, metodicamente organizadas em tarefas de complexidade progressiva desenvolvidas no ambiente de trabalho." (AC)
"Art. 429. Os estabelecimentos de qualquer natureza são obrigados a empregar e matricular nos cursos dos Serviços Nacionais de Aprendizagem número de aprendizes equivalente a cinco por cento, no mínimo, e quinze por cento, no máximo, dos trabalhadores existentes em cada estabelecimento, cujas funções demandem formação profissional." (NR)
"§ 1º-A. O limite fixado neste artigo não se aplica quando o empregador for entidade sem fins lucrativos, que tenha por objetivo a educação profissional." (AC)
"§ 1º As frações de unidade, no cálculo da percentagem de que trata o *caput*, darão lugar à admissão de um aprendiz." (NR)
"Art. 430. Na hipótese de os Serviços Nacionais de Aprendizagem não oferecerem cursos ou vagas suficientes para atender à demanda dos estabelecimentos, esta poderá ser suprida por outras entidades qualificadas em formação técnico-profissional metódica, a saber:" (NR)
"I – Escolas Técnicas de Educação;" (AC)
"II – entidades sem fins lucrativos, que tenham por objetivo a assistência ao adolescente e à educação profissional, registradas no Conselho Municipal dos Direitos da Criança e do Adolescente." (AC)
"§ 1º As entidades mencionadas neste artigo deverão contar com estrutura adequada ao desenvolvimento dos programas de aprendizagem, de forma

a manter a qualidade do processo de ensino, bem como acompanhar e avaliar os resultados." (AC)

"§ 2º Aos aprendizes que concluírem os cursos de aprendizagem, com aproveitamento, será concedido certificado de qualificação profissional." (AC)

"§ 3º O Ministério do Trabalho e Emprego fixará normas para avaliação da competência das entidades mencionadas no inciso II deste artigo." (AC)

"Art. 431. A contratação do aprendiz poderá ser efetivada pela empresa onde se realizará a aprendizagem ou pelas entidades mencionadas no inciso II do art. 430, caso em que não gera vínculo de emprego com a empresa tomadora dos serviços." (NR)

"Art. 432. A duração do trabalho do aprendiz não excederá de seis horas diárias, sendo vedadas a prorrogação e a compensação de jornada." (NR)

"§ 1º O limite previsto neste artigo poderá ser de até oito horas diárias para os aprendizes que já tiverem completado o ensino fundamental, se nelas forem computadas as horas destinadas à aprendizagem teórica." (NR)

"§ 2º Revogado."

"Art. 433. O contrato de aprendizagem extinguir-se-á no seu termo ou quando o aprendiz completar dezoito anos, ou ainda antecipadamente nas seguintes hipóteses:" (NR)

"a) revogada;"

"b) revogada."

"I – desempenho insuficiente ou inadaptação do aprendiz;" (AC)

"II – falta disciplinar grave;" (AC)

"III – ausência injustificada à escola que implique perda do ano letivo; ou" (AC)

"IV – a pedido do aprendiz." (AC)

"Parágrafo único. Revogado."

"§ 2º Não se aplica o disposto nos arts. 479 e 480 desta Consolidação às hipóteses de extinção do contrato mencionadas neste artigo." (AC)

Art. 2º O art. 15 da Lei nº 8.036, de 11 de maio de 1990, passa a vigorar acrescido do seguinte § 7º:

"§ 7o Os contratos de aprendizagem terão a alíquota a que se refere o caput deste artigo reduzida para dois por cento." (AC)

Art. 3o São revogados o art. 80, o § 1o do art. 405, os arts. 436 e 437 da Consolidação das Leis do Trabalho – CLT, aprovada pelo Decreto-Lei no 5.452, de 1o de maio de 1943.

5.1.3.2 - Cadastro Nacional de Aprendizagem

Para atender à Portaria nº 615/2007 do Ministro de Estado do Trabalho e Emprego, foi criado o Cadastro Nacional de Aprendizagem, destinado à inscrição das entidades qualificadas em formação técnico-profissional metódica, buscando promover a qualidade técnico-profissional dos programas e cursos de aprendizagem, principalmente em relação a sua qualidade pedagógica e efetividade social.

A cada novo curso no cadastro, este deve ser aprovados pelo Ministério do Trabalho e Emprego (MTE), de acordo com os parâmetros para avaliação da qualidade técnico-pedagógica publicados na Portaria nº 615/2008 e nos parâmetros estabelecidos pelo Ministério da Educação (MEC) para os cursos técnicos, principalmente no que diz respeito à carga horária.

A finalidade desse cadastro é que a aprendizagem profissional esteja definida legalmente no nível de formação inicial e continuada de trabalhadores e possibilite novas formas de inserção produtiva, com a devida certificação.

Organização que oferece programa de formação de aprendizes

Organização	Programa	Processo Seletivo
USIMINAS[5] Siderúrgica, sendo a maior produtora de aços planos da América Latina; possui duas usinas, em Ipatinga (MG) e Cubatão (SP). Conta com capacidade de produção de 9,5 milhões de toneladas/ano.	**Programa de Formação de Aprendizes** O programa é realizado por meio de parceria com o Senai, visando à formação profissional de aprendizes, desenvolvendo competências fundamentais para atuação nas áreas de manutenção e operação. **Modalidades Usina de Ipatinga** Manutenção Mecânica Manutenção Elétrica Torneiro Mecânico Eletromecânico Soldador de Manutenção Eletrônico de Manutenção **Modalidades Usina de Cubatão** Mecânico de Instalações Industriais (Senai Cubatão) Operador de Controle de Processos Siderúrgicos (Senai Cubatão) Mantenedor de equipamentos e sistemas eletroeletrônicos	**Processo Seletivo** A admissão de turmas de aprendizes no Centro de Formação Profissional (acordo Usiminas-Senai) ocorre em Ipatinga três vezes ao ano, nos meses de abril, agosto e dezembro. Em Cubatão, as admissões acontecem duas vezes ao ano, em fevereiro e julho. **Etapas do processo seletivo** Prova de Matemática Avaliação Psicológica Entrevista Exame médico **Podem se inscrever** Rapazes e moças com idade entre 16 anos a 16 anos e 6 meses **Requisitos para participação no processo seletivo** Escolaridade mínima: estar cursando a 2ª série do Ensino Médio Idade entre 16 anos e 8 meses e 17 anos e 4 meses **Duração** 16 meses (12 meses no Centro de Formação Profissional e 4 meses na Usina).

[5] PROGRAMA de aprendizes. **Usiminas**. Disponível em:
<http://www.usiminas.com.br/irj/portal?NavigationTarget=navurl://5b6726039ed3dae90a4fb40af6168c46>.

Reflexões

- Quais são os requisitos básicos que as organizações solicitam para oportunidades em programas de estágio?
- Quais são os benefícios oferecidos pelas organizações?
- Qual a importância de trabalhar como estagiário?

5.1.4 - Contratação de pessoas com deficiência

Programa de Pessoas com Deficiência – PCD

De acordo com artigo 3º do Decreto nº 3.298, de 20 de dezembro de 1999, considera-se:

> I - deficiência – toda perda ou anormalidade de uma estrutura ou função psicológica, fisiológica ou anatômica que gere incapacidade para o desempenho de atividade, dentro do padrão considerado normal para o ser humano;
>
> II - deficiência permanente – aquela que ocorreu ou se estabilizou durante um período de tempo suficiente para não permitir recuperação ou ter probabilidade de que se altere, apesar de novos tratamentos; e
>
> II - incapacidade – uma redução efetiva e acentuada da capacidade de integração social, com necessidade de equipamentos, adaptações, meios ou recursos especiais para que a pessoa portadora de deficiência possa receber ou transmitir informações necessárias ao seu bem-estar pessoal e ao desempenho de função ou atividade a ser exercida.

A legislação trabalhista brasileira obriga a contratação de pessoas com deficiência ou reabilitadas, independentemente do tipo de deficiência ou de reabilitação, tanto para empresas privadas quanto para públicas. E estabelece que as empresas, sejam elas privadas ou públicas, obedeçam a um percentual mínimo de contratação em relação ao número de empregados efetivos

Existem muitas posições no mercado de trabalho que têm sido preenchidas por pessoas com deficiência ou com necessidades especiais

No artigo 37 do Decreto nº 3.298, de 20 de dezembro de 1999, fica assegura à pessoa com deficiência o direito de se inscrever em concurso público, em igualdade de condições com os demais candidatos, para provimento de cargo cujas atribuições sejam compatíveis com sua deficiência.

5.1.4.1 - Empresa particular ou privada e a contratação de pessoas com deficiência

De acordo com o art. 93 da Lei n° 8.213, de 24 de julho de 1991 (Plano de Benefícios da Previdência Social), a empresa privada que tem 100 (cem) ou mais empregados está obrigada a contratar pessoas com deficiência, de acordo com a seguinte proporção, entre 2% a 5% dos seus cargos com beneficiários da Previdência Social, reabilitados ou com pessoas com deficiência:

I – até 200 empregados: 2% (dois por cento);
II – de 201 a 500: 3% (três por cento);
III – de 501 a 1.000: 4% (quatro por cento);
IV – de 1.001 em diante: 5% (cinco por cento).

E de acordo com o parágrafo primeiro do artigo 93 da Lei n° 8.213, a dispensa de trabalhador reabilitado ou deficiente habilitado ao final de contrato por prazo determinado de mais de 90 (noventa) dias, e a imotivada, no contrato por prazo indeterminado, só poderá ocorrer após a contratação de substituto de condição semelhante.

5.1.4.2 - Empresa pública

A alínea VIII do art. 37 da Constituição Federal dispõe sobre a obrigatoriedade de a empresa pública contratar pessoas com deficiência. Essa lei reserva um percentual dos cargos e empregos públicos para pessoas com deficiência e define os critérios para sua admissão.

Está assegurado o direito de se inscrever em concurso público para provimento de cargo às pessoas deficientes cujas atribuições sejam compatíveis com a deficiência de que são portadoras, conforme disposto no § 2° do art. 5° da Lei n° 8.112, de 11 de dezembro de 1990, que dispõe sobre o regime jurídico dos servidores públicos civis da União, das autarquias e das fundações públicas federais. As empresas públicas devem reservar até 20% (vinte por cento) das vagas oferecidas no concurso para pessoas com deficiência.

Decreto n° 3.298, de 20 de dezembro de 1999.

Regulamenta a Lei n° 7.853, de 24 de outubro de 1989, dispõe sobre a Política Nacional para a Integração da Pessoa Portadora de Deficiência, consolida as normas de proteção, e dá outras providências.

CAPÍTULO I
Das Disposições Gerais
Art. 1º A Política Nacional para a Integração da Pessoa Portadora de Deficiência compreende o conjunto de orientações normativas que objetivam assegurar o pleno exercício dos direitos individuais e sociais das pessoas portadoras de deficiência.
Art. 2º Cabe aos órgãos e às entidades do Poder Público assegurar à pessoa portadora de deficiência o pleno exercício de seus direitos básicos, inclusive dos direitos à educação, à saúde, ao trabalho, ao desporto, ao turismo, ao lazer, à previdência social, à assistência social, ao transporte, à edificação pública, à habitação, à cultura, ao amparo à infância e à maternidade, e de outros que, decorrentes da Constituição e das leis, propiciem seu bem-estar pessoal, social e econômico.

Organização que oferece Programa de Inclusão de Pessoas com Deficiência

Organização	Programa	Processo seletivo	Benefícios oferecidos
USIMINAS[6] As empresas do grupo Usiminas atuam, de forma integrada, em todas as etapas de produção do aço. Conglomerado de empresas que atuam na siderurgia. Maior produtora de aços planos da América Latina, possui duas usinas, em Ipatinga (MG) e Cubatão (SP). Conta com capacidade de produção de 9,5 milhões de toneladas/ano.	O programa tem o objetivo de incluir as pessoas com deficiência nos processos de contratação e desenvolvimento profissional. a) São oferecidos, além das oportunidades para emprego, estágio para conclusão da formação técnica e cursos de aperfeiçoamento profissional. b) Há também, no programa, oportunidades para os beneficiários do INSS em processo de reabilitação profissional, com ofertas de estágios (para aqueles que estão estudando) e disponibilização de vagas em programas de treinamento (supletivo, treinamentos em mecânica e elétrica).	Envio dos currículos Os candidatos que desejam participar do processo seletivo devem se inscrever e cadastrar o currículo, por meio do site da organização. Etapas do processo seletivo Análise de Currículos; Entrevista RH; Avaliação Médica; Avaliação Psicológica; Exames Admissionais.	Cursos de Capacitação oferecidos a) Supletivo para conclusão do Ensino Fundamental (5ª a 8ª séries) e Ensino Médio; b) cursos de aperfeiçoamento técnico relacionados a áreas de elétrica e mecânica; c) estágios para conclusão da formação técnica.

[6] PROGRAMA de aprendizes. **Usiminas**. Disponível em:
<http://www.usiminas.com/irj/portal?NavigationTarget=navurl://5b6726039ed3dae90a4fb40af6168c46>.

5.1.5 - Programa de contratação de temporários

Datas comemorativas, como as do fim de ano (natal e ano novo), fazem aumentar o movimento no comércio e levam lojistas a buscar trabalhadores temporários para reforçar a equipe. Esse tipo de contratação de trabalhador tem por objetivo uma necessidade transitória e sazonal de mão de obra.

A Confederação Nacional do Comércio de Bens, Serviços e Turismo (CNC)[6] projeta que, das 139,5 mil vagas temporárias criadas, cerca de 16,8% deverão se transformar em postos de trabalhos efetivos no curto prazo. Entre 2009 e 2013, 18,4% dos temporários foram efetivados após o natal.

Há diversidade do perfil de quem trabalha por sazonalidade, entre eles: jovens que estão à procura do primeiro emprego; estudantes que querem uma renda extra no período de férias escolares; pessoas que desejam recolocação no mercado de trabalho; e profissionais que buscam no trabalho temporário uma nova oportunidade.

No Brasil, entre as leis que regulamentam o trabalho temporário, estão: a Lei n° 6.019/74, a Lei n° 6.019/89, o Decreto n° 73.841/74 e a Portaria 789, tipificando o trabalho temporário e diferenciando do trabalho que é regido pela Consolidação das Leis do Trabalho – CLT.

Legislação sobre o trabalho temporário

Lei n° 6.019, de 3 de janeiro de 1974 – dispõe sobre o Trabalho Temporário nas Empresas Urbanas, e dá outras Providências.

Art. 1° - É instituído o regime de trabalho temporário, nas condições estabelecidas na presente Lei.
Art. 2° - Trabalho temporário é aquele prestado por pessoa física a uma empresa, para atender à necessidade transitória de substituição de seu pessoal regular e permanente ou a acréscimo extraordinário de serviços.
Art. 3° - É reconhecida a atividade da empresa de trabalho temporário que passa a integrar o plano básico do enquadramento sindical a que se refere o art. 577 da Consolidação das Leis do Trabalho.
Art. 4° - Compreende-se como empresa de trabalho temporário a pessoa física ou jurídica urbana, cuja atividade consiste em colocar à disposição de

---

[6] CNC. NATAL de 2014 gerou 139,5 mil vagas no varejo. Divisão Econômica. Confederação nacional do comércio de bens, serviços e turismo. **CNC.** Disponível em: <http://www.cnc.org.br/sites/default/files/arquivos/balanco_temporarios_natal_2014.pdf>.

outras empresas, temporariamente, trabalhadores, devidamente qualificados, por elas remunerados e assistidos.

Art. 5º - O funcionamento da empresa de trabalho temporário dependerá de registro no Departamento Nacional de Mão-de-Obra do Ministério do Trabalho e Previdência Social.

Portaria nº 789, de 2 de junho de 2014.

Estabelece instruções para o contrato de trabalho temporário e o fornecimento de dados relacionados ao estudo do mercado de trabalho.

Art. 2º Na hipótese legal de substituição transitória de pessoal regular e permanente, o contrato poderá ser pactuado por mais de três meses com relação a um mesmo empregado, nas seguintes situações:
I – quando ocorrerem circunstâncias, já conhecidas na data da sua celebração, que justifiquem a contratação de trabalhador temporário por período superior a três meses;
ou
II – quando houver motivo que justifique a prorrogação de contrato de trabalho temporário, que exceda o prazo total de três meses de duração.
Parágrafo único. Observadas as condições estabelecidas neste artigo, a duração do contrato de trabalho temporário, incluídas as prorrogações, não pode ultrapassar um período total de nove meses.

A contratação de trabalho temporário permite ao trabalhador direitos que estão previstos na Lei nº 6.019/74, na qual constam questões como: férias proporcionais, repouso semanal remunerado, adicional noturno, jornada de trabalho, remuneração, previdência, seguro contra acidente de trabalho e indenização por dispensa sem justa causa ou término normal do contrato.

Lei nº 6.019, De 3 de janeiro de 1974. Dispõe sobre o Trabalho Temporário nas Empresas Urbanas, e dá outras Providências.

[...]

Art. 12 - Ficam assegurados ao trabalhador temporário os seguintes direitos:
a) remuneração equivalente à percebida pelos empregados de mesma categoria da empresa tomadora ou cliente calculados à base horária, garantida, em qualquer hipótese, a percepção do salário mínimo regional;
b) jornada de oito horas, remuneradas as horas extraordinárias não excedentes de duas, com acréscimo de 20% (vinte por cento);

c) férias proporcionais, nos termos do artigo 25 da Lei n° 5.107, de 13 de setembro de 1966;

d) repouso semanal remunerado;

e) adicional por trabalho noturno;

f) indenização por dispensa sem justa causa ou término normal do contrato, correspondente a 1/12 (um doze avos) do pagamento recebido;

g) seguro contra acidente do trabalho;

h) proteção previdenciária nos termos do disposto na Lei Orgânica da Previdência Social, com as alterações introduzidas pela Lei n° 5.890, de 8 de junho de 1973 (art. 5°, item III, letra "c" do Decreto n° 72.771, de 6 de setembro de 1973).

§ 1° - Registrar-se-á na Carteira de Trabalho e Previdência Social do trabalhador sua condição de temporário.

§ 2° - A empresa tomadora ou cliente é obrigada a comunicar à empresa de trabalho temporário a ocorrência de todo acidente cuja vítima seja um assalariado posto à sua disposição, considerando-se local de trabalho, para efeito da legislação específica, tanto aquele onde se efetua a prestação do trabalho, quanto a sede da empresa de trabalho temporário.

Divulgado na internet...

Brasil é 3° maior contratante de trabalho temporário no mundo.[6]

Média é de 965 mil contratos diários. O país subiu duas posições – antes ocupava a 5ª posição.

O Brasil é o terceiro maior contratante de trabalho temporário do mundo, com média de 965 mil contratos diários. A informação é da Confederação Internacional de Trabalho Temporário e Terceirização (Ciett), entidade que reúne mais de 50 países e que anualmente divulga o estudo The agency work industry around the world. A edição 2012 contempla dados referentes ao cenário do setor em 2010. O país subiu duas posições – antes ocupava a 5ª posição, com média de 902 mil contratos diários.

Em todo o mundo, segundo levantamento da Ciett, há 10,4 milhões de temporários. Os Estados Unidos lideram o ranking, com aproximadamente 2,58 milhões de trabalhadores. Em segundo lugar a África do Sul, com 967 mil contratos temporários, e na quarta colocação o Japão, com 960 mil.

[6] BRASIL é 3° maior contratante de trabalho temporário no mundo. Concursos e Emprego. **G1**.Globo.com. G1. Disponível em: <http://g1.globo.com/concursos-e-emprego/noticia/2012/07/brasil-e-3-maior-contratante-de-trabalho-temporario-no-mundo.html>.

> O Sindicato das Empresas de Serviços Terceirizáveis e de Trabalho Temporário do Estado de São Paulo (Sindeprestem) é o representante brasileiro na Ciett. No Brasil, o trabalho temporário é regulamentado pela Lei n° 6.019/74 e pode ser utilizado para substituição de mão de obra efetiva – afastamento por licença médica, por exemplo – ou para suprir a demanda quando há acréscimo extraordinário de serviço, como acontece nas datas comemorativas como Páscoa, Dia das Mães e Natal.
>
> De acordo com a 5ª Pesquisa Setorial Sindeprestem/Asserttem, 12,5% das vagas abertas pelo setor são preenchidas por jovens em busca do primeiro emprego.

5.1.6 - Atração de estrangeiros

De acordo com Ministério do Trabalho e Emprego, a autorização de trabalho a estrangeiros é o ato administrativo de competência do Ministério do Trabalho exigido pelas autoridades consulares brasileiras, em conformidade com a legislação em vigor, para efeito de concessão de vistos permanentes e/ou temporário a estrangeiros que desejem permanecer no Brasil a trabalho.

O Relatório Parcial de Inserção dos Imigrantes no Mercado de Trabalho Brasileiro do O Observatório das Migrações Internacionais, ObMigra, que foi fundado a partir de um termo de cooperação entre o Ministério do Trabalho e Emprego (MTE), por meio do Conselho Nacional de Imigração (CNIg) e a Universidade de Brasília (UnB), entre os anos 2011 e 2013, o número de imigrantes no Mercado de trabalho formal cresceu 50,9%. Em relação à faixa etária, mais da metade dos estrangeiros com vínculo no mercado de trabalho formal têm entre vinte e cinco e cinquenta anos; e em torno de 38% possuem formação superior; e 30% possuem ensino médio completo.

Legislação que regulamenta o estrangeiro

LEI N° 6.815, DE 19 DE AGOSTO DE 1980. Define a situação jurídica do estrangeiro no Brasil, cria o Conselho Nacional de Imigração.
[...]
Art. 21. Ao natural de país limítrofe, domiciliado em cidade contígua ao território nacional, respeitados os interesses da segurança nacional, poder-se-á permitir a entrada nos municípios fronteiriços a seu respectivo país, desde que apresente prova de identidade.

§ 1° Ao estrangeiro, referido neste artigo, que pretenda exercer atividade remunerada ou frequentar estabelecimento de ensino naqueles municípios, será fornecido documento especial que o identifique e caracterize a sua condição, e, ainda, Carteira de Trabalho e Previdência Social, quando for o caso.
[...]
Art. 48. Salvo o disposto no § 1° do artigo 21, a admissão de estrangeiro a serviço de entidade pública ou privada, ou a matrícula em estabelecimento de ensino de qualquer grau, só se efetivará se o mesmo estiver devidamente registrado (art. 30). (Renumerado pela Lei n° 6.964, de 09/12/81.)
Parágrafo único. As entidades, a que se refere este artigo remeterão ao Ministério da Justiça, que dará conhecimento ao Ministério do Trabalho, quando for o caso, os dados de identificação do estrangeiro admitido ou matriculado e comunicarão, à medida que ocorrer, o término do contrato de trabalho, sua rescisão ou prorrogação, bem como a suspensão ou cancelamento da matrícula e a conclusão do curso.
[...]
Art. 100. O estrangeiro admitido na condição de temporário, sob regime de contrato, só poderá exercer atividade junto à entidade pela qual foi contratado, na oportunidade da concessão do visto, salvo autorização expressa do Ministério da Justiça, ouvido o Ministério do Trabalho. (Renumerado pela Lei n° 6.964, de 09/12/81.)
Art. 101. O estrangeiro admitido na forma do artigo 18, ou do artigo 37, § 2°, para o desempenho de atividade profissional certa, e a fixação em região determinada, não poderá, dentro do prazo que lhe for fixado na oportunidade da concessão ou da transformação do visto, mudar de domicílio nem de atividade profissional, ou exercê-la fora daquela região, salvo em caso excepcional, mediante autorização prévia do Ministério da Justiça, ouvido o Ministério do Trabalho, quando necessário. (Renumerado pela Lei n° 6.964, de 09/12/81.)

Divulgado na internet...

Brasil concedeu 73 mil vistos de trabalho a estrangeiros em 2012[7]

Os profissionais são altamente qualificados e vieram exercer profissões nas áreas de gerência e supervisão de empresas

Em 2012 foram concedidas 73.022 autorizações de vistos a estrangeiros,

---

[7] BRASIL concedeu 73 mil vistos de trabalho a estrangeiros em 2012. Notícia. Imprensa. **Portal do Trabalho e Emprego.** Disponível em: <http://portal.mte.gov.br/imprensa/brasil-concedeu-73-mil-vistos-de-trabalho-a-estrangeiros-em-2012.htm>.

segundo dados divulgados pela Coordenação Geral de Imigração (CGig) do Ministério do Trabalho e Emprego (MTE). Das autorizações concedidas no ano, 64.682 foram temporárias e 8.340 permanentes.

Nas autorizações temporárias, o visto destinado ao profissional com vínculo empregatício no Brasil teve um crescimento de 26% com relação a 2011. Nos últimos três anos esta categoria teve um crescimento de 137%, passando de 2.460 profissionais autorizados em 2009 para 5.832 em 2012. Esses profissionais são altamente qualificados e vem ao Brasil exercer profissões nas áreas de gerência e supervisão de empresas que demandam conhecimento não disponível.

As principais áreas são engenharia, tecnologia, analise de sistemas, petróleo e gás, construção civil e obras de infra-estrutura. Portugal, Espanha e China foram as nacionalidades mais beneficiadas por esses vistos. Houve aumento de 81% no número de vistos emitidos a portugueses com relação a 2011, de 53% a espanhóis e de 24% a chineses.

Ainda no total de autorizações temporárias, houve um crescimento de 23% nos profissionais estrangeiros ligados à assistência técnica, com 19.990 profissionais em 2012. Esse crescimento é decorrente do aumento na demanda por máquinas, equipamentos e transferência de tecnologia para empresas no Brasil. Já no trabalho a bordo de embarcações ou plataforma estrangeira houve queda, passando de 17.738 autorizações em 2011 para 15.554 em 2012.

No visto permanente, houve aumento de 15% no número de investidores que ocasionou ao Brasil investimentos de R$ 286 milhões de reais, representando aumento de 40%, passando de 3.834 em 2011 para 8.340 em 2012. Também nesta categoria, Portugal foi a nacionalidade que mais demandou a concessão de vistos, com aumento de mais de 100% em relação a 2011.

Os profissionais autorizados a trabalhar no Brasil estão mais qualificados. Entre 2011 e 2012 houve aumento de 9,5% no total de mestres e doutores autorizados a trabalhar temporariamente, sendo que, entre 2009 e 2012 esse aumento foi de 560%. Esse é um dos grupos que mais cresce em números relativos no Brasil.

Os dados também demonstram o impacto da concessão de residências especiais de caráter humanitário pelo Conselho Nacional de Imigração (CNIg) aos haitianos, com 4.706 autorizações expedidas em 2012. Na avaliação dos técnicos, a situação é transitória e emergencial, tendo impacto importante já que são autorizações especiais e de viés humanitário em relação ao agravamento da situação recente do Haiti após o terremoto de 2010, mas que não devem se refletir no longo prazo.

Cadastro Eletrônico de Empresas – Devido à demanda de trabalhadores estrangeiros qualificados no Brasil, a Coordenação Geral de Imigração busca simplificar o processo de autorização de trabalho. Para isso, foi instituído o Cadastro Eletrônico de Empresas demandantes de profissionais estrangeiros, reduzindo a quantidade de documentos necessários ao pedido de visto.

O novo sistema de imigração permitirá que todo o procedimento de pedido de autorização de trabalho a estrangeiros seja feito pela internet, com os documentos sendo enviados em meio eletrônico com certificação digital. A meta é eliminar totalmente os documentos enviados em meio papel. Esse novo procedimento, que está em fase final de implementação, permitirá uma redução nos prazos de tramitação, atualmente o prazo médio é de 22 dias.

Dica de Filme:

"Os estagiários"
Direção: Shawn Levy
Ano: 2013

Dados sobre o filme: O filme demonstra, por meio de uma comédia, um cenário de mudança de paradigma. Os dois personagens Billy e Nick são vendedores de relógios, que na altura de seus 40 anos, ficam desempregados, quando a empresa em que trabalhavam encerrou as atividades. Diante disso, eles decidem candidatar-se para uma vaga de estagiário em uma das organizações mais atraentes e cobiçadas do mundo digital, a Google. Ao serem selecionados para estagiar na Google, se vêem trabalhando com profissionais bem mais jovens, com os quais aprendem e ensinam sobre a convivência no mundo corporativo.

Observe no filme: Reflexão sobre carreira, relações humanas, trabalho em equipe e convivência com a diversidade nas organizações.

Capítulo 6
Identificação e Avaliação de Talentos nas Organizações

"Chegamos a um ponto em que o custo de não mudar supera o custo de mudar."

Don Tapscott
(escritor e consultor)

> *Objetivos deste capítulo:*
>
> *1) Identificar talentos nas organizações.*
> *2) Apresentar ferramentas para avaliação de talentos.*
>
> *Antes de ler sobre o assunto, faça uma reflexão:*
>
> *1) Como a gestão de talentos pode ajudar a produtividade de uma organização?*
>
> *2) Você considera que os gestores sabem reconhecer talentos?*
>
> *3) Se você fosse um gestor, conseguiria identificar um profissional talentoso?*

6.1 - Gestão de talentos nas organizações

Fazer gestão de talentos é dedicar-se a conhecer pessoas e a estimular estas a desenvolver o seu potencial e também a direcionar suas ações para um objetivo plausível, correlacionado às estratégias organizacionais.

O Brasil, de acordo com a pesquisa da escola de negócios suíça IMD[1], de 2014, está na 52º posição mundial, entre os 60 países pesquisados, no que se refere à classificação mundial de talentos. O ranking é liderado pela Suíça, seguida por Dinamarca e Alemanha.

A pesquisa aborda os seguintes requisitos comparativos:
- Investimentos e desenvolvimento em talentos locais, refletindo o investimento público de um país em educação e na qualidade de seu sistema de ensino.
- Apelo, refletindo a capacidade de um país para reter talentos locais e atrair talentos do exterior.
- Prontidão, refletindo a capacidade do país para cumprir as exigências do mercado, com a sua disposição de talentos.

Para que a organização tenha sucesso na gestão de talentos, esta deve identificar as diferenças entre os profissionais, ou seja, os pontos positivos

---

[1] LIMA, Luciana. **Brasil cai 4 posições no ranking global de talentos.** Blog da Você AS. Exame.com. Disponível em: <http://exame.abril.com.br/blogs/blog-da-voce-sa/>.

(fortes) e negativos (fracos), habilidades e competências, para que seja possível alocar e adaptar a pessoa certa no lugar certo. E para alocar uma pessoa no lugar adequado é necessário que o gestor conheça o funcionamento e a estrutura da organização, ou seja, o fluxo, o ritmo e as etapas das atividades que cada setor desenvolve, e criar condições favoráveis para o desenvolvimento e crescimento da equipe de trabalho na qual foi inserido o talento.

Uma das maiores preocupações dos gestores da área de gestão de pessoas é a retenção de talentos. Dados da pesquisa[2] da empresa de recrutamento especializado Robert Half apontam que a perda de talentos é um problema para 86% dos diretores de recursos humanos do Brasil. No ranking dos países mais preocupados com a perda de talentos, de acordo com a pesquisa, são: 1° Brasil (86%), 1° Chile (86%), 2° Reino Unido (84%), 3° Emirados Árabes (80%), 4° Alemanha (77%), 5° Bélgica (73%), 6° França (72%), 7° Áustria (71%), 7° Suíça (71%) e 8° Holanda (66%).

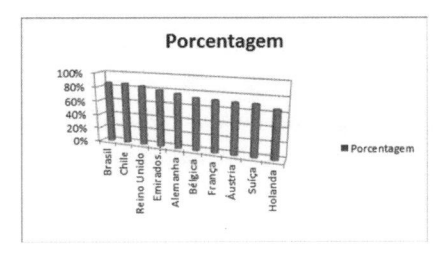

Fonte: http://g1.globo.com/concursos-e-emprego/noticia/2014/10/perda-de-talentos-preocupa-86-dos-diretores-de-rh-diz-estudo.html.

Divulgado na internet...

Sentir-se em casa[3]

No Google, a integração é pensada para dar as boas-vindas ao novato e facilitar sua adaptação ao ambiente de trabalho.

O comentário mais comum que se ouve de quem está ingressando nos quadros do Google é o seguinte: "Puxa, me senti em casa!". E não poderia ser diferente, porque todas as ações têm o propósito de despertar esse tipo de sentimento no novo funcionário. "Queremos que as pessoas que chegam tenham

---

[2] PERDA de talentos preocupa 86% dos diretores de RH, diz estudo. Concursos e Emprego. G1.Globo.com. **G1**. Disponível em: <http://g1.globo.com/concursos-e-emprego/noticia/2014/10/perda-de-talentos-preocupa-86-dos-diretores-de-rh-diz-estudo.html>.

[3] SENTIR-SE em casa. Melhor - Gestão de Pessoas. **ABRH-Nacional.** Disponível em: <http://www.revistamelhor.com.br/capa/2789/sentir-se-em-casa>.

o melhor ambiente de trabalho possível", ressalta Derli Matsuo, diretor de RH para América Latina. E em uma empresa de tecnologia como o Google, a integração é pensada de forma a cumprir dois objetivos importantes. O primeiro é dar as boas-vindas aos novatos, facilitar sua adaptação e possibilitar uma convivência harmoniosa com os colegas, de modo a transmitir a sensação de que ali todos se preocupam com o seu bem-estar. Para Matsuo, esse sentimento contribui para evitar o clima de agressividade e competição, que prejudica o convívio diário. Por outro lado, a preocupação consiste em fazer com que as pessoas se tornem, rapidamente, produtivas. O papel da equipe com a qual ele passará a trabalhar é fundamental nesse esforço, fornecendo as ferramentas necessárias para que o novato desempenhe as suas funções da melhor forma possível. Os benefícios decorrentes de tais práticas se traduzem na velocidade com que os novatos assimilam a cultura da empresa. Eles se engajam de tal forma que não abrem mão de tomar parte das iniciativas executadas nesse campo, participar dos grupos de reuniões sobre hospitalidade e contribuir para melhorar os processos de integração. "Eu ficaria preocupado se o novo funcionário tivesse pouco interesse em melhorar o meio em que trabalha", afirma Matsuo. O risco de isso acontecer é mínimo. De acordo com o executivo, o processo seletivo leva em conta, entre outros fatores, a capacidade de aderência à cultura da empresa, que privilegia o trabalho em equipe, a cooperação e as decisões colegiadas. (CSM)

Com a sua cara

Funcionários recém-contratados contam com apoio para personalizar a mesa de trabalho.

O Google procura facilitar a adaptação dos novos funcionários recorrendo a ações lúdicas e criativas. Após a tradicional apresentação, o colaborador assiste a filmetes de boas-vindas e sobre como funcionam os sistemas da empresa. Matsuo conta que todo novo funcionário tem um buny, que se encarrega de ensinar as tarefas básicas do dia a dia, e o ambiente de trabalho é decorado com balões de gás coloridos, numa alusão ao logotipo do Google. A empresa concede, também, um vale de 150 dólares para gastar na loja virtual da companhia. Eles podem comprar o que quiserem para colocar em sua mesa de trabalho. Para o Google, a personalização da mesa de trabalho é uma forma eficaz de fazer com que o recém-contratado perceba que aquele espaço é dele.

6.1.1 - Como identificar um profissional talentoso

A percepção, o conhecimento e as atitudes do gestor são importantes para identificar, estimular e desenvolver um talentoso profissional. Faça um teste rápido, a seguir, e veja qual nota você obtém.

Faça um teste! De zero a dez, qual nota você se dá em relação aos seguintes itens:

Questão	Nota De 0 a 10
No processo de atração e captação de profissionais, você evita contratar profissionais cujo perfil não seja adequado com o cargo, a especialidade, a atividade ou o departamento.	
Acompanha tanto o desenvolvimento das ações organizacionais quanto a maneira pela qual são repassadas as atribuições para os colaboradores.	
Desenvolve um bom processo de comunicação interna.	
Conscientiza da importância da participação e da colaboração de todos os profissionais que atuam na organização.	
Estimula o colaborador a interessar-se em buscar conhecimento e melhorias tanto para seu desenvolvimento quanto para o da organização.	
Desenvolve uma boa política de retenção de talentos.	

Você atingiu os sessenta pontos? Parabéns! O que acha de aplicar um questionário aos seus colaboradores e verificar a nota que receberá deles?

Se sua nota foi acima de trinta, olhe com carinho para os itens em que não se avaliou com a nota máxima e comece a pensar em como pode melhorar.
Se sua nota foi abaixo de trinta, nada melhor do que começar a olhar as pessoas de forma diferente! Transformá-las em colaboradores, acreditar realmente no potencial delas e se preparar para aceitar e aprender a gostar de mudanças.

Após contratar, treinar, orientar e desenvolver o empregado, este precisa ser avaliado. Uma das ferramentas utilizadas pelas organizações é a avaliação de desempenho, que, além de ser importante para identificar as qualidades do colaborador, visa atender às necessidades da organização.

6.1.2 - Avaliação de desempenho

A avaliação de desempenho visa identificar, averiguar, pesquisar e compreender o desempenho e o potencial do colaborador em relação às atividades a ele atribuídas. A partir da avaliação de desempenho, o gestor consegue visualizar e acompanhar o resultado do colaborador, seu progresso, sua motivação, seu desempenho em relação às atividades desenvolvidas. Além de possibilitar a melhoria do desempenho do trabalho do colaborador, que poderá receber um feedback sobre sua avaliação de desempenho.

Por meio, da avaliação de desempenho se consegue conhecer como o capital intelectual realiza suas atividades, suas aspirações, sua relação com o trabalho, seu comportamento, além de identificar desvios e poder corrigi-los, visando a melhoria da performance dos colaboradores em seu desempenho organizacional.

No processo da avaliação, é possível também obter informações a respeito das condições de trabalho, as expectativas e o sucesso do trabalho realizado pelo colaborador.

Legislação que regulamenta os critérios e procedimentos gerais para avaliação de desempenho individual e institucional

DECRETO Nº 7.133, DE 19 DE MARÇO DE 2010.

Regulamenta os critérios e procedimentos gerais a serem observados para a realização das avaliações de desempenho individual e institucional e o pagamento das gratificações de desempenho de que tratam as Leis nºs 9.657, de 3 de junho de 1998, 10.484, de 3 de julho de 2002, 10.550, de 13 de novembro de 2002, 10.551, de 13 de novembro de 2002, 10.682, de 28 de maio de 2003, 10.768, de 19 de novembro de 2003, 10.871, de 20 de maio de 2004, 10.883, de 16 de junho de 2004, 11.046, de 27 de dezembro de 2004, 11.090, de 7 de janeiro de 2005, 11.095, de 13 de janeiro de 2005, 11.156, de 29 de julho de 2005, 11.171, de 2 de setembro de 2005, 11.233, de 22 de dezembro de 2005, 11.344, de 8 de setembro de 2006, 11.355, de 19 de outubro de 2006, 11.356, de 19 de outubro de 2006, 11.357, de 19 de outubro de 2006, 11.784, de 22 de setembro de 2008, 11.890, de 24 de dezembro de 2008, e 11.907, de 2 de fevereiro de 2009.

[...]

Art. 2o Para efeito de aplicação do disposto neste Decreto, ficam definidos os seguintes termos:
I - avaliação de desempenho: monitoramento sistemático e contínuo da atuação individual do servidor e institucional dos órgãos e das entidades de lotação dos servidores integrantes dos planos de cargos e de carreiras abrangidos pelo art. 1o, tendo como referência as metas globais e intermediárias destas unidades;

II - unidade de avaliação: o órgão ou a entidade como um todo, um subconjunto de unidades administrativas de um órgão ou entidade que execute atividades de mesma natureza, ou uma unidade isolada, conforme definido no ato de que trata o caput do art. 7o, a partir de critérios geográficos, de hierarquia organizacional ou de natureza de atividade;
III - equipe de trabalho: conjunto de servidores que faça jus a uma das gratificações de desempenho de que trata o art. 1o, em exercício na mesma unidade de avaliação;
IV - ciclo de avaliação: período de doze meses considerado para realização da avaliação de desempenho individual e institucional, com vistas a aferir o desempenho dos servidores alcançados pelo art. 1o e do órgão ou da entidade em que se encontrem em exercício; e
V - plano de trabalho: documento em que serão registrados os dados referentes a cada etapa do ciclo de avaliação, observado o disposto no art. 6o
.
Art. 3o Os valores referentes às gratificações de desempenho referidas no art. 1o serão atribuídos aos servidores que a elas fazem jus em função do alcance das metas de desempenho individual e do alcance das metas de desempenho institucional do órgão ou entidade de lotação do servidor.

Art. 4o A avaliação de desempenho individual será feita com base em critérios e fatores que reflitam as competências do servidor, aferidas no desempenho individual das tarefas e atividades a ele atribuídas.
§ 1o Na avaliação de desempenho individual, além do cumprimento das metas de desempenho individual, deverão ser avaliados os seguintes fatores mínimos:
I - produtividade no trabalho, com base em parâmetros previamente estabelecidos de qualidade e produtividade;
II - conhecimento de métodos e técnicas necessários para o desenvolvimento das atividades referentes ao cargo efetivo na unidade de exercício;
III - trabalho em equipe;
IV - comprometimento com o trabalho; e
V - cumprimento das normas de procedimentos e de conduta no desempenho das atribuições do cargo.
§ 2o Além dos fatores mínimos de que trata o § 1o, o ato a que se refere o caput do art. 7o poderá incluir, entre os fatores mínimos a serem avaliados, um ou mais dos seguintes fatores:
I - qualidade técnica do trabalho;
II - capacidade de autodesenvolvimento;
III - capacidade de iniciativa;
IV - relacionamento interpessoal; e
V - flexibilidade às mudanças.

Avaliação de Desempenho

Nome: _____
Admissão:_____ Cargo:_____ Tempo na função_____
Período avaliativo:

                                                    Comentários
                         Desempenho

1. Trabalho em time/interpessoal
(Contribui ativamente para o esforço do time,
divide seu conhecimento e experiência com
os outros. Desenvolve relacionamento profissional
e exibe conhecimentos organizacionais.)

2. Comunicação
(Eficaz em comunicação escrita e verbal; ouve e
encoraja outros a expressar sua idéias e opiniões
de modo objetivo.)

3. Liderança
(Encoraja o trabalho em time, tem influência sobre os
demais, direciona e conduz projetos, estudos etc.)

4. Técnica/Funcional
(Tem profundo conhecimento e capacidade em sua
especialidade; usa dados quantitativos e financeiros de
maneira hábil em suas argumentações.)

5. Melhoria contínua
(Age rapidamente para executar objetivos; tira vantagens das
oportunidades e reage às mudanças; promove inovações,
conhece o foco do cliente, divide as melhores práticas.)

6. Gerenciamento pessoal
(Conhece projetos/objetivos das tarefas e datas limite;
age com integridade, demonstra adaptabilidade, planejamento
controle e organização.

7. Ponderação/Solução de problemas
(Toma decisões e faz julgamentos informais sobre como executar
o trabalho; pensa estrategicamente; é inovador e criativo nas
propostas alternativas para solução de problemas.)

8. **Outros**: Segurança, Produtividade, Zelo, Qualidade.

Assinatura do Empregado: Data:

Assinatura do gestor :   Data:

EE=Excedeu Expectativas   AE=Atingiu Expectativas   PM=Precisa Melhorar   I=Insatisfatório

EE	AE	PM	I
EE	AE	PM	I
EE	AE	PM	I
EE	AE	PM	I
EE	AE	PM	I
EE	AE	PM	I
EE	AE	PM	I

Checklist na avaliação de talentos

Reconhecer um talento é um dos principais papeis do gestor. Para avaliar efetivamente o seu colaborador, o gestor poderá elaborar um checklist para identificar e reconhecer o perfil do seu colaborador, distinguindo as características importantes para o desenvolvimento profissional do colaborador e incentivando-o a melhorar.

Porém, é importante verificar, antes de aplicar o checklist, se ambos (colaboradores e gestores) estarão abertos a críticas ou sugestões, pois se pode descobrir, por exemplo, que um bom número de colaboradores está com falta de iniciativa e que isso esteja atrelado mais a problemas organizacionais do que aos próprios colaboradores.

Vamos a prática...

Avaliação de Talentos	
Gestor: Avaliado:	
Características	Nota de 0 a 10
Identifica com clareza os seus pontos fortes e fracos.	
Demonstra confiança em si mesmo e em seu talento.	
É comprometido com cada tarefa a ser executada.	
É pró-ativo – não espera que alguém o cobre ou mande realizar alguma tarefa ou atividade.	
Agrega valor a sua tarefa.	
Demonstra sempre o seu conhecimento, buscando mais informações sobre o assunto.	
Expressa a sua opinião a respeito da tarefa a ser executada.	
Observações:	

Além dos itens listados no checklist, outras atitudes também podem e devem ser observadas, como: a conduta ética, que é imprescindível para o crescimento saudável da organização e seu desenvolvimento; a autoestima elevada, que ajuda no processo de motivação; o carisma e o relacionamento com os demais colaboradores; e gestores que auxiliam no processo de comunicação, lembrando que bom relacionamento não significa bajulações.

É preciso que haja confiança nos processos de avaliações, promoções e recrutamento interno, para que a meritocracia (reconhecimento por merecimento) possa instalar-se e trazer bons frutos para a organização.

Outro mecanismo de avaliação de colaboradores e gestores é a pesquisa de clima organizacional.

6.1.3 - Pesquisa de clima organizacional

A pesquisa de clima organizacional está atrelada a uma análise ampla sobre como ocorrem, entre outros fatores, a circulação da comunicação, o desenvolvimento da função de liderança, a tomada de decisões, os mecanismos de controle, a formulação de objetivos, a interação e a integração, na organização.

Ao elaborar uma pesquisa de clima organizacional na organização, devem ser analisados os fatores relevantes que envolvem essa organização, como, por exemplo: quantidade de empregados, fatores internos e externos que influenciam na organização, qualidade dos profissionais, entre outros fatores

Vamos a prática...

PRÁTICAS DE GESTÃO DE PESSOAS ADOTADAS PELA ORGANIZAÇÃO					
FATORES INTERNOS DE INFLUÊNCIA DO RELACIONAMENTO ENTRE O COLABORADOR E A ORGANIZAÇÃO					
AUTONOMIA	Concordo totalmente	Concordo em parte	Às vezes concordo, às vezes discordo	Discordo em parte	Discordo totalmente
Os procedimentos utilizados pela organização são os mais eficazes para se obter o desejado.					
Você tem autonomia para desenvolver suas atividades.					
RESPONSABILIDADE	Concordo totalmente	Concordo em parte	Às vezes concordo, às vezes discordo	Discordo em parte	Discordo totalmente
Você sempre cumpre as responsabilidades que lhe são designadas.					
Seu grau de comprometimento com o sucesso organizacional é alto.					
QUANTIDADE E QUALIDADE DE TRABALHO	Concordo totalmente	Concordo em parte	Às vezes concordo, às vezes discordo	Discordo em parte	Discordo totalmente
A qualidade do seu trabalho está adequada em relação a sua competência e qualificações.					
A quantidade do seu trabalho está adequada em relação a sua competência e qualificações.					

Poderia desenvolver melhor minhas atividades					
COMUNICAÇÃO	Concordo totalmente	Concordo em parte	Às vezes concordo, às vezes discordo	Discordo em parte	Discordo totalmente
O processo de comunicação entre gestor e colaborador é eficaz e eficiente.					
O processo de comunicação entre colaborador e gestor é eficaz e eficiente.					
A organização recebe *feedback* dos colaboradores					
Os colaboradores recebem *feedback* da organização.					
REMUNERAÇÃO	Concordo totalmente	Concordo em parte	Às vezes concordo, às vezes discordo	Discordo em parte	Discordo totalmente
A política de remuneração é adequada para a atribuição.					
CARREIRA	Concordo totalmente	Concordo em parte	Às vezes concordo, às vezes discordo	Discordo em parte	Discordo totalmente
Há oportunidades para o crescimento dentro da organização.					
RELACIONAMENTOS COM A GESTÃO	Concordo totalmente	Concordo em parte	Às vezes concordo, às vezes discordo	Discordo em parte	Discordo totalmente
Você se sente respeitado e valorizado pelo seu chefe/gestor/gerente em relação as atividades e tarefas profissionais?					
RELACIONAMENTO INTERPESSOAL	Concordo totalmente	Concordo em parte	Às vezes concordo, às vezes discordo	Discordo em parte	Discordo totalmente
Como você considera o relacionamento entre os empregados da organização?					
VALORIZAÇÃO PROFISSIONAL	Concordo totalmente	Concordo em parte	Às vezes concordo, às vezes discordo	Discordo em parte	Discordo totalmente
Você se sente valorizado pela organização?					
TREINAMENTO/DESENVOLVIMENTO	Concordo totalmente	Concordo em parte	Às vezes concordo, às vezes discordo	Discordo em parte	Discordo totalmente

A organização investe em treinamentos necessários para o seu desenvolvimento profissional e pessoal?					
ESTABILIDADE NO EMPREGO	Concordo totalmente	Concordo em parte	Às vezes concordo, às vezes discordo	Discordo em parte	Discordo totalmente
Acredita na estabilidade de seu emprego?					
CONDIÇÕES FÍSICAS DE TRABALHO	Concordo totalmente	Concordo em parte	Às vezes concordo, às vezes discordo	Discordo em parte	Discordo totalmente
Estou satisfeito com as condições ambientais do seu local de trabalho?					
IMAGEM DA ORGANIZAÇÃO	Concordo totalmente	Concordo em parte	Às vezes concordo, às vezes discordo	Discordo em parte	Discordo totalmente
Eu considero a organização um bom lugar para trabalhar?					
Você indicaria um amigo para trabalhar na sua organização?					
ÉTICA NA ORGANIZAÇÃO	Concordo totalmente	Concordo em parte	Às vezes concordo, às vezes discordo	Discordo em parte	Discordo totalmente
Você considera a organização ética com seus empregados/clientes/parceiros?					
Os gestores da organização dão bons exemplos aos seus empregados?					
TRABALHO EM EQUIPE	Concordo totalmente	Concordo em parte	Às vezes concordo, às vezes discordo	Discordo em parte	Discordo totalmente
O seu superior ou mesmo a organização estimula o trabalho em equipe?					
FATORES INTERNOS DE INFLUÊNCIA DO RELACIONAMENTO ENTRE O COLABORADOR E A ORGANIZAÇÃO					
VIDA PROFISSIONAL	Concordo totalmente	Concordo em parte	Às vezes concordo, às vezes discordo	Discordo em parte	Discordo totalmente
Os trabalhadores estão satisfeito em trabalhar nesta organização?					
ESTRUTURA ORGANIZACIONAL	Concordo totalmente	Concordo em parte	Às vezes concordo, às vezes discordo	Discordo em parte	Discordo totalmente

A estrutura e o senso de hierárquica (chefes e subordinados) têm trazido satisfação ao trabalhos dos empregados?					
INCENTIVOS PROFISSIONAIS	Concordo totalmente	Concordo em parte	Às vezes concordo, às vezes discordo	Discordo em parte	Discordo totalmente
Os empregados consideram que a organização e os superiores reconhecem e valorizam as atividades desenvolvida pelos colaboradores?					
REMUNERAÇÃO	Concordo totalmente	Concordo em parte	Às vezes concordo, às vezes discordo	Discordo em parte	Discordo totalmente
Os empregados estão satisfeitos com a remuneração que recebem?					
SEGURANÇA PROFISSIONAL	Concordo totalmente	Concordo em parte	Às vezes concordo, às vezes discordo	Discordo em parte	Discordo totalmente
Os empregados estão sentindo segurança em relação ao emprego nesta organização, ou seja, não correm o risco de serem demitidos por qualquer motivo?					
NÍVEL SOCIOCULTURAL	Concordo totalmente	Concordo em parte	Às vezes concordo, às vezes discordo	Discordo em parte	Discordo totalmente
O nível social, cultural e intelectual está suficiente para o exercício das atividades na organização de todos os empregados?					
TRANSPORTE DOS EMPREGADOS	Concordo totalmente	Concordo em parte	Às vezes concordo, às vezes discordo	Discordo em parte	Discordo totalmente
Os empregados estão satisfeitos em relação ao transporte casa–organização/organização–casa?					
AMBIENTE DE TRABALHO	Concordo totalmente	Concordo em parte	Às vezes concordo, às vezes discordo	Discordo em parte	Discordo totalmente
O ambiente de trabalho favorece a execução das atividades de todos os empregados na organização?					
ASSISTÊNCIA AOS EMPREGADOS	Concordo totalmente	Concordo em parte	Às vezes concordo, às vezes discordo	Discordo em parte	Discordo totalmente

A assistência médica, odontológica e social adotadas na organização favorece a execução as tarefas e atividades na organização de todos os empregados?					

FATORES EXTERNOS DE INFLUÊNCIA DO RELACIONAMENTO ENTRE O COLABORADOR E A ORGANIZAÇÃO

SITUAÇÃO FINANCEIRA	Concordo totalmente	Concordo em parte	Às vezes concordo, às vezes discordo	Discordo em parte	Discordo totalmente
Minha remuneração e despesas são suficientes para satisfazer a mim e a minha família com um futuro melhor, bem como a alimentação, vestuário, educação, moradia e cultura?					
FAMÍLIA	Concordo totalmente	Concordo em parte	Às vezes concordo, às vezes discordo	Discordo em parte	Discordo totalmente
Minha convivência familiar é harmoniosa, ou seja, vivo bem com a esposa ou o marido e/ou filhos.					
VIDA SOCIAL	Concordo totalmente	Concordo em parte	Às vezes concordo, às vezes discordo	Discordo em parte	Discordo totalmente
Estou satisfeito com o meu nível social?					
SAÚDE	Concordo totalmente	Concordo em parte	Às vezes concordo, às vezes discordo	Discordo em parte	Discordo totalmente
Estou bem de saúde, tanto fisicamente quanto mentalmente?					
FÉRIAS E LAZER	Concordo totalmente	Concordo em parte	Às vezes concordo, às vezes discordo	Discordo em parte	Discordo totalmente
Tenho condições de planejar e gozar de férias de forma satisfatória?					

Divulgado na internet...

Os 10 mandamentos para se aplicar bem uma pesquisa de clima organizacional[4]

Alvaro Mello

Se você vai conduzir uma pesquisa de clima em sua empresa, pela primeira vez, sem o auxílio de uma consultoria especializada, vale a pena observar os 10 mandamentos abaixo:

1. Obtenha o patrocínio da alta direção da empresa.
   Certifique-se de garantir o apoio dos administradores da empresa antes de começar a preparar seu estudo. Sem ele, sua pesquisa vai pra gaveta!
2. Garanta a confidencialidade dos dados.
   O sigilo tem que ser mantido. Dessa forma, as respostas serão mais diretas. Saiba mais como garantir a segurança e o anonimato em suas pesquisas.
3. Comunique como, quando e por que será realizada a pesquisa.
   Quem responde precisa saber para que vai ser usada sua resposta.
4. Não pergunte demais.
   Pesquisas longas geram muito abandono e podem perder o foco do que realmente é importante. A SurveyMonkey fez um grande estudo para entender como a quantidade de questões pode impactar em sua pesquisa; o equilíbrio é fundamental para o sucesso.
5. Aplique de maneira rápida.
   Não deixe um prazo muito longo para respostas. Com uma boa comunicação você consegue chamar muitos respondentes em pouco tempo.
6. Processe os dados rapidamente.
   Pesquisa boa é pesquisa atual, com dados frescos.
7. Prepare um bom relatório.
   Transforme os dados em informação real e palpável.
8. Prepare uma boa apresentação dos resultados.
   Faça sua audiência entender do que você está falando. Junte cabeça com pescoço.
9. Divulgue os resultados para a empresa.
   Quem responde a uma pesquisa tem o inalienável e sagrado direto de saber qual foi o resultado dela. Não esconda o resultado, mesmo não sendo dos melhores. Compartilhe os resultados gerais da empresa, não de todos os atributos, claro, alguns comentários pertinentes e quais os próximos passos.

---

[4] MELLO, Alvaro. Os 10 mandamentos para se aplicar bem uma pesquisa de clima organizacional. **SurveyMonkey.** Disponível em: <https://pt.surveymonkey.com/blog/br/como-fazer/os-10-mandamentos-para-aplicar-uma-pesquisa-de-clima-organizacional/>.

10. Faça um plano de ação.
A pesquisa é só o diagnóstico. Você descobriu qual é o problema e onde ele se encontra, agora precisa receitar o remédio. A pesquisa só tem validade se ela faz a empresa agir, é para isso que ela existe.

Dica de Filme:

"Recém chegada"
Direção: Jonas Elmer
Ano: 2009

Dados sobre o filme: Este filme retrata a trajetória de uma ambiciosa executiva que trabalhava e morava em Miami, que aceita ser transferida, para supervisionar uma fábrica, em uma pequena cidade em Minnesota por pretender ascender profissionalmente, porém, os planos da organização eram de reestruturar a fábrica local, realizar cortes e demissões para futuramente fechá-la. Ao se relacionar com seus colaboradores e a comunidade local, ela decide mostrar que a fábrica pode ser produtiva. Propõe inovações e consegue manter os empregos e a fábrica.

Observe no filme: características de cultura e clima organizacional. O filme destaca contextos globais como: decisões corporativas baseadas em dados estatísticos, demissão em massa, desprezando a valorização do fator humano e das relações trabalhistas em detrimento às situações determinadas pela economia e lucratividade.

Capítulo 7
Estratégias Utilizadas na Retenção de Talentos

"A melhor maneira de aprender é a experiência. No entanto, isso pode ser doloroso".

Confúcio

> *Objetivos deste capítulo:*
>
> *1) Apresentar metodologias utilizadas pelas organizações para a retenção de talentos.*
>
> *2) Ilustrar as metodologias utilizadas pelas organizações para a retenção de talentos.*
>
> **Antes de ler sobre o assunto, faça uma reflexão:**
>
> 1. Quais são os métodos utilizados pelas organizações como forma de retenção de talentos?
> 2. Você já utilizou de métodos para atrair ou reter talentos na sua organização?
> 3. Se você fosse o gestor de uma ONG sem fins lucrativos, quais estratégias utilizaria para estimular a produtividade de seus colaboradores e mantê-los?

Deveria ser preocupação de todas as organizações cuidar e zelar das pessoas que ajudam a atingir seus objetivos e metas, pois quando desmotivadas, se sentindo desacreditadas, desonradas, a capacidade produtiva delas sofre impactos e pode interferir de maneira negativa na produtividade. Já se estiverem motivadas, a intervenção pode ser positiva.

Quando as pessoas não são colocadas em primeiro lugar, o direcionamento para obter o objetivo organizacional desejável pode ficar falho. Leia o texto referente à mitologia grega e faça posteriormente a reflexão proposta.

7.1 - As asas de Ícaro

Na mitologia grega, Ícaro era filho de Dédalo, um famoso artesão e engenheiro; estes foram presos pelo Rei Minos em um labirinto.

Para fugir, Dédalo confeccionou enormes asas, amarrando penas de aves e colocando uma camada de cera sobre estas. Quando foi colocar em prática o projeto, chamou Ícaro e recomendou que ele não voasse alto demais, pois o sol poderia derreter a cera, e nem baixo demais, para que não caísse no mar.

Então lançaram-se ao voo em busca da liberdade. Ícaro, porém, ficou com tão entusiasmado com a paisagem, com o cenário, que lhe parecia encantador, que se esqueceu da recomendação, e fez voos cada vez mais altos, para admirar mais a vista. Com isso, aproximou-se do sol, e os raios solares derreteram a cera. E Ícaro caiu no mar e morreu.

Reflexão:

Dédalo tinha um ótimo plano, desenvolveu com muita competência a parte estrutural dele, porém, não conseguiu atingir seu objetivo. Será que a mesma dedicação que Dédalo teve na parte estrutural do projeto, teve na gestão de pessoas? Treinar é necessário? Quantas horas são necessárias dedicar-se a conhecer e capacitar pessoas? Para responder essas e outras perguntas, é necessário conhecer o projeto, a organização, os envolvidos. Mas uma coisa é certa: sucesso na gestão de pessoas é precursor do sucesso organizacional.

No processo do sucesso organizacional, a lucratividade pode ser considerada uma maneira de mensurar o desempenho, mas a busca insensata por ela pode levar a detonar com os talentos, a base de sustentação que permite que a organização deslumbre cenários financeiramente favoráveis. É preciso coordenar esforços sem esquecer ou menosprezar os que fazem a organização ter vida e movimento.

A retenção de talentos deve fazer parte integrante das ações para o sucesso e sobrevivência de qualquer organização. Reter talentos não se faz somente com altos salários e excelentes benefícios; é preciso também criar um ambiente harmônico, de forma que os colaboradores se sintam à vontade e queiram permanecer na organização. Esse ambiente deve ser motivador, desafiador e com oportunidades para o crescimento.

Investir em políticas de meritocracia, valorização e gestão de desempenho faz toda a diferença para com os colaboradores, para que estes se sintam respeitados e valorizados.

Essas ações vão além de boas remunerações e alguns benefícios comuns a todos. É necessário motivar e envolver os colaboradores em grandes desafios profissionais, estruturar um plano de cargo e salários, além de oferecer autonomia para o profissional em relação a tomada de decisões e criar um clima cooperativo e participativo.

Estes são alguns procedimentos para se fazer uma análise sobre o quanto a organização está preparada para reter talentos:
- averiguar os critérios utilizados no processo de recrutamento e seleção;
- avaliar o clima organizacional, identificando o grau de satisfação e orgulho dos colaboradores em relação à organização;
- analisar se a cultura vigente esta alinhada aos objetivos organizacionais;
- verificar as ações realizadas nos últimos meses para retenção dos talentos;
- examinar a forma como é realizada a gestão de talentos;
- observar como os gestores estimulam e valorizam os colaboradores;
- identificar se os mecanismos de comunicação existentes são os mais adequados;
- conferir e avaliar se os incentivos e benefícios oferecidos realmente motivam os colaboradores.

A retenção de talentos é uma estratégia que envolve várias ações para estimular a permanência do colaborador na organização, entre elas:
- **Recompensas externas** – reconhecimento externo, ou seja, políticas de remuneração e benefícios em que são valorizados e motivados os colaboradores, como: salários, benefícios sociais e plano de cargos, carreiras e salários.
- **Recompensas internas** – reconhecimento intrínseco, ou seja, percepção e conscientização dos colaboradores de sua importância para a organização.

Uma recompensa interna pode se transformar em recompensa externa, por exemplo: quando o colaborador consegue atingir uma meta organizacional desafiadora, a organização recompensa-o com folga, prêmio em dinheiro, entre outros.

Algumas das recompensas que são valorizadas pelos colaboradores:
- **Remuneração**: oferecida pelas organizações como forma de valorização, exemplo: comissão, bônus, prêmios, participação nos lucros e resultados (PLR), gratificações e outros mecanismos de recompensa monetária.
- **Treinamento, capacitação e desenvolvimento**: esse tipo de recompensa gera aperfeiçoamento e aprendizado por meio

de treinamentos formais e informais, podendo o colaborador se sentir valorizado e estimulado durante seu tempo na organização.

- **Meritocracia** (do latim mereo, merecer, obter): recompensa intrínseca em que a organização pode oferecer ao colaborador manifestações de status ou aprovação social, como: elogios em públicos, promoções, honra ao mérito, que possam servir como reconhecimento.

De acordo com a pesquisa da Robert Half[1], os gestores brasileiros têm utilizado como estratégias para a retenção de talentos: o aumento da remuneração (60%); melhorias e benefícios flexíveis (54%); treinamento e desenvolvimento profissional (49%); plano de carreira (35%); flexibilidade de horário e local de trabalho (26%); e contraproposta (24%).

A retenção de talentos será sempre a consequência de boas políticas gerais e de gestão de pessoas praticadas nas organizações. Um profissional competente valoriza a organização sólida e que ofereça um ótimo ambiente de trabalho, boa comunicação interna, estilo de gestão participativo, boas práticas comunitárias e ambientais, oportunidades de aprendizado contínuo e boa imagem no mercado.

7.2.1 - Políticas de remuneração

A organização deve elaborar uma política de remuneração equilibrada, evitando injustiça, valorizando a permanência e/ou retenção de talentos, por meio de gestão salarial compatível com o mercado e com os anseios dos colaboradores. Essa política pode impactar na permanência ou na saída de colaboradores da organização, por isso a sua importância.

Exemplo de organização que utiliza a política de remuneração

Organização	Programas de atração de talentos	Programas de benefícios	Plano de Carreira e Remuneração
3 M DO BRASIL	Política de remuneração e benefícios	A 3M busca oferecer remuneração e benefícios competitivos com o mercado.	Remuneração Plano de incentivo anual: é um plano anual

---

[1] PROFISSIONAIS instáveis têm má reputação no mercado de trabalho. **Equipe Fenatracoop. Fenatracoop.** Disponível em: <http://www.fenatracoop.com.br/site/?p=62880>.

[2] BENEFÍCIOS. Junte-se a nós. 3M do Brasil. **3M.** Disponível em: <http://solutions.3m.com.br/wps/portal/3M/pt_BR/3M-Careers-LA/Carreras3M/Conoce3m/Remuneracao+e+Beneficios/>.

3 M DO BRASIL[2]	3M oferece uma remuneração competitiva ao mercado. Remuneração tem dois componentes: salário base e remuneração variável. Remuneração variável pode incluir comissões de vendas, lucros e incentivo anual ou outros. Você também pode receber mérito ou promoções baseadas nos resultados de avaliação de desempenho.	Benefícios Assistência médica Assistência odontológica Seguro de vida em grupo Convênios e parcerias com fornecedores Cesta de natal Reconhecimento por tempo de serviço Plano de previdência privada Refeição Transporte Programa de treinamentos internos Clube 3M Loja 3M	além do Programa de Participação de Resultados, em que o pagamento é realizado conforme o atingimento dos resultados da 3M. Compra de ações: todo funcionário é elegível a participar da compra de ações 3M. Incentivo de vendas: é pago mensalmente, com base nos resultados atingidos. Mérito: com base nos resultados de avaliação de desempenho, você pode ser elegível a mérito anualmente. Carreira: existe uma estrutura de cargos definida e divulgada aos funcionários. Nossa estrutura prevê uma carreira em Y, na qual cabe ao funcionário direcionar seu desenvolvimento, conforme seus interesses profissionais.

7.2.2 - Políticas de benefícios

A remuneração tem sua inegável importância, mas um bom profissional dificilmente se deixa seduzir por ofertas que impliquem apenas em remuneração mais elevada, pois ele busca também diferenciais que possam complementar a remuneração.

Oferecer benefícios é uma forma de atrair e reter talentos, principalmente se a concorrência oferecer mais benefícios que a sua organização, pois os bons colaboradores podem ficar tentados a migrar para outra organização por visualizar oportunidades melhores.

A política de benefícios está entre as estratégicas de atração e retenção de talentos. Seus benefícios mais comuns são: alimentação, refeição, plano de saúde (médico e odontológico), convênio com farmácias, seguro de vida, bolsa estudo, entre outros. As organizações também oferecem outros tipos de benefícios e que podem fazer diferença, como: plano de previdência complementar, atividades recreativas, desligamento voluntário para colaboradores que queiram empreender, gratificações anuais e quinquenais, entre outros.

Existem benefícios sociais que são obrigatórios. A seguir, algumas leis que fazem referências a esses benefícios:

A Constituição da República Federativa do Brasil de 1988, dispõe:

DOS DIREITOS SOCIAIS

Art. 6º São direitos sociais a educação, a saúde, a alimentação, o trabalho, a moradia, o lazer, a segurança, a previdência social, a proteção à maternidade e à infância, a assistência aos desamparados, na forma desta Constituição. (Redação dada pela Emenda Constitucional nº 64, de 2010.)
Art. 7º São direitos dos trabalhadores urbanos e rurais, além de outros que visem à melhoria de sua condição social:
I - relação de emprego protegida contra despedida arbitrária ou sem justa causa, nos termos de lei complementar, que preverá indenização compensatória, dentre outros direitos;
II - seguro-desemprego, em caso de desemprego involuntário;
III - fundo de garantia do tempo de serviço;
IV - salário mínimo, fixado em lei, nacionalmente unificado, capaz de atender a suas necessidades vitais básicas e às de sua família com moradia, alimentação, educação, saúde, lazer, vestuário, higiene, transporte e previdência social, com reajustes periódicos que lhe preservem o poder aquisitivo, sendo vedada sua vinculação para qualquer fim;
V - piso salarial proporcional à extensão e à complexidade do trabalho;
VI - irredutibilidade do salário, salvo o disposto em convenção ou acordo coletivo;
VII - garantia de salário, nunca inferior ao mínimo, para os que percebem remuneração variável;
VIII - décimo terceiro salário com base na remuneração integral ou no valor da aposentadoria;
IX - remuneração do trabalho noturno superior à do diurno;
X - proteção do salário na forma da lei, constituindo crime sua retenção dolosa;

XI - participação nos lucros, ou resultados, desvinculada da remuneração, e, excepcionalmente, participação na gestão da empresa, conforme definido em lei;

XII - salário-família pago em razão do dependente do trabalhador de baixa renda nos termos da lei; (Redação dada pela Emenda Constitucional nº 20, de 1998.)

XIII - duração do trabalho normal não superior a oito horas diárias e quarenta e quatro semanais, facultada a compensação de horários e a redução da jornada, mediante acordo ou convenção coletiva de trabalho; (Vide Decreto-Lei nº 5.452, de 1943.)

XIV - jornada de seis horas para o trabalho realizado em turnos ininterruptos de revezamento, salvo negociação coletiva;

XV - repouso semanal remunerado, preferencialmente aos domingos;

XVI - remuneração do serviço extraordinário superior, no mínimo, em cinquenta por cento à do normal; (Vide Del nº 5.452, art. 59 § 1º.)

XVII - gozo de férias anuais remuneradas com, pelo menos, um terço a mais do que o salário normal;

XVIII - licença à gestante, sem prejuízo do emprego e do salário, com a duração de cento e vinte dias;

XIX - licença-paternidade, nos termos fixados em lei;

XX - proteção do mercado de trabalho da mulher, mediante incentivos específicos, nos termos da lei;

XXI - aviso prévio proporcional ao tempo de serviço, sendo no mínimo de trinta dias, nos termos da lei;

XXII - redução dos riscos inerentes ao trabalho, por meio de normas de saúde, higiene e segurança;

XXIII - adicional de remuneração para as atividades penosas, insalubres ou perigosas, na forma da lei;

XXIV - aposentadoria;

XXV - assistência gratuita aos filhos e dependentes desde o nascimento até 5 (cinco) anos de idade em creches e pré-escolas; (Redação dada pela Emenda Constitucional nº 53, de 2006.)

XXVI - reconhecimento das convenções e acordos coletivos de trabalho;

XXVII - proteção em face da automação, na forma da lei;

XXVIII - seguro contra acidentes de trabalho, a cargo do empregador, sem excluir a indenização a que este está obrigado, quando incorrer em dolo ou culpa;

XXIX - ação, quanto aos créditos resultantes das relações de trabalho, com prazo prescricional de cinco anos para os trabalhadores urbanos e rurais, até o limite de dois anos após a extinção do contrato de trabalho; (Redação dada pela Emenda Constitucional nº 28, de 25/5/2000.)

XXX - proibição de diferença de salários, de exercício de funções e de critério de admissão por motivo de sexo, idade, cor ou estado civil;
XXXI - proibição de qualquer discriminação no tocante a salário e critérios de admissão do trabalhador portador de deficiência;
XXXII - proibição de distinção entre trabalho manual, técnico e intelectual ou entre os profissionais respectivos;
XXXIII - proibição de trabalho noturno, perigoso ou insalubre a menores de dezoito e de qualquer trabalho a menores de dezesseis anos, salvo na condição de aprendiz, a partir de quatorze anos; (Redação dada pela Emenda Constitucional n° 20, de 1998.)
XXXIV - igualdade de direitos entre o trabalhador com vínculo empregatício permanente e o trabalhador avulso.
Parágrafo único. São assegurados à categoria dos trabalhadores domésticos os direitos previstos nos incisos IV, VI, VII, VIII, X, XIII, XV, XVI, XVII, XVIII, XIX, XXI, XXII, XXIV, XXVI, XXX, XXXI e XXXIII e, atendidas as condições estabelecidas em lei e observada a simplificação do cumprimento das obrigações tributárias, principais e acessórias, decorrentes da relação de trabalho e suas peculiaridades, os previstos nos incisos I, II, III, IX, XII, XXV e XXVIII, bem como a sua integração à previdência social. (Redação dada pela Emenda Constitucional n° 72, de 2013.)

Lei n° 7.418, de 16 de dezembro de 1985. Institui o vale-transporte e dá outras providências. Art. 1° Fica instituído o vale-transporte, (Vetado) que o empregador, pessoa física ou jurídica, antecipará ao empregado para utilização efetiva em despesas de deslocamento residência-trabalho e vice-versa, através do sistema de transporte coletivo público, urbano ou intermunicipal e/ou interestadual com características semelhantes aos urbanos, geridos diretamente ou mediante concessão ou permissão de linhas regulares e com tarifas fixadas pela autoridade competente, excluídos os serviços seletivos e os especiais. (Redação dada pela Lei n° 7.619, de 30.9.1987.)

Organização que utiliza de políticas de benefícios

A Organização	Programas Oferecidos
BOTICÁRIO[3] O Boticário oferece aos seus colaboradores oportunidades de desenvolvimento contínuo, preparando-os para os desafios do mercado e para a evolução e expansão do negócio. Mas, acima de tudo, O Boticário acredita no equilíbrio entre a vida pessoal e profissional de seus colaboradores e proporciona programas e atividades voltadas para o seu bem-estar.	**Programa para gestantes** – as grávidas que trabalham na empresa, esposas de funcionários e mulheres que residem na comunidade do entorno da fábrica (em São José dos Pinhais-PR) dividem suas experiências e têm orientações sobre as mudanças e as necessidades do corpo nessa etapa, preparando-se para receber o bebê de forma saudável e harmoniosa. **Programa de voluntariado** – disponibiliza vagas para trabalho voluntário e incentiva essa prática para que os colaboradores sejam um instrumento de transformação. **Programa Visita à Fabrica** – como parte da integração entre as famílias dos colaboradores e a empresa, periodicamente O Boticário abre as portas para familiares conhecerem a empresa e visitarem a área de trabalho do colaborador. **Programa de eventos e lazer** – a associação de funcionários, localizada na planta da fábrica, promove diversos eventos como viagens e campeonatos e disponibiliza uma chácara próxima à empresa, com opções de lazer, esportes, academia de ginástica, entre outros. Dentro da fábrica, oferece sala de jogos e TV, uma loja exclusiva com produtos O Boticário, salão de beleza e cafeteria. **Programa de relacionamentos** – O Boticário valoriza as relações e incentiva os seus colaboradores a conhecerem o dia a dia de trabalho de seus colegas. Gerentes, diretores e presidente participam de encontros periódicos, quando colaboradores de diversos níveis hierárquicos têm a oportunidade de conhecer mais a empresa e suas estratégias de negócio. **Programa Creche** – para os filhos dos colaboradores (com idade para frequentar do Berçário ao Jardim III), O Boticário oferece cuidado em tempo integral no CEAK – Centro Educacional Anneliese Krigsner. **Projeto de educação** – a empresa promove anualmente encontros educativos, que orientam os colaboradores sobre assuntos relevantes à educação dos filhos e à importância do Ensino Fundamental. Com essa ação, a empresa contribui para o desenvolvimento sócio-educacional de centenas de jovens.

Veja com mais detalhes alguns benefícios:

7.2.2.1 - Benefícios – alimentação na organização

Um bom hábito alimentar pode trazer resultados benéficos à saúde dos colaboradores, além de proporcionar mais disposição, motivação e ânimo ao ambiente de trabalho e estimular a produtividade.

---

[3] BOTICÁRIO. Boticário. Disponível em:
<http://www.boticario.com.br/1046/institucional/sustentabilidade/Paginas/colaboradores.aspx>.

Ao conceder alimentação para o colaborador, a organização consegue vantagens tanto para si quanto para o aquele, como, por exemplo: aumento da capacidade física, qualidade de vida e melhoria de condições nutricionais para o colaborador, entre outras.

Campanhas educativas, na organização, com temas relacionados à saúde e bem-estar do trabalhador são mecanismos que estimulam a alimentação saudável. Também podem ser elaborados, adaptados e/ou divulgados cardápios e receitas saudáveis e nutritivas, a fim de criar um estímulo para que os colaboradores façam as receitas em casa, compartilhando assim o benefício da alimentação saudável com seus familiares.

Uma outra forma de estímulo que pode incitar o hábito da alimentação saudável é a realização de exames nos colaboradores, para detectar eventuais problemas de saúde ou mesmo doenças relacionadas com a alimentação, como pressão alta, diabetes, colesterol e obesidade, entre outras, fazendo com que eles mesmos modifiquem seus hábitos.

7.2.2.2 - Legislação de incentivo à alimentação na organização

A **Lei nº 6.321, de 14 de abril de 1976** faculta às pessoas jurídicas a dedução das despesas com a alimentação dos próprios trabalhadores em até 4% do Imposto de Renda (IR) devido e está regulamentado pelo Decreto nº 05, de 14 de janeiro de 1991, e pela Portaria nº 03, de 1º de março de 2002.

Organizações que oferecem programa de alimentação e cesta básica como benefícios aos empregados

Organização	Programa Alimentação
VAMTEC[4]: Fundado na década de 1980, a Vamtec atua no desenvolvimento, na produção e na comercialização de materiais e serviços para siderurgia, metalurgia, vidros e fundições, além de contar com frota especializada em transporte pressurizado e a granel.	**Cesta Básica** Todos os funcionários da VAMTEC recebem, mensalmente, uma cesta básica, entregue em domicílio, composta pelos principais alimentos que compõem as refeições diárias, bem como produtos de higiene e limpeza. A cesta oferece qualidade na alimentação dos funcionários e seus familiares. **Programa Alimentação** A empresa possui refeitório interno, que oferece alimentação balanceada nos horários de café da manhã, almoço, jantar e lanche noturno. As refeições são avaliadas considerando eficientes padrões de higiene, qualidade e conforto.

---

[4] BENEFÍCIOS aos empregados. **Vamtec.** Disponível em: <http://vamtecsa.com.br/beneficios-aos-empregados/>.

CARGILL[5] A Cargill produz e comercializa internacionalmente produtos e serviços alimentícios, agrícolas, financeiros e industriais. Sua sede fica em Mineápolis (MN), nos Estados Unidos, e a empresa atua em 65 países, nos cinco continentes, em que se distribuem seus 142 mil funcionários.	**Restaurante/Vale-refeição** A Cargill mantém restaurantes internos em algumas de suas unidades, que oferecem aos funcionários uma alimentação saudável e balanceada. Nos locais onde não há restaurante da empresa, é concedido vale-refeição.
ELETROBRÁS[6] Maior companhia do setor de energia elétrica da América Latina, a Eletrobrás é uma empresa de capital aberto, controlada pelo governo brasileiro, que atua nas áreas de geração, transmissão e distribuição de energia elétrica. Com foco em rentabilidade, competitividade, integração e sustentabilidade, a companhia lidera um sistema composto de 12 subsidiárias, uma empresa de participações (Eletrobrás Eletropar), um centro de pesquisas (Eletrobrás Cepel) e metade do capital de Itaipu Binacional.	A empresa disponibiliza um auxílio-alimentação para todos os empregados, como forma de pagamento de refeições (vale-refeição) e/ou para aquisição de gêneros alimentícios (vale-alimentação), via cartão magnético.

Divulgando na internet...

Benefícios fazem toda diferença nas 150 melhores empresas[7]

Tatiana Sendin, da VOCÊ S/A

São Paulo – Dizem por aí que o dinheiro não traz felicidade nem é fator determinante para um profissional decidir entre ficar e mudar de emprego. Por outro lado, os benefícios que vão além do contra cheque [sic], como a licença-maternidade de seis meses e o horário flexível de trabalho, parecem ter um efeito oposto.

Segundo um estudo realizado pelo instituto de Ensino e Pesquisa Insper, em conjunto com a Hays, consultoria especializada em remuneração e benefícios, apenas 20% dos candidatos estão interessados no valor do salário. Para 90% deles são os recursos não financeiros que os mantêm na companhia ou os fazem considerar uma nova proposta.

Se depender disso, os empregados das 150 Melhores Empresas para Você Trabalhar não têm motivo para pedir demissão. Isso porque, em compara ção com

---

[5] REMUNERAÇÃO e Benefícios. Carreiras. **Cargill.** Disponível em:
<http://www.cargill.com.br/pt/index.jsp>.
[6] BENEFÍCIOS. Seleção de Pessoal. **Eletrobras.** Disponível em:
http://www.eletrobras.com/ELB/data/Pages/LUMIS79911B15PTBRIE.htm.
[7] SENDIN, Tatiana. **Benefícios fazem toda diferença nas 150 melhores empresas.** Revista S/A Você. Disponível em:
http://exame.abril.com.br/revista-voce-sa/edicoes/18402/noticias/um-pedaco-do-paraiso

o mercado, as melhores proporcionam benfeitorias muito acima da média. Quer exemplos? Das 700 companhias analisadas pelo Insper, 90% oferecem plano de saúde aos funcionários.

Nas melhores, essa porcentagem sobe para 95%. Elas ganham do mercado também no quesito assistência odontológica — 83% delas concedem esse benefício versus 80% das listadas na pesquisa do Insper/Hays. Quando o assunto é previdência privada, as melhores para trabalhar dão de lavada.
Hoje, mais de 67% delas mantêm um plano para seus funcionários. Nas companhias analisadas pelo Insper/Hays, apenas 52% fazem essa oferta. Em algumas empresas listadas no Guia, os benefícios são tantos que o pessoal até se esquece de todos. É o caso da Eternit, fabricante de caixas-d'água e telhas, onde o time contabiliza 30 itens no pacote — ou 38, se forem considerados os brindes e as festinhas regulares.

Não é à toa que os funcionários das Melhores Empresas para Você Trabalhar deram nota 88,0 à afirmativa "a companhia atende adequadamente minhas necessidades de saúde e outros benefícios". Além do padrão, mais do que benefícios tangíveis ou de prateleira, as empresas listadas neste Guia se destacam por oferecer práticas que vêm garantindo a seus funcionários um trabalho com mais qualidade de vida.

São ações que não entram no pacote de remuneração, mas que podem valer muito mais do que dinheiro. Cerca de 30% delas, por exemplo, permitem que seus empregados trabalhem remotamente — prática que apenas 23% das empresas oferecem, segundo a pesquisa Insper/Hays.

Na Philips, por exemplo, até os estagiários têm direito a trabalhar um dia da semana em casa. Horário flexível também está virando uma regra no mundo das melhores. Atualmente, mais da metade delas já trabalha com esse conceito, o que evidencia uma relação de confiança cada vez maior entre empresa e empregado.

Em algumas, a liberdade de horário significa apenas escolher entre entrar mais tarde e sair mais cedo, compensando as primeiras horas do expediente. Mas, em outras, o livre arbítrio de horário é total. Outra prática que começou na indústria farmacêutica e hoje já se estende a outros setores é a de encurtar as sextas-feiras.

Na consultoria Accenture, durante o verão, o último dia útil da semana termina às 12h30. Na Monsanto, o funcionário pode encerrar o expediente às 15 horas toda sexta-feira, desde que trabalhe um pouquinho mais nos outros dias da semana. Esse grupo de empresas também sai na frente no zelo pelos profissionais que se tornam mãe e pai.

Um terço delas já oferece licença-maternidade de seis meses para suas funcionárias (dois a mais do permitido por lei). E os pais estão ganhando espaço nessa política também.
No Google, por exemplo, o novo pai pode ficar em casa um mês, recebendo o salário-base integralmente. Na Accenture, os empregados têm a opção de trabalhar meio período no escritório e meio em casa até o filho completar um mês de vida. E na TenarisConfab, eles podem trabalhar um dia da semana em casa até o filho completar dois anos.

Ficou com vontade de trabalhar em alguma dessas empresas? Antes de preparar seu currículo, veja abaixo outros tantos benefícios que as 150 oferecem e que fogem totalmente ao padrão do mercado. É de brilhar os olhos – e encher os bolsos.

- Para o empregado que acabou de ter filho, o Google dá uma verba de 900 reais para gastar com a alimentação, seja para pedir comida em casa, seja para contratar uma cozinheira. O Laboratório Sabin também auxilia com um salário-mínimo para ajudar nas despesas extras desse período.
- A Philips dá tratamento especializado para inseminação artificial as suas funcionárias. A companhia também estende o atendimento psicológico e psiquiátrico à família, inclusive às crianças.
- Algumas companhias, como Magazine Luiza, Basf, Accenture, Cielo e DuPont, apresentam benefícios para parceiros do mesmo sexo. Na Eurofarma e na Unilever, casais homossexuais conseguiram até licença-maternidade de seis meses após adotar uma criança.
- Quase 40% das 150 melhores empresas oferecem ajuda para o estudo de idiomas. A Accenture vai além: subsidia até as aulas de mandarim.
- Uma prática ainda rara no mercado já é adotada por algumas das melhores empresas. Trata-se do benefício flexível, que permite ao funcionário compor sua própria cesta de benefícios, de acordo com a verba que recebe da companhia. Já

> seguem esse modelo empresas como Selbetti, DuPont, Marelli e Sap Labs.
> - Uma vez por semana, os funcionários da Ourofino saem com a feira pronta. É que a empresa doa a cada um deles 10 quilos de frutas, verduras e legumes provenientes da fazenda da própria companhia e do Ceasa. É o chamado kit horta.

7.2.2.3 - Benefícios como período para amamentação

A legislação brasileira prevê um período de amamentação. Até que o filho complete seis meses, toda mulher terá direito a dois descansos, de meia hora cada um, para amamentar. Toda organização que tiver mais de trinta mulheres com idade superior a 16 anos deverá ter um local apropriado para a funcionária deixar seus filhos nesse período, para poder amamentá-los.

7.2.2.4 - Creche berçário e/ou babá

A legislação trabalhista, por meio das Consolidações das Leis Trabalhistas – CLT, prevê que estabelecimentos com pelo menos 30 mulheres com mais de 16 anos deverá ter local apropriado "para guardar sob vigilância e assistência" os filhos de funcionárias no período de amamentação. A exigência pode ser suprida por meio de creches distritais mantidas, diretamente ou mediante convênios, com outras entidades públicas ou privadas, em regime comunitário, ou a cargo do Sesi, do Sesc ou de entidades sindicais.

> Decreto-Lei n° 5.452, de 1° de maio de 1943. Aprova a Consolidação das Leis do Trabalho.
> [...]
> Art. 389 - Toda empresa é obrigada:
> [...]
> § 1° - Os estabelecimentos em que trabalharem pelo menos 30 (trinta) mulheres com mais de 16 (dezesseis) anos de idade terão local apropriado onde seja permitido às empregadas guardar sob vigilância e assistência os seus filhos no período da amamentação. (Incluído pelo Decreto-lei n° 229, de 28.2.1967.)
>
> § 2° - A exigência do § 1° poderá ser suprida por meio de creches distritais mantidas, diretamente ou mediante convênios, com outras entidades públicas ou privadas, pelas próprias empresas, em regime comunitário, ou

a cargo do SESI, do SESC, da LBA ou de entidades sindicais. (Incluído pelo Decreto-lei n° 229, de 28.2.1967.)

Art. 396 - Para amamentar o próprio filho, até que este complete 6 (seis) meses de idade, a mulher terá direito, durante a jornada de trabalho, a 2 (dois) descansos especiais, de meia hora cada um.

Art. 399 - O Ministro do Trabalho, Industria e Comercio conferirá diploma de benemerência aos empregadores que se distinguirem pela organização e manutenção de creches e de instituições de proteção aos menores em idade pré-escolar, desde que tais serviços se recomendem por sua generosidade e pela eficiência das respectivas instalações.

Art. 400 - Os locais destinados à guarda dos filhos das operárias durante o período da amamentação deverão possuir, no mínimo, um berçário, uma saleta de amamentação, uma cozinha dietética e uma instalação sanitária.

As organizações, com o intuito de reter seus talentos, oferecem benefícios diversos, entre eles alguns direcionados para a família do colaborador, como:

Organização	Benefícios oferecidos
American Express	Programa Bebês Saudáveis – conecta suas funcionárias grávidas com uma enfermeira, para dar suporte a gestações de risco ou a necessidades de cuidados especiais com os bebês. Até US$ 20.000 em cobertura para tratamentos relacionados também estão disponíveis. Em caso de adoção de crianças, US$ 10.000 em ajuda de custo são oferecidos, além de uma assessoria jurídica gratuita. Os funcionários recebem 20 dias de cuidados de saúde subsidiados para cuidar dos seus filhos ainda crianças, por ano, número que pode chegar a 40 dias, em caso de pais de bebês de até seis meses.
Grupo Chrysler	As mulheres que trabalham no Grupo Chrysler podem participar como embaixadoras no Fórum de Mulheres interno da empresa, para tirar dúvidas das demais e defender seus diretos, durante processos de seleção ou acordos sindicais. A montadora conta com um Conselho de Diversidade, que ajuda a debater questões importantes para todos os tipos de funcionários. Novas mamães podem passar até 18 semanas em casa com seus filhos (com 6 semanas totalmente pagas pela empresa). Outros recursos para economizar tempo incluem uma clínica de saúde na sede e centros de fitness em 60% dos locais. Horários flexíveis são disponíveis não só para as executivas mães, mas para todos.
Diageo Norte Americana	Na sede da companhia, em Norwalk, Estados Unidos, as funcionárias mães contam com quartos exclusivos para amamentação, com direito a pias, geladeiras, telefones e cadeiras confortáveis. E a Diageo sabe que poucas coisas deixam os pais mais chateados do que perder o jogo ou a apresentação musical dos filhos pequenos nas escolas. Por isso, dá a eles oito horas de licença mensal (40 horas por ano) para poderem acompanhar as atividades escolares e outros momentos memoráveis dos pequenos. Quando estão no ensino médio, os filhos de funcionários contam com um programa de coaching gratuito, para ter mais embasamento na escolha da carreira que querem seguir. Aulas de salsa e boxe são algumas das encontradas na sede da empresa, não só para as executivas mães, mas para todos os funcionários.

Fonte: VAZ, Tatiana de. Empresas que são como mães para as mulheres com filhos. Carreira. Exame.com. Disponível em: <http://exame.abril.com.br/carreira/noticias/30-empresas-que-sao-como-maes-para-as-mulheres-com-filhos/lista>

Divulgado na internet...

O que as mulheres brasileiras valorizam nas empresas e no mercado de trabalho? [7]

Entrevistadas apontam benefícios mais valorizados e indicam o que deve ser feito para a retenção de talentos.

Quais as políticas de trabalho e benefícios que fazem de uma empresa o lugar ideal para se trabalhar na opinião das mulheres? Esse foi o tema de uma pesquisa da Sophia Mind, empresa de inteligência de mercado do grupo Bolsa de Mulher, realizada em setembro desse ano com 465 entrevistadas, entre 25 e 50 anos e nível superior completo, funcionárias do setor público ou privado de todo o Brasil.

Para elas, a empresa ideal não é a que paga o melhor salário apenas. Ela deve respeitar a qualidade de vida de suas funcionárias, já que ser empregada de uma empresa é apenas um dos muitos papéis que a mulher contemporânea desempenha no seu dia a dia. Oitenta e quatro por cento das entrevistadas disseram que as atividades profissionais não anulam as domésticas. Quando questionadas sobre os critérios para escolher uma empresa para trabalhar, elas atribuem um peso maior às oportunidades de crescimento e à valorização da carreira do que às vantagens financeiras. Já quando se trata de benefícios oferecidos, 63% delas citaram o aconselhamento de carreira como o principal fator de retenção em uma empresa. Os demais benefícios têm pesos diferentes, de acordo com o momento pessoal de cada uma.

Plano definido de cargos e salários (59%), stock options (50%) e prioridade no recrutamento interno (47%) têm peso maior para reter mulheres sem filhos, enquanto sala de aleitamento (54%), berçário (50%), programas sociais e ambientais (49%) e a possibilidade de trabalhar em casa (41%) agradam mais àquelas que são mães. Em relação à nota que atribuem ao quadro de benefícios oferecidos pelas empresas em que trabalham hoje, em uma escala de um a dez, a média foi 5,3. Apenas 7% delas deram notas nove ou dez a suas empresas, enquanto 10% deram nota zero ou um.

---

[7] O QUE as mulheres valorizam nas empresas e no mercado de trabalho? Pesquisa trabalho. Mercado de trabalho. **Sohia Mind.** Disponível em:
<http://www.sophiamind.com/pesquisas/entrevistadas-apontam-beneficios-mais-valorizados-e-indicam-o-que-deve-ser-feito-para-a-retencao-de-talentos/>.

> Foi observado também um desencontro sobre alguns benefícios que as mulheres gostariam de ter e o que as empresas onde atuam oferecem. Noventa e três por cento delas gostariam de ter bolsa de estudos, mas apenas 22% das entrevistadas possuem o benefício; 86% delas gostariam de ter um horário de trabalho flexível, mas apenas 37% podem usufruir disso; 75% delas gostariam de ter auxílio-educação para os filhos, mas apenas 11% das entrevistadas o têm; e 72% valorizam programas de prevenção a doenças, e eles só ocorrem para 38% das mulheres pesquisadas.
>
> Sessenta e nove por cento das mulheres disseram ainda que não possuem preferência por chefes homens ou mulheres, apesar de observarem diferenças na gestão entre os gêneros. De uma forma geral, elas avaliam que as mulheres são mais sensíveis, melhores nas relações pessoais e priorizam o trabalho em equipe. Sessenta e seis por cento delas também acreditam que se uma mulher ocupasse o maior cargo da empresa onde trabalham, ela brigaria mais pela qualidade de vida, benefícios e direitos das funcionárias.

7.2.3 - Políticas de gestão de conhecimento

O fator treinamento

Observe trechos da música "Diariamente", composta por Nando Reis e interpretada por Marisa Monte[8]:

Para viagem longa: jato;
Para difíceis contas: calculadora;
Para lápis ter ponta: apontador;
Para ferver uma sopa: graus;
Para limpar a lousa: apagador;
Para uma voz muito rouca: hortelã;
Para trancar a porta: cadeado;
Para parecer mais nova: Avon;
Para os dias de folga: namorado.

E para um colaborador ter conhecimento? Como você completaria a frase? Com cursos, treinamentos, capacitações?

---

[8] REIS, Nando. Diariamente. Marisa Monte. Disponível em:
<http://www.marisamonte.com.br/pt/musica/mais/letra/diariamente>.

Então, como um vendedor pode ser bom se não entende o mercado? Se não compreende os motivos pelos quais as pessoas compram? Se não se mantém atualizado? Se desconhece as tendências do seu setor?

Ter e manter, por exemplo, um vendedor desatualizado sem direcionamento para técnicas atualizadas de vendas é pedir para criar a cultura do "empurrômetro" na organização, em que o vendedor tenta, a qualquer custo – por vezes utilizando-se de argumentações não verdadeiras –, empurrar o produto ou o serviço para o cliente. Investir em colaboradores é investir na organização. Desde que a preocupação com a retenção de talentos exista.

Organizações devem sempre preocupar-se em educar, treinar e capacitar os seus colaboradores, pois isso trará bons resultados, proporcionando evolução e progresso para ambos.

Para conseguir bons resultados, a organização deve identificar as reais necessidades de desenvolvimento dos colaboradores, para elaborar políticas de desenvolvimento de educação, de treinamento e de capacitação de acordo com a necessidade, a cultura e as atividades por eles desenvolvidas na organização.

A capacitação não precisa ser necessariamente fora do ambiente de trabalho, podendo ser repassada pelos gestores. Esse tipo de capacitação é umas das atividades mais importantes para o crescimento da organização. Uma das ferramentas utilizadas pelas organizações é o Coaching e/ou Mentoring, que, por meio de técnicas e recursos de diversas áreas do conhecimento, poderá desenvolver e implementar o planejamento estratégico e alinhar estes aos objetivos organizacionais, aos talentos em início de carreira ou mesmo aos que precisam de reciclagem.

Algumas práticas de educação, treinamentos, capacitação e desenvolvimento já são parte das rotinas de organizações que fazem a diferença para os seus colaboradores, como:

- estímulo para que o colaborador conclua a educação formal (alfabetização de adultos, ensinos fundamental, médio e superior);
- oferecimento de bolsa de estudos para realização de cursos profissionalizantes, de idiomas, de graduação, de pós-graduação, de mestrado e de doutorado;

- incentivo para os colaboradores aperfeiçoarem seus conhecimentos por meio de viagens para estudos em outras cidades ou países.

Organizações que desejam treinar, capacitar e desenvolver seus colaboradores baseadas em seu negócio criam suas próprias universidades corporativas, que têm como objetivo alinhar a educação às estratégias corporativas.

7.2.3.1 - Educação corporativa

De acordo com Eboli (2008), educação corporativa é considerada como um sistema de formação pautado por uma gestão de pessoas com base em competências, devendo instalar e desenvolver nos colaborados (internos e externos) as competências consideradas críticas para a viabilização das estratégias de negócio, promovendo um processo de aprendizagem ativo vinculado aos propósitos, valores, objetivos e metas empresariais.

A educação corporativa também é considerada uma estratégia competitiva, pois desenvolve o seu colaborador a partir da missão, da visão e dos objetivos estratégicos da organização.

A educação corporativa consolidou-se a partir do ano de 1990, no Brasil, sendo adotadas por várias organizações, que as denominaram de "universidades corporativas".

Na organização, a área para treinamento, capacitação e desenvolvimento está vinculado à área de gestão de pessoas. O objetivo dessa área é estimular a aprendizagem organizacional, priorizando o desenvolvimento dos profissionais de acordo com o seu negócio para o crescimento da organização.

A companhia de bebidas Ambev criou a universidade corporativa em 1995. Objetivo: desenvolver as competências dos colaboradores. Em 2010, a empresa promoveu o treinamento de mais de 40 mil pessoas. Foram 74 programas, 712 cursos e mais de 38 mil horas de treinamento em módulos presenciais e on-line. Em 2012, ganhou o Prêmio Destaque Agência Estado Empresas e foi a campeã do setor de bebidas e fumo do anuário "As Melhores da Dinheiro 2012", da revista IstoÉ Dinheiro.

UNIVERSIDADE AMBEV[9]

Investimos em iniciativas que permitam o desenvolvimento e a formação de nossos colaboradores, e a Universidade Ambev é uma de nossas principais ações nessa área.

Criada em 1995, inicialmente como Universidade Brahma, a Universidade Ambev engloba todas as nossas unidades e níveis hierárquicos da companhia, promovendo a troca de experiências entre as equipes.

Só em 2013, a Universidade Ambev recebeu R$ 32,2 milhões de investimentos, ofereceu 64 programas e 1008 cursos em módulos presenciais e on-line.
ALINHADA AO MODELO DA ABI UNIVERSITY (ABIU), A UA OFERECE CURSOS EM DUAS FRENTES:

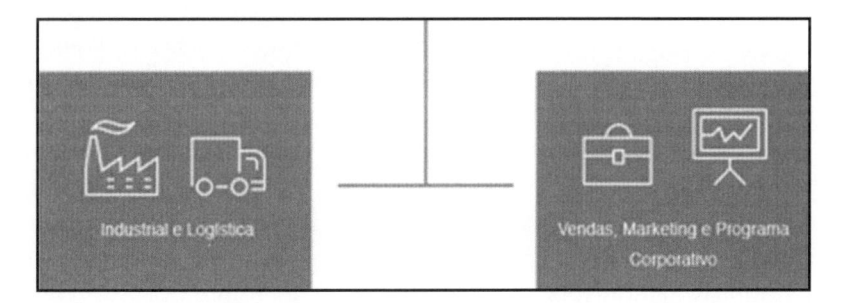

Industrial e Logística	Vendas, Marketing e Programa Corporativo

---

[9] NOSSA GENTE. **Ambev.** Disponível em:
<http://www.ambev.com.br/nossa-gente/universidade-ambev-2>.

O CONTEÚDO DO PROGRAMA UNIVERSIDADE AMBEV É DIVIDO EM CINCO EIXOS TEMÁTICOS:

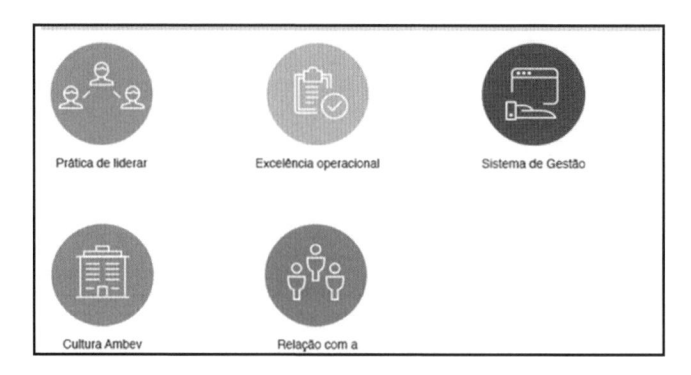

- Prática de liderar
- Excelência operacional
- Sistema de Gestão
- Cultura Ambev
- Relação com a

Cada eixo temático conta com programas que estimulam o crescimento profissional em duas direções: a transição de funções e cargos (crescimento vertical) e a evolução dentro da própria função (crescimento horizontal)

As universidades corporativas dividem seus treinamentos, capacitação e desenvolvimento a partir de programas de educação corporativa, dependendo do assunto e das necessidades das áreas. São elaborados programas que desenvolvem cursos e palestras internas, que contratam cursos e treinamentos disponíveis no mercado e/ou concedem bolsas de estudo, como:

- **Programa cursos de internos** – São elaborados cursos, palestras e workshops que são desenvolvidos, executados, coordenados e disponibilizados, por exemplo, pelos colaboradores da área de gestão de pessoas da organização.
- **Programa *in company*** (contratados no mercado) – São contratados cursos, palestras, workshops de instituições externas, com turmas abertas ou fechadas, a serem desenvolvidas para profissionais específicos.
- **Programa de concessão de bolsas de estudos** – Tem o objetivo de desenvolver a competência profissional do empregado, por meio de concessão de bolsas de estudo de cursos de graduação, pós-graduação lato sensu e stricto sensu, para contribuir para a obtenção de resultados sustentáveis, alinhados com a estratégia corporativa.
- **Programa de bolsas de estudo de idiomas** – São disponibilizadas bolsas de estudos para desenvolvimento e/ou aprimoramento de idiomas estrangeiros.
- **Programa de incentivo ao alfabetismo** – Organizações desenvolvem programas de incentivo contra o analfabetismo. Para

isso, contratam professores ou incentivam os colaboradores a frequentarem escolas de jovens adultos. A organização Tecnisa, por exemplo, dispõe de um programa próprio priorizando a educação nos canteiros de obras. Esse programa, além de alfabetizar, qualifica e capacita os colaboradores na prevenção de acidentes de trabalho.

Responsabilidade Social da empresa TECNISA[10]

Para nós da TECNISA, a Responsabilidade Social Empresarial vem motivada pelas carências muito evidentes no segmento da construção civil e por nossa intenção em minimizar o impacto e riscos provenientes de nossas operações. Sendo assim, assumimos a preocupação em alinhar nossas práticas e propósitos em prol de um desenvolvimento sustentável.

Esse é um momento no qual, mais do que nunca, deixamos de encarar nossas ações socioambientais como obrigações e passamos a olhá-las como componentes fundamentais de nossa estratégia. Hoje, acreditamos que o cumprimento de nossos compromissos responsáveis não só expressam, como difundem e enraízam, os valores e objetivos de nossa empresa, capazes de transformar toda uma realidade ao seu entorno.

Dessa forma, sempre munidos de nossas fortes crenças e valores, criamos um sólido programa de Responsabilidade Social que busca contribuir para uma sociedade mais saudável, gerando valor compartilhado para todas as partes. Hoje optamos por trabalhar questões de base, que ainda se mostram bastante críticas na realidade brasileira.

Programas Próprios
Ler e Construir

Sabemos que no Brasil nem todos têm as mesmas oportunidades. Ainda hoje contamos com um grande grupo de pessoas que não tiveram acesso à educação e, com isso, acabam se encontrando em uma difícil situação de exclusão social.

Tomando consciência desse cenário e observando que essa também é uma das grandes mazelas do segmento da construção civil, passamos a buscar oportunidades para reverter essa situação!

Nosso programa de alfabetização de adultos – conhecido como Ler e Construir – foi desenvolvido e lançado em 2002, formando alunos nos ciclos

---

[10]LER e construir. Responsabilidade Social. Programas Próprios. **Tecnisa.** Disponível em: <http://www.tecnisa.com.br/responsabilidade-social>.

Fundamental I e II. Quatro vezes por semana, após o expediente, os operários participam de duas horas de atividades de alfabetização e educação básica. Durante oito meses as aulas são ministradas por professores, através de parcerias com Advento e Alfasol, em salas instaladas nos próprias obras.

Resultado do Projeto Ler e Construir desde 2002
- Obras atendidas 61
- Alunos formados 532

Organizações que implantaram universidades corporativas no Brasil com o objetivo de investir na gestão do conhecimento e melhorar o nível de conhecimento de seus colaboradores.

Abn-Amro Bank	Accor	Ambev	Amil	Banco Central
Banco do Brasil	Bank Boston	Bosch	Brasil Telecom	Carrefour
CEF	Citibank	Coca-cola	Correios	Credicard
Embraer	Embratel	Fiat	Ford	Gessy Lever
Globo	General Motors	Grupo Martins	Habib's	HSBC
IBM	INSS	Itaú	Losango	Mcdonald's
Monsanto	Motorola	Natura	Nestlé	Pão de Açúcar
Petrobrás	Renner	Rhodia	Santander	Siemens
Souza Cruz	TAM	Telemar	Tigre	Vale
Visa	Volkswagen	Xerox		

Divulgado na internet...

Universidade Corporativa possibilita crescimento dos talentos[11]

Patrícia Bispo

A busca pelo desenvolvimento dos profissionais tornou-se uma prioridade para as organizações que desejam acompanhar não somente as tendências do mercado, mas também oferecer um atrativo que encante o colaborador e o faça compreender que vale à pena [sic] fazer parte daquele time. Nesse sentido, as empresas vão ao encontro das mais variadas ferramentas para que os colaboradores não fiquem estáticos, permaneçam longe da zona de conforto e sempre

---

[11]BISPO, Patrícia. **Universidade Corporativa possibilita crescimento dos talentos.** RH. Desenvolvimento. RH.COM.BR. Disponível em:
<http://www.rh.com.br/Portal/Desenvolvimento/Materia/9564/universidade-corporativa-possibilita-crescimento-dos-talentos.html>.

estejam no caminho que os levem ao desenvolvimento ou ao aprimoramento de competências, sejam essas técnicas ou comportamentais.

Na Sankhya – empresa que oferece sistemas de gestão empresarial e que está presente em dez estados brasileiros, além do Distrito Federal, o crescimento contínuo dos talentos internos encontra-se centralizado desde 2004 na Universidade Corporativa Sankhya – uma área de desenvolvimento e formação técnica, criada em 2004, com a motivação de ser um meio de capacitação e formação de colaboradores e clientes-usuários dos sistemas desenvolvidos pela empresa.

De acordo com Patrícia Lara Souza, gerente de Recursos Humanos, a proposta da Universidade Corporativa (UC) é compartilhar o conhecimento, por meio do ensinamento dos fundamentos da administração, como ponto de equilíbrio, fluxo de caixa, ciclo operacional e financeiro. Inclusive a UC possibilita que o usuário conheça a fundo os recursos e as facilidades das soluções da corporação. "Com uma senha de acesso é possível consultar conteúdos e utilizar as funcionalidades das soluções em gestão, ao máximo. Os alunos contam com uma sala de treinamento na própria empresa onde podem assistir às aulas *on-line* e fazer os exercícios, com monitores que os auxiliam a todo o momento. As aulas também podem ser feitas via Ensino à Distância" [sic], esclarece a executiva.

Além disso, complementa a gerente de RH, a Universidade Corporativa conta com uma equipe de consultores especializados em várias áreas que compõem os processos de uma empresa e, consequentemente, de um sistema de gestão, com ênfase em aplicação prática utilizando metodologia de acompanhamento e certificação dos alunos. São disponibilizados treinamentos introdutórios para usuários do ERP Sankhya até a formação de executivos.

Retrospectiva – Desde a sua criação, a UC Sankhya possui parcerias com universidades para utilização do conhecimento interno. Atualmente, algumas instituições de ensino superior utilizam a solução gerencial da própria Sankhya como recurso de ensino nas disciplinas relacionadas à Gestão da Informação, nos cursos de Administração de Empresas, Contabilidade e Sistemas de Informação. Essa parceria tem permitido a aplicabilidade do conhecimento tácito da academia. Por outro lado, os alunos conseguem visualizar na prática os conceitos da administração em uma solução gerencial que permite às empresas o crescimento e a evolução de seus negócios, gerando rentabilidade.

"Com essas parcerias diminuímos a distância e fortalecemos os laços das instituições de ensino superior e o mercado de trabalho. Inclusive, os melhores alunos podem ser chamados para fazer parte de nossa empresa ou de nossos clientes", complementa Patrícia Lara Souza, ao citar que a UC possui uma gerência direta, desvinculada da gestão de Recursos Humanos da empresa. Contudo, suas práticas estão totalmente vinculadas às políticas de desenvolvimento e treinamento da área de RH. Todo novo colaborador contratado logo no início de sua admissão é matriculado na Universidade Corporativa para formação e certificação", enfatiza a gerente de Recursos Humanos.

Dificuldades Iniciais – Ao ser indagada sobre as dificuldades iniciais que a empresa enfrentou para implantar a UC, Patrícia Lara Souza comenta que a maior delas foi a de conscientizar os clientes e os colaboradores sobre a importância dos treinamentos oferecidos pela Universidade Corporativa. Por outro lado, ela reforça que, apesar de consumir tempo dos envolvidos nos cursos, a participação das pessoas sempre fará toda a diferença no sucesso dos projetos, pois a UC ensina não só como utilizar ao máximo as funcionalidades do sistema da empresa, mas também demonstra como aplicar na prática os conceitos da administração.

Público-alvo – A UC possui três públicos diferenciados: os colaboradores, os clientes da empresa e os jovens que tenham interesse em fazer parte do Projeto Social Sankhya, para formação e capacitação de novos talentos que ingressam no mercado de trabalho. Para isso, a empresa disponibiliza, sem custo algum para os jovens interessados, toda a nossa base de estudos EAD. "Em nossa sede, contamos com uma sala de treinamento preparada para recebê-los com equipamentos e tutores que acompanham o desenvolvimento e a certificação dos alunos. Ressaltamos que, além de melhorar a empregabilidade desses jovens, os que se destacam no aprendizado, eles têm a oportunidade de fazer parte de nosso quadro funcional ou, ainda, serem encaminhados para nossos clientes", cita a gerente de RH, ao lembrar que a participação dos colaboradores nos cursos e nos treinamentos oferecidos pela UC também influencia diretamente a ascensão interna profissional.

Patrícia Lara Souza diz, ainda, que o plano de carreira de todos os cargos existentes na Sankhya foi mapeado com uma grade de formação na UC. Este trabalho de mapeamento, por sua vez, permite que o próprio colaborador norteie a sua formação conforme o seu desejo de crescimento no cargo em que está ou em outras áreas que o mesmo queira atuar no seu futuro profissional. "Na prática todo colaborador já tem seu plano de formação desenhado em sua admissão na empresa. Após a sua formação básica, todo líder deve acompanhar e incentivar que sua equipe continue a sua formação no conhecimento do negócio da empresa", reforça.

Conteúdo da UC – A Universidade Corporativa Sankhya tem formação de caráter técnico baseado no negócio da empresa. Dessa forma, os treinamentos comportamentais são conduzidos pela área de Recursos Humanos, que promove um levantamento da necessidade dos mesmos [sic]. A formação EAD da empresa conta com alguns treinamentos comportamentais direcionados para a introdução à filosofia Sankhya e para a transferência de valores organizacionais que irão nortear o comportamento dos colaboradores, no início de suas atividades.

Vale destacar que a UC possui em sua base de formação EAD mais de 690 cursos, totalizando mais de 7000 horas em videoaula. No quadro de colaboradores da Universidade Corporativa, a organização conta com desenvolvedores de conteúdo e videoaulas que são disponibilizadas aos alunos para formação. Outro detalhe importante: todos os conteúdos são frequentemente revisados e atualizados conforme as atualizações das soluções gerenciais.

Benefícios – Ao ser questionada sobre os benefícios gerados pela UC até o momento, Patrícia Lara Souza responde que são diversos. Ela destaca que dentre esses, podem ser mencionados: colaboradores capacitados e mais preparados para atender aos clientes; maior aderência do profissional à sua atividade final; maior satisfação dos clientes externos; e melhoria constante nos processos. "Mas o melhor e maior dos benefícios é a percepção de nosso colaborador sobre o investimento em formação realizado pela empresa. A Sankhya está entre as Melhores Empresas para Trabalhar desde 2009, segundo apontam as pesquisas do Great Place to Wok, e um dos critérios que nossos colaboradores valorizam é a oportunidade de treinamento e desenvolvimento que a empresa proporciona" comemora a gerente de Recursos Humanos.

Em sua visão de gestora de pessoas, Patrícia Lara Souza enfatiza, ainda, que toda organização tem três grandes desafios no mundo corporativo: atrair, reter e desenvolver pessoas. "Podemos dizer que a Universidade Corporativa é uma forma de enfrentar esse desafio de forma consciente, promovendo o conhecimento e o crescimento de nossos colaboradores. Entendemos que pessoas capacitadas e envolvidas possuem uma percepção de valorização. Aqui na Sankhya o valor humano é prioridade. Acreditamos que as pessoas são vistas como competência básica de uma empresa, por isso desenvolvemos nossos líderes para se tornarem multiplicadores e incentivar a transferência do conhecimento em todos os membros de suas equipes", finaliza.

A ISO 10015 normatizou diretrizes para treinamento, enfatizando a importância deste para a melhoria contínua da organização.

Aplicação da Norma ISO 10015[12]

Kelly Marques

O que é?
A Norma ISO 10015 – Diretrizes para treinamento, pode ser aplicada sempre que uma orientação for necessária para interpretar referências à "educação" e ao "treinamento" nas normas das famílias NBR ISO 9000 e 14000 e em outras normas de gestão.

Objetivos
Aumentar a produtividade, as vendas, o lucro, o retorno do investimento.
Reduzir custos, desperdícios, acidentes, rotatividade do pessoal.
Melhorar continuamente a Gestão da Qualidade.

Função
A função desta Norma é fornecer diretrizes que possam auxiliar uma organização a identificar e analisar as necessidades de treinamento, projetar o treinamento, executar o treinamento, avaliar os resultados do treinamento, monitorar e melhorar o processo de treinamento, de modo a atingir seus objetivos
Esta Norma enfatiza a contribuição do treinamento para a melhoria contínua e tem como objetivo ajudar as organizações a tornar seu treinamento um investimento mais eficiente e eficaz.

Características essenciais
Vincula os investimentos em treinamento com o desempenho organizacional.
Exige que o treinamento tenha por base os princípios pedagógicos e os de aprendizagem organizacional.

Desafios e dificuldades
Em alguns momentos, a implementação da ISO 10015 poderá encontrar resistências, pois forçarão as pessoas a saírem da zona de conforto.

Vantagens

---

[12]MARQUES, Kelly. Aplicação da Norma ISO 10015. RH. Desenvolvimento. Roteiro. RH.COM.BR. Disponível em: <http://www.rh.com.br/Portal/Desenvolvimento/Roteiro/6328/aplicacao-da-norma-iso-10015.html>.

Oferece orientação centrada na tecnologia do treinamento e na aprendizagem organizacional.

Está desenhada especificamente para satisfazer as necessidades relacionadas com a qualidade do treinamento.

As empresas familiarizadas com os sistemas de gestão da qualidade ISO 9000 não terão dificuldade para entender e implementar a ISO 10015.

Utiliza o enfoque baseado em processos, o que é muito simples e prático.

As organizações que não implementaram a ISO 9001 também podem utilizar a ISO 10015 para aumentar a eficiência e a eficácia do RH.

Reflexões

- Você já foi cliente de uma loja onde você só gosta de ser atendido por uma pessoa? Por que essa preferência? Como são os outros vendedores? O que esse vendedor tem de diferente dos outros? Simpatia? Maneira de agir? Eficiência? Rapidez?
- E se todos da loja fossem treinados para lhe dar esse mesmo atendimento? A loja seria melhor ou pior para você? Você recomendaria essa loja aos seus amigos?

Dica de Filme:

Dica de Filme: "O discurso do rei"
Direção: Tom Hooper
Ano: 2010

Dados sobre o filme: O filme é baseado em história real da vida do Rei George VI da Inglaterra. Ele retrata a trajetória do Rei que sofria de uma gagueira incurável acompanhado de um temperamento nervoso e agressivo. Ele resolve se submeter a um tratamento não convencional para a época, a fim de conseguir superar seus medos, decorrentes de problemas de fala em relação a sua gagueira e adquirir confiança. Quando começou a perder o seu medo em falar, recebe um novo desafio, o de assumir a coroa, quando o seu irmão, após a morte do pai, resolve abdicar do trono para se casar com uma mulher divorciada. A partir daí ele vê a necessidade de fazer discursos em público.

Observe no filme: Caraterísticas de desenvolvimento de talentos, superação, persuasão e perseverança.

7.2.3.2 - Matriz de gestão de conhecimento

A matriz de gestão de conhecimento consiste em sistematizar a realização de treinamentos, capacitação e desenvolvimentos. É considerada uma ferramenta importante para a organização, por identificar se as necessidades de educação, treinamento,capacitação e desenvolvimento dos colaboradores estão alinhadas aos objetivos estratégicos da organização.

Ao adotar uma política de gestão de conhecimento, a organização deve elaborar uma matriz a fim de analisar todos os itens que a envolvem, resumidos em seis fases:
1. definição das necessidades de treinamento;
2. planejamento do treinamento;
3. execução do treinamento;
4. avaliação do treinamento;
5. absorção do conhecimento; e
6. implementação do conhecimento.

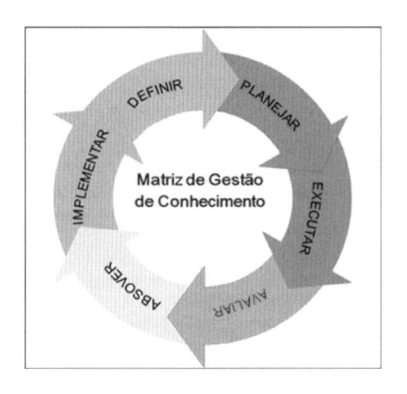

Vamos à prática...

Modelo de Matriz de capacitação, treinamento e desenvolvimento

Fases do processo de treinamento	Treinamento, capacitação e desenvolvimento	Objetivos	Assitente	Analista	Gerente
Definição das necessidades de treinamento	Levantamento das necessidades de treinamento, capacitação e desenvolvimento	Nivelar todos os empregados ao nivel de conhecimento.			
Planejamento de treinamento	Identificar os treinamentos a serem realizados no ano	Definir de forma clara o objetivo do treinamento. Definir os profissionais capacitados para o treinamento e suas necessidades (quantidade, disponibilidade, grau de conhecimento). Determinar o conteúdo do treinamento. Escolher o método, o local e a empresa para a realização do treinamento. Definir recursos financeiros e materiais para a execução do treinamento.			
Execução do treinamento	Treinamentos presenciais/quantidade de horas-aula	Adequar as necessidades da auditoria ao treinamento. Verificar a qualidade do conteúdo e material do treinamento. Examinar a cooperação das áreas gestoras do treinamento. Verificar a qualidade e preparo dos executores do treinamento. Verificar a preparação dos profissionais para serem treinadas.			
	Treinamentos a distancia – quantidade de horas-aula				
Avaliacao dos resultados	Análise da eficacia dos treinamentos, da capacitação e do desenvolvimento	Avaliar se o treinando produziu melhoria em seu trabalho. Acompanhar os treinandos a nível de melhoria na qualidade de produtividade relativa ao trabalho.			
	Verificação dos registros dos treinamentos realizados				
	Avaliação da satisfação dos treinamentos				

Gestão do Conhecimento	Verificação da entrega de certificados e slides e apostilas	Disseminar a cultura de gestão do conhecimento, possibilitando o processo da troca de informação e a aprendizagem organizacional.			
	Disseminação do conhecimento				

7.2.4 - Políticas de cargos, carreiras e salários

Entre os maiores erros ou equívocos das organizações que estão tentando reter talentos está a falta de percepção das necessidades de meritocracia dos seus colaboradores, seja por remuneração ou por crescimento profissional.

De acordo com a pesquisa da Catho[13], que faz parte do grupo SEEK, líder mundial em recrutamento on-line por valorização de mercado, 66,8% dos profissionais empregados e 62,3% dos desempregados valorizam o plano de carreira na hora de escolher uma vaga de emprego. O salário atrativo é o segundo item de maior valor para os empregados (62,5%). Já para os desempregados, fazer o que gosta (49,1%) é o segundo fator mais importante. A possibilidade de melhorar a qualidade de vida é o terceiro fator de maior relevância para ambos.

Também em relação a essa pesquisa, veja o que o profissional mais valoriza em uma proposta de emprego:

Empregado	Desempregado
1) Perspectiva de plano de carreira e crescimento na empresa – 66,8%	1) Perspectivas de plano de carreira e crescimento na empresa – 62,3%
2) Salário/remuneração atrativos – 62,5%	2) Possibilidade de fazer o que gosta – 50,3%
3) Possibilidade de melhorar a qualidade de vida – 52,9%	3) Possibilidade de melhorar a qualidade de vida – 49,5%
4) Possibilidade de fazer o que gosta – 48,4%	4) Salário/ remuneração atrativos – 49,1%
5) Busca por novos desafios – 44%	5) Busca por novos desafios – 44%
6) Pacote de benefícios atrativo – 40,3%	6) Pacote de benefícios atrativo – 35,4%
7) Possibilidade de subir de nível hierárquico – 38,5%	7) Possibilidade de subir de nível hierárquico – 34,4%
8) Nome e reputação da empresa – 29,4%	8) Proximidade de casa – 31,7%

[13] 66,8% DOS profissionais valorizam plano de carreira, diz pesquisa. Concursos e Emprego. G1. Globo.com. G1.Disponível em: <http://g1.globo.com/concursos-e-emprego/noticia/2014/12/668-dos-profissionais-valorizam-plano-de-carreira-diz-pesquisa.html>

Empregado	Desempregado
9) Proximidade de casa – 29,4%	9) Nome e reputação da empresa – 26,7%
10) Possibilidade de mudar de área de atuação – 14%	10) Possibilidade de mudar de área de atuação – 19,3%
11) Outros – 2%	11) Outros – 2,5%

Oferecer remuneração abaixo da concorrência é caminhar para não conseguir reter os talentos e ter dificuldade para contratar um novo, principalmente se houver na área escassez de mão de obra especializada, tornando-se imprescindível que a organização utilize também a estratégia de plano de cargos, carreiras e salários para reter talentos.

Objetivos de um plano de cargos, carreiras e salários:
- demonstrar aos colaboradores meritocracia por meio de crescimento e desenvolvimento profissional;
- comparar a remuneração do colaborador com o cargo e as tarefas executadas;
- proporcionar o equilíbrio do clima organizacional.

Elaborar um plano de cargos, carreiras e salários é um grande desafio para a área de gestão de pessoas, pois requer um estudo bem estruturado sobre os cargos, suas descrições em relação as responsabilidades, as hierarquias, as competências, as habilidades necessárias para exercer as atividades desenvolvidas, além de tentar alinhar a remuneração ao que é pago no mercado para cargo similares.

Porém, apesar do desafio da implementação do plano de cargos, carreiras e salário, se o plano for bem estruturado, tende a gerar motivação e melhoria no clima organizacional, fazendo com que os profissionais se sintam mais valorizados pela organização.

Para implementação de um plano de cargo, carreiras e salários a área de gestão de pessoas pode realizar as seguintes etapas:

1. **Elaborar um organograma para a organização**, que demonstre os seus órgãos, como, por exemplo: departamentos, gerências, setores etc., e os profissionais a serem incluídos neles.

2. **Elaborar**, juntamente com os gestores, **o desenho dos cargos**, a fim de atribuir funções e responsabilidades para cada colaborador.

3. **Realizar pesquisas de mercado em conselhos de classe e associações de sindicatos**, em relação ao cargo, à função e ao salário, com o objetivo de definir a remuneração.

4. **Definir o plano de cargo**, a estrutura de cada carreira e as regras para o crescimento profissional, podendo ser: tempo de serviço, meritocracia, produtividade, hierarquia e/ou evolução na capacitação.

5. **Definir como será a progressão dos** (cargos e funções) dos colaboradores, podendo ser horizontal, como, por exemplo: Analista I, II, III, e assim sucessivamente; ou vertical, utilizando-se termos como: Junior (para iniciantes), Pleno (para profissionais com um pouco mais de experiência) e Sênior (para profissionais com muita experiência).

6. **Avaliar cada colaborador** em relação ao cargo, à função e às atividades desempenhadas, destacando seus pontos fortes e pontos fracos. Nesse caso, pode ser aplicado um questionário de avaliação de desempenho, a fim de extrair as qualidades e os talentos.

Organização que utiliza o Plano de Cargos, Carreiras e Salários – PCCS[14]

Organização	Motivos da implementação do Plano de Cargos Carreiras e Salários – PCCS	Objetivos
Companhia Nacional de Abastecimento – CONAB[14]	• Resultado do entendimento e do alinhamento dos direcionadores do Mapa Estratégico Corporativo, do Modelo de Organização e Gestão e das Políticas e Processos Atuais de Recursos Humanos. • As informações contidas neste documento integram a Política de Recursos Humanos da CONAB, além de fazerem parte do instrumento regulador das ações relativas à Administração de Cargos, Carreiras e Salários. • A Superintendência de Modernização e Capacitação é responsável pela aplicação dos procedimentos descritos neste documento no âmbito da Companhia e pela orientação nos assuntos aqui definidos. • Compete à Superintendência de Modernização e Capacitação e à Gerência de Cargos, Salários e Avaliação – GECAV manter e atualizar, quando necessário, a Política Salarial e seus respectivos procedimentos, de forma que contemplem o roteiro básico necessário à obtenção, à retenção e ao desenvolvimento dos recursos humanos da Companhia.	Os principais objetivos do Plano de Cargos, Carreiras e Salários são: 1. Criar regras de movimentação salarial e possibilidade de carreira para os empregados. 2. Oferecer oportunidades de desenvolvimento por meio de uma carreira estruturada. 3. Criar mecanismos para atrair, manter, desenvolver e engajar profissionais com as competências críticas da Companhia.

---

[14] PLANO de cargos, Carreiras e Salários. Minuta do Plano de Cargos, Carreiras e Salários. **CONAB**. Disponível em:<http://www.condsef.org.br/portal3/pccs_conab-2008/proposta_pccs-conab_gt_23porcento.pdf>.

Após a elaboração da Política de Cargos, Carreiras e Salários, com as regulamentações das normas e regras de meritocracia, promoção e a progressão de carreiras, esta deve ser divulgada, discutida e, ao ser aprovada, disseminada e implementada em toda a organização.

Exemplo de Plano de Cargos, Carreiras e Salários

PLANO DE CARGOS CARREIRAS E SALÁRIOS					
Data da vigência:				JUNIOR	PLENO	SENIOR
CARGO EFETIVO	FUNÇÃO	SALÁRIO INICIAL	1	2	3
Atendente	Recepcionista	R$ 1.000,00	R$ 1.200,00	R$ 1.400,00	R$ 1.500,00
Auxiliar Administrativo	Secretária	R$ 1.100,00	R$ 1.300,00	R$ 1.500,00	R$ 1.600,00
Assistente Administrativo	Supervisor Administrativo	R$ 3.200,00	R$ 3.700,00	R$ 4.000,00	R$ 4.900,00
Administrador	Analista Administrativo	R$ 3.200,00	R$ 4.500,00	R$ 5.300,00	R$ 6.700,00
Contador	Analista contábil	R$ 3.500,00	R$ 4.800,00	R$ 6.000,00	R$ 7.200,00
Gerente	Gerente Geral	R$ 7.000,00	R$ 7.300,00	R$ 8.693,77	R$ 10.100,00
Diretor	Diretor Geral	R$ 10.000,00	R$ 11.000,00	R$ 13.000,00	R$ 15.000,00

Vamos à prática...

Preencha o quadro abaixo com os dados da sua organização ou elabore um Plano de Cargos, Carreiras e Salários. Consulte a média salarial em sites especializados.

PLANO DE CARGOS CARREIRAS E SALÁRIO					
CLASSIFICAÇÃO	CARGO	FUNÇÃO/SALÁRIO	JUNIOR	PLENO	SENIOR

7.2.5 - Política de gestão participativa

A gestão participativa tem como principal característica a utilização do processo decisório coletivo, em que os colaboradores compartilham algum poder de decisão com a organização.

A política de gestão participativa tem como objetivo a descentralização das estruturas hierárquicas, estabelecendo um relacionamento cooperativo entre colaboradores e gestores, com o intuito de superar os conflitos internos nos processos produtivos que podem decorrer de mudanças nas relações do trabalho.

7.2.5.1 - Práticas de gestão participativa

- **Código de ética e ou de conduta ética** – A elaboração e a disseminação do código de ética e/ou de conduta ética devem ter a participação de representantes sindicais, do conselho de administração, dos gestores e dos colaboradores. Quando se realiza a gestão participativa, gestores e colaboradores podem questionar e/ou contribuir para a composição das cláusulas, proporcionando o conhecimento e a disseminação da cultura e da responsabilidade ética.

- **Cultura organizacional** – A gestão participativa adota processos formais para integrar os empregados, gestores e representantes à cultura organizacional e realiza constantemente programa de atividades para integrar os novos empregados, além de disseminar a cultura, a missão, a visão e os valores para todos envolvidos, sejam eles gestores ou colaboradores.

Organização	Programas
Castel do Brasil Eletroeletrônicos[15] A Caspel do Brasil Eletroeletrônicos foi fundada em 2005, iniciando seus trabalhos no Pólo Petroquímico – RS, visando ao objetivo de proporcionar soluções tecnológicas com produtos inovadores. Atuamos no segmento eletrônico, desenvolvendo equipamentos focado na área de controle e logística, com alta tecnologia, sempre visando à qualidade, à economia e principalmente à segurança das pessoas. Focamos ser pioneiros no desenvolvimento de novos equipamentos para logística, abrangendo todo o Brasil e o exterior com nossa tecnologia, e alcançaremos através de planejamento, trabalho e parcerias sólidas que apostem em médio e em longo prazo. Filosofia da Castel do Brasil O ser humano: a nossa principal riqueza Favorecemos o bem-estar e o desenvolvimento pessoal. Essa filosofia é o caminho que leva à satisfação de nossos clientes e à criação de riquezas, que serão partilhadas por todos. A FILOSOFIA DA PARTILHA SE BASEIA NAS SEGUINTES ETAPAS: SABER Os processos de formação e comunicação estimulam o saber em cada colaborador. PODER Com o saber, adquire-se maior autonomia, responsabilidade e resultado na missão, e com isso vem o poder. TER A sua contribuição gera progressão de resultados para a empresa, e você recebe a sua parte nessa conquista através do Prêmio de Progresso. QUERER A vontade de cada um dos colaboradores de ser o ator principal do projeto da sua empresa e da sua carreira, de partilhar essa visão com os demais e de se comprometer para o futuro.	Valores mais importantes da Caspel do Brasil - A meta da Caspel sempre foi se posicionar de maneira duradoura no mercado global, atuando como uma empresa líder e que aposta constantemente no desenvolvimento em escala nacional. - A proximidade entre as pessoas é uma das coisas mais valorizadas na rede. Colaboradores, clientes, fornecedores e comunidade formam um grande time, razão de ser da Caspel do Brasil. - A gestão participativa, com atuação autônoma e responsável por parte dos colaboradores, é uma das nossas metas diárias. - Para completar, a Caspel oferece a você a oportunidade de trabalhar em um lugar que consegue unir, no mesmo ambiente, profissionalismo e seriedade a um clima informal e agradável. CARREIRAS Para quem já trabalha com indústria ou deseja iniciar uma nova carreira, envie seu currículo para a Caspel do Brasil.

---

[15] CASPEL. Nossa história. Disponível em:
<http://caspeldobrasil.com.br/historia.php>.

Divulgado na internet...

> **Laboratório Sabin**
>
> **Gestão de Pessoas**[15]
>
> O Laboratório Sabin valoriza e trabalha todos os aspectos importantes que envolvem a vida do colaborador – a família, a saúde, a vida financeira, as relações de amizade, os sonhos – para que tenham condições de contribuir na realização da missão do Sabin enquanto caminham em busca da autorrealização. [sic]
>
> Para isso, a empresa oferece um pacote diferenciado de benefícios que contempla pilares como: DESENVOLVER, DESAFIAR, RECONHECER, RECOMPENSAR E COMEMORAR.
>
> O Laboratório Sabin oferece desde qualificação profissional e plano de carreira até benefícios diferenciados, como programa de qualidade de vida e política de meritocracia. A empresa incentiva a formação contínua de todos os colaboradores e capacita os potenciais gestores na compreensão do seu papel nas estratégias e resultados empresariais. O Sabin possui um sistema de avaliação 360°, estabelecido desde 2009, que contribui com a política da empresa de valorizar os talentos internos.
>
> Com isso, 99% dos cargos de liderança foram preenchidos por colaboradores desenvolvidos internamente.
>
> Entre as práticas desenvolvidas está a Universidade Corporativa, implantada em 2010 como plataforma de suporte ao processo de expansão, onde os colaboradores podem acessar o ambiente virtual de aprendizagem dentro ou fora da empresa. Só no ano passado, o ambiente virtual contabilizou quase 100 mil horas aula e apresentou uma redução de custos de R$ 300 mil. Além disso, entre os benefícios oferecidos ao colaborador estão o custeio com inscrições em competições e treinamento da equipe de corridas; a utilização do Espaço Bem-Viver (um estúdio com equipamentos para ginástica); a oferta de bolsas de estudo de 25% a 80% para graduação, MBAs, mestrados e doutorados; o auxílio-casamento; o auxílio-enxoval para o bebê; o auxílio para material escolar; o auxílio-funeral; o Dia da Noiva; parcerias com escolas, creches e universidades; o Programa de Educação Financeira; a premiação por tempo de casa; e a participação nos resultados.

---

[15] Gestão de Pessoas. **Sabin.** Disponível em:
http://www.sabinonline.com.br/site/interna.asp?CodConteudo=49.

> Com um modelo de gestão que valoriza o desenvolvimento pessoal, familiar e profissional, o Laboratório Sabin está há nove anos entre as 10 Melhores Empresas para Trabalhar no Brasil; está em terceiro lugar no *ranking* da América Latina e segundo do Centro-Oeste, de acordo com o Instituto Great Place to Work; conquistou a primeira posição no Setor Serviços de Saúde no Brasil, segundo a *Revista Você S/A Exame*; foi eleito por dois anos consecutivos como Melhor Empresa para a Mulher Trabalhar; e se mantém como Melhor Empresa na Gestão de Pessoas, segundo a revista *Valor Carreira*.

Qual será o segredo do Sabin que o faz estar na lista das 100 melhores empresas para se trabalhar no Brasil e América Latina, segundo o ranking da Great Place to Work (GPTW) e Revista Você S/A Exame?

A resposta está na forma como gerencia seus colaboradores. Pois desde sua fundação, em 1980, até hoje o Sabin premiou quase dois mil colaboradores e investe cerca de 18% de seu faturamento na área de gestão de talentos.

Portanto...Veja o resultado desse investimento em gestão de talentos...

No período de 2003 a 2009, o faturamento aumentou 365%, e o índice de turnover foi reduzido, entre 2005 e 2009, de 28% para 12%.

Divulgado na internet...

> **Magnata britânico oferece férias ilimitadas aos funcionários**[16]
>
> Imagine trabalhar em um lugar onde é possível tirar férias ou dias de folga quando bem entender. Um magnata britânico decidiu conceder o privilégio aos funcionários. Eles vão poder tirar dias, semanas ou até meses para descansar sem pedir autorização dos chefes.
>
> A iniciativa partiu do bilionário inglês Richard Branson, dono do grupo Virgin, conglomerado com mais de 400 empresas.
>
> Em seu *blog* pessoal, ele anunciou a mudança e acrescentou que seus 170 funcionários nos Estados Unidos e no Reino Unido poderiam "tirar folga quando quiserem por quantos dias preferirem".

---

[16]MAGNATA britânico oferece férias ilimitadas aos funcionários. **BBC Brasil**. Disponível em: <http://www.bbc.co.uk/portuguese/noticias/2014/09/140925_magnata_ferias_ilimitadas_rm>.

Branson acrescentou ainda que o funcionário não vai precisar pedir a autorização dos chefes, nem mesmo dizer quando planeja retornar ao trabalho.

No entanto, o multimilionário pediu "bom-senso" dos empregados.

"Cabe ao funcionário decidir se e quando precisa tirar algumas horas, um dia, uma semana ou um mês de férias, com a condição de que o faça quando estiver 100% certo de que ele/ela e a sua equipe têm todos os projetos em dia e que a ausência não vai provocar quaisquer danos à empresa", disse Branson no *blog*.

A inspiração do magnata para tomar tal atitude foi sua filha, que leu algo sobre uma ação parecida na Netflix, uma empresa que oferece serviço de TV por internet.

A nova medida foi implementada para funcionários nos Estados Unidos e no Reino Unido "onde as políticas de férias podem ser consideradas bastante severas".

Se der certo, Branson promete levá-la para outras filiais do grupo Virgin.

"Nós deveríamos nos concentrar no resultado do trabalho das pessoas, não em quantas horas ou dias ela trabalhou. Assim como nós não temos uma política de trabalho 'das 9h às 17h', nós não precisamos de uma política de férias", escreveu Branson em seu *blog*.

O grupo Virgin emprega mais de 50 mil pessoas no mundo inteiro e opera em mais de 50 países. Richard Branson criou a empresa em 1970, como uma gravadora.

Desde então, a companhia evoluiu para um conglomerado que opera em diversas áreas de consumo, como aviação, música e telecomunicações.

Reflexão: se todas as organizações tomassem uma decisão semelhante à desse magnata britânico, quais poderiam ser as vantagens e desvantagens?

Dica de Filme:

"Não sei como ela consegue"
Direção: Douglas McGrath
Ano: 2011

Dados sobre o filme: Kate Reddy trabalha em uma grande empresa financeira em Boston, e a noite cuida dos filhos pequenos e do marido Richard, um arquiteto que acaba de perder o emprego. O problema surge quando Kate recebe uma nova missão no trabalho o que implica fazer inúmeras viagens para Nova York e seu marido consegue o emprego em Boston, fazendo com que ambos fiquem distantes. Além disso, ela se vê em uma situação complicada quando começa a relacionar-se com um colega de trabalho, Jack Abelhammer, abalando sua vida de casada.

Observe no filme: Dilemas de uma mulher para conciliar trabalho, carreira profissional e a vida familiar. Como conciliar trabalho, família e amor.

Capítulo 8
Estratégias de Qualidade de Vida para a Retenção de Talentos

"Escolhe um trabalho de que gostes, e não terás que trabalhar nem um dia na tua vida."

Confúcio

> *Objetivos deste capítulo:*
>
> *1) Apresentar políticas de qualidade de vida no trabalho.*
>
> *2) Caracterizar as estratégicas de retenção de talentos.*
>
> *Antes de se aprofundar no capítulo, faça uma reflexão:*
>
> *1) Qual a importância da qualidade de vida no trabalho?*
>
> *2) Um colaborador torna-se mais produtivo se a organização oferecer políticas de promoção da qualidade de vida?*

Algumas organizações adotam ações em relação aos colaboradores que vão além da remuneração há incentivos, como por exemplo, a arte, ao esporte, ao lazer e a integração familiar.

8.1 - Políticas de promoção, patrocínio e apoio à arte cultural e ao esporte

Políticas de incentivo a arte e ao esporte vêm sendo disseminadas com o intuito de descobrir e valorizar o potencial de novos talentos e promover a descentralização da cultura e a democratização da arte e da qualidade.

São ações de patrocínio e apoio a eventos e projetos culturais. Objetiva oferecer incentivos a fim de promover a cultura no ambiente da organização, ao mesmo tempo em que associa positivamente sua imagem à sociedade.

A Lei n° 8.313/91, denominada "Lei Rouanet", dispõe de artigos de apoio e patrocínio à cultura e sobre a contribuição para o Programa Nacional de Apoio à Cultura (Pronac), disponibilizados para o Fundo Nacional da Cultura (FNC) e incentivos fiscais. Permite que seja aplicada parte do Imposto de Renda para projetos culturais, até o percentual de 6% para pessoas físicas e 4% para pessoas jurídicas. O art. 18 da referida lei dispõe sobre o enquadramento de apoios, doações ou patrocíonios a projetos culturais, podendo os contribuintes deduzir do Imposto de Renda, desde que atendam aos critérios estabelecidos por lei e os projetos sejam previamente aprovados pelo Ministerio da Cultura.

Leis federais de incentivo à cultura

Lei n° 8.313, de 23 de dezembro de 1991 – Restabelece princípios da Lei n° 7.505, de 2 de julho de 1986, institui o Programa Nacional de Apoio à Cultura (Pronac) e dá outras providências.

Artigo 1°. [...]
I - contribuir para facilitar, a todos, os meios para o livre acesso às fontes da cultura e o pleno exercício dos direitos culturais;
II - promover e estimular a regionalização da produção cultural e artística brasileira, com valorização de recursos humanos e conteúdos locais;
III - apoiar, valorizar e difundir o conjunto das manifestações culturais e seus respectivos criadores;
IV - proteger as expressões culturais dos grupos formadores da sociedade brasileira e responsáveis pelo pluralismo da cultura nacional.
V - salvaguardar a sobrevivência e o florescimento dos modos de criar, fazer e viver da sociedade brasileira;
VI - preservar os bens materiais e imateriais do patrimônio cultural e histórico brasileiro;
VII - desenvolver a consciência internacional e o respeito aos valores culturais de outros povos ou nações;
VIII - estimular a produção e difusão de bens culturais de valor universal formadores e informadores de conhecimento, cultura e memória;
IX - priorizar o produto cultural originário do País.

Divulgado na internet...

Copasa – Companhia de Saneamento de Minas Gerais[1]

- **A Copasa é uma empresa vinculada à Secretaria de Desenvolvimento Regional e Política Urbana do Governo do Estado de Minas Gerais. Prestação de serviço na área de atuação de: abastecimento de água; esgotamento sanitário e cooperação técnica. Foi criada em julho de 1963.**
- **A COPASA promove e incentiva a expressão artística de seus empregados, apoiando diversas atividades de cunho social e cultural:**

---

[1] DIMENSÃO Social Interna. Companhia de Saneamento de Minas Gerais. **COPASA.** Disponível em: <http://www.copasa.com.br/media2/RelAnual2011/Copasa/dimensao_social_interna.html>..

- Contadores de Histórias: constituído por empregados que se especializaram na arte de contar histórias. A proposta do grupo é contribuir para o relacionamento da COPASA com a sociedade e o público interno. Em 2011, o grupo fez 21 apresentações em eventos internos e externos, para um público de, aproximadamente, 3.600 pessoas.
- Coral COPASA: com 32 integrantes, entre empregados e familiares, participa de eventos sociais e culturais, especialmente no Estado de Minas Gerais. Em 2011, o Coral COPASA fez 20 apresentações, destacando-se o Concerto Comemorativo dos seus 30 anos e os Concertos de Natal nas cidades de Desterro do Melo e São Francisco, beneficiando um público aproximado de 9.000 pessoas. Nas festividades natalinas, o Coral COPASA apresentou um concerto, realizado no pátio da sede da Empresa, para o público interno e convidados residentes na comunidade do entorno.
- Encontro Marcado: iniciativa desenvolvida para estimular a integração entre os empregados e o desenvolvimento dos seus dons artísticos, proporcionando momentos de descontração, o que contribui para a melhoria do clima organizacional. Em 2011 aconteceram nove encontros.
- Grupo de Teatro COPASA: composto por oito empregados, objetiva valorizar os talentos internos e utilizar a linguagem lúdica do teatro para disseminar temas estratégicos para a Empresa e suas partes interessadas. Entre os temas abordados pelo grupo estão a segurança do trabalho; a promoção da saúde; a prevenção de doenças como DSTs/AIDS, cólera e tétano; o alcoolismo, o tabagismo e outras drogas; a prevenção de acidentes; a ergonomia; o atendimento ao público; a qualidade; o planejamento financeiro; e a excelência da gestão.
- Iniciativas de Promoção da Cultura, Esporte e Saúde
- Curso de Origami: em 2011, o Grupo de Contadores de Histórias, em parceria com a Associação dos Empregados da COPASA, de suas Subsidiárias e Patrocinadas (AECO), realizou uma oficina de origami para os empregados da COPASA, denominada Transformando papel em arte.
- Festa 25 anos: anualmente, a COPASA homenageia os empregados que completam 25 anos de serviços prestados à Companhia. Em 2011 foram 182 profissionais que há 25 anos contribuem para melhorar a qualidade de vida de milhões de mineiros.
- Promovendo Novos Talentos: foi realizado, com o apoio da COPASA, o Show Musical Som Maior 10 – O Método e a Conquista, espetáculo que teve a participação de 105 alunos da Som Maior Cursos

> Populares, entre empregados da COPASA e seus dependentes. O coordenador e demais professores dessa Escola também são empregados. O show dos alunos revela grandes talentos e incentiva o desenvolvimento sociocultural dos participantes.
> - Promovendo o Esporte: três jovens nadadores, filhos de empregados da COPASA, foram aprovados no processo seletivo para a equipe de base do Instituto Talentos Esportivos/Gota D´Água. A iniciativa é uma parceria entre COPASA e a instituição, e conta com recursos da Lei de Incentivo ao Esporte. O processo seletivo, que ocorreu na academia, teve a participação de 13 atletas filhos de empregados da COPASA, dos quais três foram aprovados e farão parte da equipe de base formada por nadadores com idades entre 8 a 11 anos.
> - Em parceria com o Mackenzie Esporte Clube, foi realizado processo seletivo para a formação de equipes de alto rendimento nas modalidades voleibol e basquetebol. O projeto, que conta com recursos da Lei de Incentivo ao Esporte, atenderá a 190 atletas entre 11 e 19 anos e objetiva fornecer infraestrutura para o desenvolvimento de jovens talentos esportivos. A seleção para as equipes de basquete e voleibol teve participação de 24 filhos de empregados da COPASA, nove atletas foram aprovados e terão a oportunidade de compor a equipe de base do clube

Organizações promovem eventos culturais e esportivos com o intuito de desenvolver e homenagear colaboradores dentro e fora da organização.

O governo brasileiro, para estimular a participação dos colaboradores em eventos culturais, criou, em 2012, o programa de cultura denominado "Vale Cultura", que tem como objetivo incentivar os trabalhadores a exercerem seus direitos culturais e a terem acesso às fontes de cultura.

8.1.1 - Programa Vale-Cultura

Instituído por meio da Lei nº 12.761/2012, denominado "vale-cultura", é considerado um benefício que deverá ser gerenciado pelo Ministério da Cultura, por meio do Programa de Cultura do Trabalhador, a fim de fornecer aos trabalhadores meios para o exercício dos direitos culturais e acesso às fontes da cultura.

Lei n° 12.761, de 27 de dezembro de 2012 – Instituiu o Programa de Cultura do Trabalhador; cria o vale-cultura; altera as Leis n°s 8.212, de 24 de julho de 1991, e 7.713, de 22 de dezembro de 1988, e a Consolidação das Leis do Trabalho (CLT), aprovada pelo Decreto-Lei n° 5.452, de 1 de maio de 1943; e dá outras providências.

Esse programa tem como objetivos:

a) possibilitar o acesso e a fruição dos produtos e serviços culturais;

b) estimular a visitação a estabelecimentos culturais e artísticos; e

c) incentivar o acesso a eventos e espetáculos culturais e artísticos.

O vale-cultura deverá ser:

a) de caráter pessoal e intransferível, válido em todo o território nacional, para acesso e fruição de produtos e serviços culturais, no âmbito do Programa de Cultura do Trabalhador;

b) confeccionado e comercializado por empresas operadoras e disponibilizado aos usuários pelas empresas beneficiárias para ser utilizado nas empresas recebedoras.

VALE-CULTURA		
Trabalhadores que recebem:	Valor	Descontos
Até 5 salários mínimos mensais	R$ 50,00	0,00
Os trabalhadores com renda superior a 5 (cinco) salários mínimos poderão receber o vale-cultura, desde que garantido o atendimento à totalidade dos empregados com a remuneração prevista no *caput* do art. 7° da Lei n° 12.761/12, na forma que dispuser o regulamento.	R$ 50,00	Poderão ter descontados de sua remuneração, em percentuais entre 20% (vinte por cento) e 90% (noventa por cento) do valor do vale-cultura, de acordo com a respectiva faixa salarial, obedecido o disposto no parágrafo único do art. 7° e na forma que dispuser o regulamento.

8.2 - Políticas de qualidade de vida e saúde ocupacional

As organizações, para conseguir atrair e/ou mesmo reter os seus talentos, passaram a oferecer mais benefícios como forma de valorização e de melhoria da qualidade de vida e saúde ocupacional dos colaboradores, como:

- assistência médica;
- consultórios médicos nas instalações da empresa;
- assistência odontológica;
- subsídio para compra de medicamentos;
- atendimento psicológico; e
- seguro de vida em grupo.

Por meio de políticas de qualidade de vida e saúde ocupacional, é possível também desenvolver programas que tenham como objetivo proteger a vida, promover a segurança e a saúde física, psicológica e mental de cada trabalhador e com isso assegurar as condições adequadas à saúde e ao bem-estar de cada colaborador, promovendo a segurança e a saúde do ambiente do trabalho.

Esses programas podem garantir a higiene e a segurança no trabalho, não só no aspecto regulamentar, mas também no que diz respeito aos riscos nos ambientes de trabalho, além de ensinar e informar aos colaboradores sobre higiene, saúde e segurança no trabalho. Entre esses programas, destacam-se:

8.2.1 - Programas de saúde:

- programas de saúde médica e odontológica do colaborador;
- programa de incentivo ao colaborador para uma alimentação saudável;
- programa de tratamento de dependência química (cigarro, álcool e drogas ilícitas).

8.2.2 - Programas de higiene e segurança no trabalho:

- programa de prevenção de acidentes e lesões;
- programa de Ginástica Laboral.

8.2.3 - Programas da saúde emocional e financeira do colaborador:

- apoio psicológico e emocional como forma de auxílio;

- estímulo ao aperfeiçoamento de habilidades pessoais, como, por exemplo: gestão do tempo, administração financeira, prevenção ao estresse, melhoria no relacionamento interpessoal etc.
- programa de preparação aos colaboradores que desejam se aposentar, auxiliando-os na construção de um projeto de vida que lhes permitam desfrutar da aposentadoria com saúde e qualidade de vida;
- disponibilização de locais e horários para reunião de grupos de orações ou mesmo ecumênico.

Ao oferecer benefícios extensivos aos familiares, a organização reforça os laços familiares do colaborador, motivando-o e retendo-o.

8.2.4 - Promoção da saúde física, psicológica e mental do colaborador e seus familiares, ações que podem ser desenvolvidas:

- desenvolver campanhas de vacinação;
- divulgar palestras e cursos para prevenção de doenças;
- orientar a educação alimentar;
- divulgar cursos ou eventos voltados para estimular maior equilíbrio entre vida profissional e pessoal.

8.2.5 - Exemplos de promoção do lazer e cultura para o colaborador e seus familiares

- estimular a leitura, incentivando, por meio de ajuda financeira, a compra de livros;
- estabelecer convênios com parques, cinemas e eventos culturais;
- flexibilizar horários ou compensação em feriados para comemorações de datas especiais (aniversários, formaturas, promoções etc.);
- promover dias de lazer do trabalhador e sua família.

Empresas incentivam a prática de atividade física[2]
Por: *Agência MBPress*

---

[2] EMPRESAS incentivam a prática de atividade física. Fitness. **Mais Equilíbrio.** Disponível em: <http://maisequilibrio.com.br/fitness/empresas-incentivam-a-pratica-de-atividade-fisica-3-1-2-128.html>.

Na hora de contratar um funcionário, a empresa tenta selecionar o mais qualificado do mercado. Algumas continuam investindo no profissional oferecendo cursos de aprimoramento, aprendizado de outras línguas, convênios com centros de lazer e atividades físicas.

O incentivo à prática de exercícios físicos tem crescido bastante entre as empresas de grande porte.

Muitas delas pagam academia para os funcionários ou constroem um centro de ginástica dentro do seu próprio prédio. Esse atrativo passou a ser uma ótima forma de demonstrar ao empregado a importância de cuidar da saúde, o que só faz melhorar o desempenho e a produtividade no trabalho. O Grupo Pão de Açúcar, por exemplo, aposta neste método há 15 anos. "A família Diniz acredita que os exercícios físicos contribuem para a qualidade de vida das pessoas e consequentemente para uma melhor disposição ao trabalho. Para participar, todos os interessados são submetidos a uma avaliação médica que atesta a condição de cada colaborador para a prática esportiva. A empresa também oferece o acompanhamento de nutricionistas para o completo atendimento da questão física e saúde dos colaboradores", conta Fernando Solleiro, administrador de recursos humanos do Grupo.

Fernando frisa ainda que o objetivo é melhorar a qualidade de vida das pessoas e não apenas o desempenho no trabalho. Outras empresas, como o Santander, Itaú e a KPMG, realizam o mesmo procedimento. Sugira ao RH de sua empresa, assim todos serão beneficiados.

Divulgado na internet...

FIAT CLUBE[3]

Diversão e bem-estar são inseparáveis, assim, a Fundação Fiat também se preocupa em oferecer toda a estrutura necessária para o lazer e a descontração dos seus colaboradores. Para isso, temos nada menos do que o maior clube corporativo da América Latina: o Fiat Clube.

É um megaespaço integrado à natureza e com uma estrutura completa de esporte e lazer: piscinas, quadras, campos, quiosques, *playgrounds* e tudo mais para proporcionar uma convivência saudável e estimular a prática de atividades físicas.

---

[3] FUNDAÇÃO FIAT. Diversão. Fiat Clube. **Fundação Fiat.** Disponível em: <http://www.fundacaofiat.com.br/categorias/ver/23/Fiat-Clube>

> Além disso, nos finais de semana, o Fiat Clube oferece atividades recreativas organizadas por uma equipe especializada, fazendo a alegria de milhares de adultos e crianças. O Fiat Clube também possui estrutura para a realização de festas, ações de lazer e competições esportivas de várias modalidades. E é servido por dezenas de linhas de ônibus, facilitando o acesso do público.

De acordo com a Revista Você S/A[4], as melhores empresas para você trabalhar adotam políticas, ações e práticas diversas que desenvolvem a qualidade de vida no trabalho, envolvendo os empregados também em suas políticas estratégicas, na implementação dos planos de ação da gestão do clima organizacional.

8.2.5.1 - Ambiente agradável

O bem-estar no trabalho é importante para manter um ambiente agradável, alegre e de companheirismo, além de aumentar a produtividade e a satisfação dos empregados.

Trabalhar em uma organização que se preocupa em obter um ambiente agradável e o bem-estar só traz benefícios, pois faz com que os colaboradores possam ter mais vontade de trabalhar e produzir.

A organização deve criar um clima que propicie às pessoas condições para realizar seu trabalho de forma satisfatória.

Divulgado na internet...

> **14 Dicas para criar um bom ambiente de trabalho[5]**
>
> Em uma organização, por menor que seja, o capital mais importante é o humano. São pessoas de várias culturas, tradições, formações, gênios e educação.

---

[4] RESCHKE, Cibele. **Todos querem ser como Google, melhor empresa para trabalhar.** Você S/A Disponível em: <http://exame.abril.com.br/revista-voce-sa/edicoes/18402/noticias/google-todos-querem-ser-assim>.
[5] 14 DICAS para criar um bom ambiente de trabalho. Administração e escritório. DDS Online. Disponível em: <http://ddsonline.com.br/dds-temas/55-administracao-e-escritorio/431-14-dicas-para-criar-um-bom-ambiente-de-trabalho.html>.

A comunicação é fator fundamental para o relacionamento e o desenvolvimento das atividades da empresa. É importante respeitar as diferenças existentes nesse ambiente que [sic] muitas vezes passamos mais tempo do que com os próprios familiares.

Também é muito comum encontrar divergências, diferenças que fazem o funcionário ser menos produtivo por se preocupar mais com o outro do que com o seu trabalho.

O ambiente corporativo funciona como uma engrenagem, se uma falhar todo o processo estará comprometido, prejudicando o produto final da atividade.

Em relação à segurança e ao meio ambiente, é de suma importância que, além do respeito das normas e padrões da empresa, é importante respeitar o próximo, não colocando a vida dele, da empresa e a sua em perigo. A comunicação entra como fator importante para que a informação seja disseminada.

Se o funcionário respeita seu local de trabalho, automaticamente respeitará as normas e o próximo como a si mesmo.

Ter um ambiente de trabalho salubre é ter harmonia em tudo o que faz, e cuidar dos demais funcionários, seja quando entra um novato em seu acompanhando e ensinando o que é necessário para praticar sua atividade. Seja com aquele que está desatento e alertá-lo para o perigo, ou seja com aquele que irá trocar experiências no dia a dia.

É muito bom fazer parte de um ambiente que nos fornece alegria de trabalhar, de colaborar e poder entregar de alguma forma um pouco do que pode oferecer.

Vejam as 14 dicas para criar um bom ambiente de trabalho:

- Seja cordial com todos
- Respeite seu próximo
- Chame-o pelo nome
- Fale as palavras mágicas: por favor, obrigado
- Respeite as normas internas
- Não faça acepção de pessoas
- Colabore com o que puder
- Acredite no ser humano

- Faça o seu melhor
- Não olhe para os defeitos dos outros, corrija os seus
- Participe ativamente dos interesses da organização
- Estude – o aperfeiçoamento é o melhor caminho
- Bom dia, boa tarde e boa noite, é sempre bem-vindo
- Vá além do que esperam de você em todos os sentidos

Passamos geralmente a maior parte do nosso dia no ambiente de trabalho, este deve ser aquele que irá de alguma forma te promover na vida, seja profissional, econômico ou pessoalmente.

Cada um é importante naquilo que faz, se um falhar, toda a engrenagem será prejudicada e o resultado final que está sendo esperado será certamente frustrante a todos.

Vá para o local de trabalho como um lugar de promoção, e não simplesmente de bater o cartão, fazer todos os dias a mesma coisa e voltar para casa.

Que este seja uma mola propulsora em sua vida, você colaborando com a empresa, com as normas e com os demais colegas de trabalho e que a empresa seja um canal de engrandecimento, valorizando o capital humano, capacitando-o e moldando para a formação de um grande cidadão.

Com a participação de cada um, o respeito é multiplicado e cada vez mais terá um ambiente salubre em todas as instâncias. Participe.

Organização que oferece programas de qualidade de vida

Organização	Programas
PHILIPS[6] Programa Qualidade de Vida A Philips, preocupada com a saúde de seus funcionários, implementou o Programa Qualidade de Vida. O objetivo é estimular as pessoas a mudarem seu estilo de vida, a adotarem hábitos mais saudáveis e a valorizarem a prevenção de doenças. Entre as ações do programa no Brasil está o Espaço +Vida, um ambiente criado especialmente para proporcionar momentos de relaxamento e reflexão, com serviço de massagem e jardim oriental. Realizar campanhas para prevenção de doenças facilita o diagnóstico precoce e evita problemas futuros, garantindo mais qualidade de vida aos funcionários. Por isso, a Philips faz campanhas de prevenção a doenças como DSTs,	O Programa de Prevenção e Tratamento do Tabagismo fornece aos funcionários, gratuitamente, todo o suporte profissional necessário para apoiar a decisão de parar de fumar e os medicamentos adequados ao tratamento. Já o Programa de Condicionamento Físico – FIT estimula a prática de esportes por meio de programas de incentivo a equipes de corredores, passeios ecológicos, caminhadas e torneios esportivos, entre outros. O objetivo é mudar o equilíbrio entre a saúde física, emocional, social, espiritual e intelectual dos funcionários. Além disso, a Philips publicou e distribuiu em todas as unidades o Livro de Receitas Saudáveis da Família, que reúne receitas culinárias dos colaboradores da empresa e ilustrações feitas especialmente pelos filhos dos funcionários. O Programa de Qualidade de Vida já foi reconhecido pela Associação Brasileira de Qualidade de Vida (ABQV) como o melhor programa de ação global na categoria "indústria". Em 2004, também recebeu o Prêmio Racine. O projeto é desenvolvido ainda em outros países da América Latina. O Vida Sana, Programa de Qualidade de Vida e Saúde do Chile, realiza programas regulares de vacinação, controle e acompanhamento médico e ginástica laboral. As metas são criar um ambiente saudável para todos os funcionários, minimizar acidentes de trabalho, reduzir o estresse e promover a integração. Os funcionários chilenos contam ainda com palestras, ministradas regularmente por instituições parceiras, sobre nutrição, alimentação
AIDS, câncer ginecológico, câncer de mama, de próstata e de tireóide. Também são realizadas ações contra o tabagismo, de imunização contra a gripe, além de programas de reeducação e prevenção de dependência química, e saúde bucal. Em 2006, também aconteceu a Ação Inteligente Contínua, um conjunto de procedimentos dinâmicos utilizados para administrar o estresse, baseados no conceito de resiliência. São realizados levantamentos dos níveis de estresse dos funcionários de todos os níveis hierárquicos, workshops e palestras de sensibilização, entre outras atividades. Nesse ano, foi concluída sua implantação em todas as unidades do Brasil.	saudável, prevenção de câncer de mama e dependência química, entre outros temas. No México, o Programa de Qualidade de Vida e Saúde +Vida conta com o apoio de diversas ONGs reconhecidas, nacional e internacionalmente. Também são realizadas duas campanhas anuais: uma para doação voluntária de sangue e outra para a Prevenção ao Câncer de Mama, em parceria com a FUCAM – Fundação para a Prevenção e Diagnóstico do Câncer de Mama, que coloca à disposição das funcionárias uma unidade móvel que realiza diagnósticos por meio de mamografias. Anualmente, no mês de junho, a Philips México dedica uma semana inteira para a realização de diversos exames em seus funcionários: auditivos, oftalmológicos, controle de glicemia e colesterol, eletrocardiogramas, vacinação e nutrição, entre outros. Essa iniciativa é chamada de Semana Anual de Saúde. Para garantir uma ambiente de trabalho saudável e seguro, foi criado o programa Star (Segurança no Trabalho Alerta para Riscos). Com foco na prevenção de acidentes, os funcionários são responsáveis por apontar condições inseguras de trabalho. Como resultado, foram indicados mais de 170 problemas dos quais cerca de 60% foram corrigidos.

---

[6] PROGRAMA de Qualidade de Vida. Sustentabilidade. Responsabilidade Individual. **Philips.** Disponível em: <http://www.sustentabilidade.philips.com.br/programa_qualidade_vida.htm>.

Divulgado na internet...

Programa Qualidade de Vida da CPFL Energia[7]

O programa faz parte da estratégia da organização para valorizar o capital humano e influenciar positiva e diretamente no clima organizacional do grupo CPFL. O grande desafio está em criar ferramentas para proporcionar aos colaboradores o equilíbrio dos hábitos que interferem na qualidade de vida. Hoje a Organização Mundial da Saúde (OMS) define saúde como *pleno bem-estar físico, mental e social de um indivíduo* e **não apenas pela ausência de doenças**. Assim a saúde se torna parte da qualidade de vida, que por sua vez tem como definição: a percepção do indivíduo de sua posição na vida, no contexto da cultura e sistema de valores em que vive e em relação a suas expectativas, seus padrões e suas preocupações (OMS – 1995).

Visão, Missão e Valores

- Visão: ser referência na busca continua do bem-estar dos colaboradores e seus familiares em função da qualidade das ações desenvolvidas, disseminando a cultura de qualidade de vida na empresa e comunidade.
- Missão: agregar valor à empresa por meio da promoção de ações de qualidade de vida que visem à melhoria da saúde geral e a satisfação dos colaboradores e de seus familiares.
- Valores: as ações desenvolvidas devem ser transparentes e éticas e devem trazer em sua essência o interesse da empresa, promovendo benefícios de ambos.

Os Pilares

A CPFL Energia acredita que a qualidade de vida está relacionada a várias dimensões humanas que necessitam estar em sintonia para estabelecer um equilíbrio e, consequentemente, mais qualidade de vida.

- Pilar Emocional
- Pilar Espiritual
- Pilar Ambiental
- Pilar Físico

---

[7] PROGRAMA Qualidade de Vida. Qualidade de vida. **CPFL Energia**. Disponível em: <http://www.cpfl.com.br/institucional/nossa-gente/qualidade-de-vida/Paginas/default.aspx>.

- Pilar Saúde
- Pilar Social
- Pilar Financeiro
- Pilar Segurança

As oportunidades para a busca de melhor qualidade de vida são inúmeras e atingir esse patamar só depende de você. Quanto mais cedo iniciarmos, mais cedo colheremos os bons resultados. Viva com qualidade de vida!

- Programas e Ações para Colaboradores
- Academias corporativas
- Grupo de corrida e caminhada
- Academias conveniadas
- Fale Comigo (canal de atendimento de auxilio emocional, financeiro, jurídico e social)
- Exame periódico
- Ginástica laboral
- Agita Verão
- Jogos do SESI
- Materiais de educação em qualidade de vida

8.3 - Políticas de flexibilização da jornada de trabalho e trabalho flexível

Normalmente os colaboradores ficam mais tempo com as pessoas do trabalho do que com a família. Quem trabalha oito horas por dia, por exemplo, fica em média de onze a doze horas fora de casa, sendo que, destas, dez são com as pessoas com quem trabalha (considerando o almoço com seus colegas).

Vamos supor que uma pessoa trabalhe das 8h às 18h, more longe do trabalho e, para chegar no horário, tenha que acordar às seis da manhã, para sair às 6:30. Essa pessoa retorna do trabalho para casa às 19:30, e como tem que acordar cedo, no outro dia, para ir trabalhar, dorme às 22h. Nessa rotina, a pessoa passa com a sua família, durante a semana, nos dias úteis, três horas por dia (chega às 19:30, dorme às 22h, acorda às 6h e sai de casa às 6:30).

As pessoas passam, em média, nos dias úteis, de oito a dez horas com seus colegas de trabalho e três horas com sua família. Por essa razão, organizações estão desenvolvendo políticas de flexibilização da jornada de trabalho e trabalho flexível como mecanismos de atração e retenção de talentos.

Esses benefícios têm sido atualmente utilizados pelas organizações como forma de incentivar e reter talentos, pois oferecem mais liberdade ao colaborador, a fim de adequar a realidade de sua vida pessoal com a do seu trabalho, possibilitando que escolha chegar mais tarde ao trabalho ou executar em casa as atividades do trabalho.

Divulgado na internet...

As maiores dificuldades de quem trabalha longe de casa[8]

Você se cansa mais no caminho para o trabalho do que com suas atividades propriamente ditas? Pois é! Esse é um problema enfrentado por muitas pessoas e faz com que o desgaste e o estresse se manifestem logo pela manhã, antes mesmo de chegarem à empresa. Metrô lotado, filas intermináveis para entrar no ônibus, trânsito, enfim... A batalha é diária e parece estar cada dia pior para os que trabalham longe de casa.

Todas estas questões criaram um dilema entre companhias e colaboradores, que estão cada vez mais atentos com a questão do trabalho relacionado à qualidade de vida. De nada adianta fazer boas contratações ou aceitar o emprego dos sonhos se a vontade de ir à empresa se torna cada dia menor por conta de todo o sacrifício encontrado no trajeto.

Como estes problemas afetam os profissionais?

Além do desgaste físico e psicológico, o tempo gasto entre a ida e retorno do trabalho faz com que as pessoas possuam pouco (ou quase nenhum) tempo para resolver seus assuntos pessoais. E aos finais de semana, quando podem descansar e aproveitar a família e os amigos, acabam acumulando tudo o que não conseguiram resolver em outros dias e não fazendo nada que estava planejado. Quando se trata de uma atividade de lazer ou passar um tempo descansando com a família após chegar do trabalho, isso é ainda mais difícil. O ideal é que após um dia cansativo o profissional possa desfrutar de algo que proporcione bem-estar e alivie a mente para prepará-lo para o dia seguinte, mas não é o que acontece. Isso tem se tornado um problema com agravantes até mesmo de saúde.

Mas, e o mercado, tem se preocupado com isso?

[8] AS maiores dificuldades de quem trabalha longe de casa. **Emprego Ligado.** Disponível em: <http://meuemprego.empregoligado.com.br/maiores-dificuldades-de-quem-trabalha-longe-de-casa/#sthash.yu4x5R59.dpuf>.

> Para as empresas, ter o funcionário mais feliz e motivado também é um grande ganho que impacta diretamente em seu desempenho e resultados do negócio. Sendo assim, cada vez mais as organizações devem valorizar a recrutamento e seleção de pessoas que residam nas localidades mais próximas ou que possuam meios práticos de chegar ao trabalho, evitando todo esse desgaste, além de diminuir os custos com transporte.
>
> Outra questão que está em alta e já é praticada por algumas organizações é o *Home Office*. Para determinadas atividades é mais interessante e pode ser aplicado sem problemas. Por exemplo, os representantes comerciais que só precisam ir uma vez por semana à empresa esse tipo de trabalho para alguma reunião ou apresentação de relatório.
>
> Na verdade, tudo dependerá do momento e das prioridades de cada um. Existem pessoas que preferem optar por uma vaga de trabalho com salário um pouco menor, mas onde consigam conciliar de forma mais tranquila a vida pessoal e profissional. Acima de tudo, é importante encontrar um equilíbrio e procurar se sentir realizado, não se esquecendo de cuidar da saúde e de suas necessidades pessoais.

8.3.1 - Trabalho de horário flexível

O trabalho de horário flexível tem-se popularizado nas organizações como uma estratégia para motivar os seus colaboradores, principalmente no que se refere à qualidade de vida.

No horário flexível, o empregado tem horário de entrada e de saída, no entanto, seu horário de entrada e saída não é rígido. Caso precise resolver algum problema familiar, por exemplo, e precisar sair antes do término da jornada de trabalho ou chegar atrasado e não cumprir a jornada diária estabelecida, ele poderá repor a diferença no mesmo dia ou em outros dias.

Lembrando que, conforme disposto no artigo 59, § 2°, da Consolidação das Leis do Trabalho (CLT), a compensação de horas não pode ultrapassar o limite de dez horas diárias.

Artigo 59 da CLT
[...]
§ 2º Poderá ser dispensado o acréscimo de salário se, por força de acordo ou convenção coletiva de trabalho, o excesso de horas em um dia for compensado pela correspondente diminuição em outro dia, de maneira que não exceda, no período máximo de um ano, à soma das jornadas semanais de trabalho previstas, nem seja ultrapassado o limite máximo de dez horas diárias
No artigo 7º da Constituição Federal de 1988 estão dispostos os direitos dos trabalhadores urbanos e rurais e sua duração da jornada de trabalho:
Art. 7º São direitos dos trabalhadores urbanos e rurais, além de outros que visem à melhoria de sua condição social:
[...]
XIII - duração do trabalho normal não superior a oito horas diárias e quarenta e quatro semanais, facultada a compensação de horários e a redução da jornada, mediante acordo ou convenção coletiva de trabalho; (Decreto-Lei nº 5.452, de 1943.)
[...]
XIV - jornada de seis horas para o trabalho realizado em turnos ininterruptos de revezamento, salvo negociação coletiva.

A implementação do horário flexível na organização deve ser precedido de uma negociação coletiva, podendo resultar em acordo coletivo ou convenção coletiva.

8.3.2 - Trabalho a distância

Flexiplace, teletrabalho, local de trabalho flexível, home office e trabalho remoto referem-se a trabalho remunerado que pode ser realizado fora do ambiente organizacional, ou seja, a distância.

A legislação trabalhista brasileira alterou, em dezembro de 2011, o art. 6º da CLT, aprovada pelo Decreto-Lei nº 5.452, de 1o de maio de 1943, para poder equiparar os efeitos jurídicos da subordinação exercida por meios telemáticos e informatizados, por exemplo, tarefas executadas por celular e/ou computador.

Lei nº 12.551, de 15 de dezembro de 2011 – Altera o art. 6º da Consolidação das Leis do Trabalho (CLT), aprovada pelo Decreto-Lei nº 5.452, de 1º de maio de 1943, para equiparar os efeitos jurídicos da subordinação exercida por meios telemáticos e informatizados à exercida por meios pessoais e diretos.

Art. 1º O art. 6º da Consolidação das Leis do Trabalho (CLT), aprovada pelo Decreto-Lei nº 5.452, de 1º de maio de 1943, passa a vigorar com a seguinte redação:
"Art. 6o Não se distingue entre o trabalho realizado no estabelecimento do empregador, o executado no domicílio do empregado e o realizado a distância, desde que estejam caracterizados os pressupostos da relação de emprego".
Parágrafo único. "Os meios telemáticos e informatizados de comando, controle e supervisão se equiparam, para fins de subordinação jurídica, aos meios pessoais e diretos de comando, controle e supervisão do trabalho alheio" (NR).

Já a Súmula nº 428 do Tribunal Superior do Trabalho (TST) dispôs sobre o período de descanso do colaborador e a utilização de instrumentos telemáticos ou informatizados, usados no trabalho a distância.

Súmula nº 428 do TST

I - O uso de instrumentos telemáticos ou informatizados fornecidos pela empresa ao empregado, por si só, não caracteriza o regime de sobreaviso.
II - Considera-se em sobreaviso o empregado que, à distância e submetido a controle patronal por instrumentos telemáticos ou informatizados, permanecer em regime de plantão ou equivalente, aguardando a qualquer momento o chamado para o serviço durante o período de descanso.

Art. 244, § 2º, da CLT
Considera-se de "sobre-aviso" o empregado efetivo, que permanecer em sua própria casa, aguardando a qualquer momento o chamado para o serviço. Cada escala de "sobre-aviso" será, no máximo, de vinte e quatro horas. As horas de "sobre-aviso", para todos os efeitos, serão contadas à razão de 1/3 (um terço) do salário normal.

No Brasil, o Tribunal Superior do Trabalho (TST) regulamentou o trabalho a distância – teletrabalho – como política de flexibilização da jornada de trabalho, conforme a Resolução Administrativa nº 1.499 do Tribunal Superior do Trabalho (TST).

RESOLUÇÃO ADMINISTRATIVA N° 1.499, DE 1° DE FEVEREIRO DE 2012

CONSIDERANDO que motivar e comprometer as pessoas, bem como buscar a melhoria contínua do clima organizacional e da qualidade de vida são objetivos estratégicos a serem perseguidos pelo TST, a teor do Plano Estratégico 2010-2014;

CONSIDERANDO que o avanço tecnológico, notadamente com a implantação do sistema de processo eletrônico, possibilita o trabalho remoto ou à distância [sic];

CONSIDERANDO a necessidade de regulamentar o teletrabalho no âmbito do TST, de modo a definir critérios e requisitos para a sua prestação, mediante controle de acesso e avaliação permanente do desempenho e das condições de trabalho;

CONSIDERANDO as vantagens e benefícios diretos e indiretos advindos do teletrabalho para a administração, para o servidor e para a sociedade;
CONSIDERANDO que a Lei n° 12.551/2011 vem de reconhecer tais vantagens em relação aos trabalhadores que prestam serviço sob vínculo empregatício;

CONSIDERANDO o trabalho realizado pela Comissão instituída pelo ATO.TST.GP n° 346/2011, com o objetivo de realizar estudos e propor medidas destinadas ao aperfeiçoamento do modelo de Gestão de Pessoas do TST;
RESOLVE Regulamentar o teletrabalho no âmbito do Tribunal Superior do Trabalho

A implementação de políticas de flexibilização da jornada de trabalho e trabalho flexível deve ser debatida e analisada, identificando as vantagens e desvantagens:

Vantagens do trabalho a distância:
- motiva e retém os colaboradores;
- promove qualidade de vida aos colaboradores;
- proporciona aos colaboradores realizar, com tranquilidade, atividades como ir ao médico ou a reuniões nas escolas dos filhos,
- resolver problemas bancários ou fazer cursos de capacitação;
- reduz gastos com equipamentos e espaço;
- ajuda a evitar congestionamentos de carros em horário de pico;
- reduz o absenteísmo.

Desvantagens:
- dificuldade na adaptação no mecanismo de controle e sincronia das atividades e funções;
- preocupação em cumprir os dispositivos legais contidos na legislaçãotrabalhista.

Leia sobre o teletrabalho na visão da Organização Internacional do Trabalho (OIT). Este tem por missão promover oportunidades para que homens e mulheres possam ter acesso a um trabalho decente e produtivo, em condições de liberdade, equidade, segurança e dignidade.

Organizações que oferecem políticas de trabalho flexíveis

Organização	Programa de benefícios	Como é realizado
IBM[9] Essa organização foi uma das primeiras organizações que no Brasil ofereceu aos empregados o benefício de horário e trabalho flexíveis.	Programa *Home Office e flexiplace* O equilíbrio entre trabalho e vida pessoal é levado a sério por esta organização. Ela sabe que todo colaborador necessita de tempo para realizar tarefas pessoais, então oferece horários de trabalho flexíveis, para que o colaborador consiga equilibrar a sua vida pessoal e profissional, com a variação do seu horário de entrada e saída conforme os limites estabelecidos pela sua gerência local. *Telecommuting* e horários de trabalho semanais equilibrados estão disponíveis em várias unidades de negócios com aprovação prévia da gerência.	Os programas são: *home office*, sendo que o empregado trabalha em torno de 80% de seu tempo em casa, e *flexiplace* sendo que o empregado pode trabalhar em casa duas vezes por semana.

---

[9] IBM do Brasil. Disponível em:
<http://www.ibm.com/br/employment/benefits.phtml>.

Novartis[10]	Home office[11];	1) Reuniões internas não são agen-
Fundada em 1996, a Novartis é resultado da fusão entre a Ciba-Geigy e a Sandoz, duas companhias de história corporativa rica e diversificada. Quatorze anos depois, a Novartis já se consolidou como uma empresa líder em cuidados com a saúde, que tem o paciente no centro de suas ações, oferecendo a ele o melhor portfólio de produtos para atender suas necessidades: medicamentos inovadores protegidos por patentes; medicamentos genéricos e biosimilares de alta qualidade e preços acessíveis; vacinas para o combate a mais de 20 doenças virais e bacterianas imunopreveníveis; medicamentos isentos de prescrição.	flexibilidade da jornada de trabalho; happy fFriday.	dadas antes das 9 horas ou depois das 17 horas. O intuito é permitir que os funcionários possam se dedicar os programas de atividades físicas e garantir que eles tenham mais tempo para ficar mais em casa e aproveitar os momentos com a família. 2) A empresa também incentiva os colaboradores a elegerem um dia da semana para trabalhar em casa no esquema de *home office* – quando a função permite a flexibilidade. 3) Ainda instituiu a Sexta-feira Feliz, consiste em sair mais cedo na sexta-feira, a partir das 15 horas.

Divulgado na internet...

Pesquisa diz que trabalhar perto de casa equivale a 20 dias de folga[12]

Mariana Czerwonka

Em horários de pico, Salvador supera São Paulo, chegando a ter 59% de vias congestionadas.

Uma pesquisa divulgada pelo site Emprego Ligado relevou que trabalhar perto de casa equivale a até 20 dias de folga. A partir dessa pesquisa, o conceito de geolocalização tem se tornado realidade cada vez mais fácil para profissionais que podem se dedicar à família e ao lazer, além de não ter que perder horas no trânsito das principais cidades.

Segundo a pesquisa, a proximidade do trabalho resulta em uma maior qualidade de vida que se torna aliada à produtividade. Os dados refletem que 37% das pessoas saíram do último trabalho devido à distância entre a sua casa e

---

[10]NOVARTIS do Brasil. Disponível em:
 <http://www.novartis.com.br/>.
[11]REVISTA Melhor Gestão de Pessoas. Ano 21, n. 305, 2013.
[12]CZERWONKA, Mariana. **Pesquisa diz que trabalhar perto de casa equivale a 20 dias de folga.** Portal do Trânsito. Disponível em:
 <http://portaldotransito.com.br/noticias/acontecendo-no-transito/
 pesquisa-diz-que-trabalhar-perto-de-casa-equivale-a-20-dias-de-folga>.

> o local do emprego. Ao trabalhar perto de casa, pode-se economizar de três para uma hora em ida e volta de condução, conseguindo economizar quase um mês a mais por ano.
>
> A pesquisa ainda indicou que morar próximo ao trabalho é uma das observações que alguns grupos de Recursos Humanos questionam e dizem ser vantajoso àqueles que residem a uma média de quatro quilômetros do local de trabalho.
>
> Uma outra pesquisa, feita em junho deste ano, apontou que, nos horários de pico, Salvador chega a ter 59% de vias congestionadas, superando São Paulo, Rio de Janeiro, Fortaleza e Brasília.

A implementação de políticas de flexibilização da jornada de trabalho e trabalho flexível deve ser debatida e analisada, identificando as vantagens e desvantagens:

Divulgado na Internet...

> **Vantagens do trabalho a distância**[13]
>
> GENEBRA (Notícias da OIT) – O tema das vantagens – e inconvenientes – do teletrabalho tem sido objeto de um acalorado debate desde que a Diretora Executiva do Yahoo, Marissa Mayer, decidiu proibir o trabalho em casa.
>
> Segundo um comunicado interno confidencial que vazou para a imprensa, Mayer disse que a comunicação rápida e a colaboração de qualidade frequentemente são sacrificadas quando as pessoas trabalham a distância, inclusive em casa.
>
> As melhores decisões, declarou, na maioria das vezes são tomadas durante reuniões informais no local do trabalho.
>
> Os comentaristas assinalaram a aparente contradição de uma sociedade informatizada que acredita que as pessoas devem estar fisicamente presentes para comunicar-se, sobretudo quando a tecnologia do Século XXI permite que muitos trabalhadores possam conciliar de maneira eficaz o equilíbrio entre a vida pessoal e a vida profissional ao trabalhar a distância.

[13] VANTAGENS do trabalho a distância. Organização Internacional do Trabalho. Disponível em: <http://www.oitbrasil.org.br/content/vantagens-do-trabalho-distancia>..

A ideia de que é necessária a presença dos empregados em um lugar físico para poder colaborar eficazmente está arraigada na "velha escola" de gerência, que em parte se baseia na convicção de que não se pode confiar no trabalho realizado em casa.

No entanto, existe uma grande quantidade de evidências que demonstram que os trabalhadores tendem a ser mais produtivos e trabalhar mais horas que seus colegas que trabalham no escritório. Algumas grandes empresas, como Best Buy, British Telecom e Dow Chemical, afirmam que os teletrabalhadores são entre 35 e 45 por cento mais produtivos.

O argumento econômico

Embora seja possível que não é conveniente para as todas as pessoas e organizações, existe um argumento comercial convincente em favor do teletrabalho, que é benéfico tanto para o empregador como para o trabalhador.

Em primeiro lugar, aumenta a satisfação pessoal do empregado: livres da agitação diária de ter que percorrer longas distâncias, os trabalhadores podem encontrar mais facilmente um equilíbrio entre a vida privada e o trabalho e o tempo que perderiam parados no trânsito pode ser dedicado a trabalhar para a empresa.

Os estudos demonstram que o teletrabalho reduz a rotatividade de pessoal, o que se traduz em economia de milhares de dólares em custos de formação e contratação de novos empregados.

Além disso, o absenteísmo é consideravelmente reduzido, numa média de 63 por cento, de acordo com um resumo de pesquisas sobre este tema. Uma das razões subjacentes pode ser que muitos empregados que tiram uma licença por doença, na realidade não estão doentes senão que se ausentam por motivos familiares, necessidades pessoais ou por causa de *stress*. A flexibilidade de horário oferece a possibilidade aos teletrabalhadores de encarregar-se das obrigações familiares, cumprir suas obrigações ou programar suas reuniões sem perder um dia completo de trabalho.

O teletrabalho também permite que os empregadores economizem dinheiro com o consumo de energia, bens imóveis ou custos de relocalização. Também permite economizar o tempo perdido em reuniões desnecessárias ou mal organizadas. As teleconferências costumam ser melhor planificadas e mais concentradas no tema em discussão.

Mas provavelmente um dos argumentos mais fortes em favor do teletrabalho pode ser expresso em uma palavra: diversidade.

As mulheres continuam sendo as principais provedoras de cuidados e muitas não participam da força de trabalho por causa de suas responsabilidades familiares, frequentemente porque não conseguem conciliar o fato de ter que ir ao local de trabalho e cuidar de seus filhos e familiares mais velhos. O teletrabalho também oferece possibilidades às pessoas com deficiência que têm dificuldades para chegar ao local de trabalho. Alguns empregadores completamente virtuais contratam pessoal a distância sem tê-lo visto, reduzindo a eventual discriminação causada por raça, religião ou outros motivos.

Isto, em troca, enriquece a reserva de talentos à disposição dos empregadores.

Uma questão de confiança

Embora a tendência seja em direção à evolução do teletrabalho e a maioria dos gerentes digam que confiam em seus empregados, uma terça parte declarou que prefere ver seu pessoal, para estar seguros de que estão trabalhando. Isso enfatiza a necessidade de uma mudança na cultura empresarial rumo a um enfoque mais modernos que considera o pessoal digno de confiança.

Os empregados que trabalham em suas casas também devem autogerenciar-se, dispor de um espaço de trabalho definido e entender que o teletrabalho não é um substituto do cuidado com as crianças, ainda que ajude aos pais e mães que trabalham a cumprir suas responsabilidades familiares. Os horários de trabalho devem ser programados baseados nas necessidades da família. Também é necessário dispor de políticas de licenças flexíveis e bem remuneradas, assim como serviços sociais acessíveis e de qualidade, tanto para as mulheres como para os homens.

Alguns empregados podem preocupar-se pelo isolamento ou que sua promoção profissional seja comprometida.

Mas com a quantidade de inovação tecnológica disponível para as empresas – videoconferência, mensagens instantâneas, correio eletrônico e até o tradicional

> telefone – assim com o contato direto e ocasional e os sistemas de avaliação baseados no rendimento, o teletrabalho oferece argumentos convincentes.

Divulgado na internet...

> ### *Home office* cresce no Brasil, mas ainda enfrenta obstáculos[14]
>
> Desde fevereiro deste ano, os funcionários da sede da Michelin no Brasil podem trabalhar uma vez por semana de casa. Com sede na avenida das Américas, uma das vias de trânsito mais intenso do Rio de Janeiro, a empresa descobriu, em 2012, ao realizar uma pesquisa de clima, que esse tipo de política era uma demanda importante entre seus funcionários.
>
> A iniciativa da Michelin reflete uma tendência de mercado no Brasil. De acordo com a consultoria Top Employers Institute, 14% das empresas brasileiras têm programas formais de *home office.* Parece pouco, mas corresponde a mais do que o dobro dos 6% registrados no ano anterior.
>
> Por trás desse aumento, há uma série de fatores. Além de uma melhora na aprovação junto aos funcionários, as empresas conseguem realizar cortes de custos significativos ao permitir que os empregados trabalhem em casa.
>
> Na Ticket, por exemplo, o *home office* permitiu fechar 24 filiais espalhadas pelo Brasil e economizar 3,5 milhões de reais que eram gastos com aluguel e manutenção de equipamentos.
>
> As companhias também ganham com o aumento da produtividade. Um levantamento da Fundação Getulio Vargas estima em 26 bilhões de reais as perdas anuais da cidade de São Paulo por causa do tempo gasto no trânsito.
>
> Em alguns casos, os ganhos trazidos pelo *home office* são tão significativos que as empresas começam a criar funções em que trabalhar em casa seja a regra, e não a exceção — um sistema que ficou conhecido como *home based.*
>
> É o caso da Gol. Desde 2008, a companhia aérea vem investindo nesse esquema de trabalho em um dos setores mais sensíveis de sua operação: o atendimento ao cliente. Em vez de manter grandes estruturas de call center, a empresa tem contratado funcionários para desempenhar essa função diretamente de casa.

[14]71 FERREIRA, Gabriel; ACCORSI, Fabiano. **Home office cresce no Brasil, mas ainda enfrenta obstáculos.** Revista Você S/A. Exame.com. Disponível em:
<http://exame.abril.com.br/revista-voce-sa/edicoes/194/noticias/pegando-no-batente-sem-sair-de-casa>..

"Notamos aumento até na satisfação dos clientes com o serviço prestado", afirma Rogério Pereira Nunes, diretor de relacionamento com o cliente da Gol. Atualmente, dos cerca de 1 500 atendentes, dois terços trabalham no sistema *home based*.

Estruturar esses novos modelos de trabalho, porém, envolve desafios.

Especificamente no caso brasileiro, a legislação é vista pelos empregadores como um dos principais entraves — o que ajuda a entender por que o índice brasileiro de empresas que adotam o *home office* é tão mais baixo do que o de outros países, como a Holanda, onde 67% das empresas têm políticas formais de trabalho remoto, segundo a Top Employers.

Para evitar problemas, o ideal é que a política de *home office* seja formalizada, com direitos e deveres da empresa e do empregado bem definidos, e não um acordo informal entre gestores e subordinados — prática ainda comum no Brasil, mas que abre brechas para contestações.

Fatores culturais também podem desestimular a adoção do sistema. Em muitas companhias, ainda impera uma maior valorização do esforço do que do resultado. Assim, o profissional que aparece todos os dias no escritório acaba sendo mais valorizado do que aquele que trabalha em casa — mesmo que o último seja mais produtivo e entregue mais resultados.

No caso da Gol, foi necessário até substituir alguns executivos. "Era uma mentalidade muito nova e precisávamos de gente que estivesse aberta a isso", conta Rogério. Como resultado, a empresa diz que, hoje, a maior parte das promoções se dá entre os funcionários que trabalham em casa. "Em geral, eles apresentam melhores resultados e são recompensados por isso", diz o diretor da Gol.

Para que o empregado possa produzir em casa tanto quanto no escritório, também é preciso investir em sistemas e equipamentos que facilitem a conectividade. Foi o que fizeram Dell e Philips, que também contam com políticas de trabalho remoto. "Precisamos trocar *desktops* por *laptops*, investir em celulares e em equipamentos para reuniões a distância", afirma Cristiane José, gerente de RH da Philips.

Segundo Daniela Wajman, gerente de *marketing* e produtos da Voitel, empresa de produtos e serviços de conectividade, a busca dessas soluções tecnológicas tem crescido no Brasil, mas não resolve por si só os desafios do teletrabalho.

> "Por incrível que pareça, em dias de caos urbano, como greves e protestos, em vez de mandar os empregados trabalhar em casa, as empresas simplesmente dispensam a equipe", diz Daniela. "Parece incoerente, mas está ligado à falta de cultura de trabalho remoto".

Dica de filme:

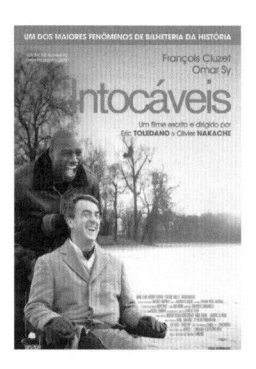

"Intocáveis"
Direção: Eric Toledano, Olivier Nakache
Ano: 2011

Dados sobre o filme: o filme é baseado na vida de Philippe Pozzo di Borgo, um rico aristocrata, que após sofrer um grave acidente, fica tetraplégico. Driss, mesmo não tendo um currículo compatível para o cargo, é contratado como seu assistente. Juntos, desenvolvem uma relação de amizade que muda para sempre a vida dos dois.

Observe no filme: a construção de um relacionamento de trabalho que devido ao relacionamento interpessoal, resultou em benefícios na qualidade de vida e em trocas de experiências

Capítulo 9
Liderança e a Gestão de Pessoas

"O maior líder é aquele que reconhece sua pequenez, extrai força de sua humildade e experiência da sua fragilidade."

Augusto Cury –
Seja líder de si mesmo
(Sextavante).

> *Objetivos deste capítulo:*
>
> *1) Identificar a influência da liderança na organização.*
> *2) Caracterizar a aliança estratégica entre liderança organizacional e a área de gestão de pessoas.*
>
> *Antes de se aprofundar no capítulo, faça uma reflexão:*
>
> *1) Como um líder pode influenciar positivamente na produtividade dos colaboradores?*
> *2) Quem, para você, é exemplo de um bom líder?*

9.1 - A Influência da liderança na organização

A estrutura (organograma) de uma organização é composta por partes: a estratégica (presidência e diretoria), a tática (coordenação) e a operacional. Para que uma organização desenvolva com excelência suas atribuições, torna-se necessário, entre outros fatores, que a liderança ocorra de forma eficaz, pois as pessoas precisam de orientações sobre como proceder adequadamente.

Ao líder cabe, entre outras atribuições, gerenciar pessoas, favorecer a comunicação, gerenciar conflito, criar um espírito de equipe e desenvolver um bom ambiente de trabalho que favoreça a produtividade.

Como cada pessoa é um universo, cada um possui seu grau de complexidade, motivações, conhecimentos, habilidade e atitudes. A liderança deve reconhecer essas diferenças e saber como aproveitá-las na organização, procurando maximizar as habilidades dos colaboradores com suas atribuições.

Para esse aproveitamento, a liderança deve estar ciente dos objetivos organizacionais, conhecer o desenho de cada cargo, o perfil necessário para ser bem sucedido nas atribuições e conseguir identificar o potencial de cada colaborador. Esse não é um processo simples. Por essa razão, bons líderes trazem continuamente bons resultados, pois estes possuem uma visão estratégica em suas mentes.

Liderar é estar atento, é ter autodomínio, saber que atitudes certas ajudam a construir, mas que bastam poucas erradas para deixar ruir toda uma construção. O papel do líder na organização é estratégico. Ele deve ser o primeiro a ter o perfil desejado pela organização, pois suas atitudes irão impactar nos colaboradores que observarão, além de suas decisões, como estas são tomadas e seguidas por ele.

Se um líder, por exemplo, chama a copeira pelo nome, ele aumenta a possibilidade de os demais colaboradores também tratá-la da mesma forma. Atitude como essa ao longo do tempo auxilia a criação da identidade, da cultura e do clima da organização.

Um bom líder presta atenção aos detalhes, favorece a aproximação, comunicação , compreende o poder da motivação e os ganhos com a retenção de talentos. O alto índice de rotatividade de pessoas faz com que dificulte conhecer os colaboradores, seus perfis e potenciais, e em consequência que haja pouco aproveitamento do colaborador ou de seu potencial na organização.

Ter uma boa liderança na organização é um dos segredos de sucesso para reter colaboradores, pelas seguintes razões:
- consegue estimular e inspirar corretamente os colaboradores, desde que este seja um bom modelo para a organização;
- efetua uma comunicação eficiente, eficaz e efetiva;
- possui credibilidade junto aos seus colaboradores;
- conhece a organização, seus objetivos e metas;
- repassa aos colaboradores a visão organizacional e estimula o sentimento de pertencimento, inspiram a aceitar, querer e compartilhar a visão, a missão e os valores da organização;
- sabe identificar o potencial de seus colaboradores, reconhecer os esforços e direcionar o colaborador para atingir os objetivos organizacionais;
- possui habilidade de pensar objetivamente e agir estrategicamente;
- assume as responsabilidades tanto pelos acertos quanto pelos erros, ou seja, não procura culpados por suas decisões e escolhas;
- transforma as pessoas que trabalham ao seu redor em uma equipe.

Equipes são, por definição, encontro de pessoas que têm o mesmo objetivo e dirigem seus esforços para alcançá-lo. Um exemplo: um time de vôlei ou de futebol disputa campeonatos e todos os jogadores possuem o mesmo objetivo, que é Vencer!

Em uma organização, as equipes tendem a ser mais eficazes do que os grupos, por produzirem melhores resultados, visto que se organizam, sintonizam e convergem seus esforços para alcançar o objetivo desejado.

Quando a equipe trabalha em direção a um único objetivo, obtém mais sucesso e chances de alcançar o que foi predeterminado do que quando as pessoas comportam-se como em um constante cabo de guerra, direcionando esforços em pontos diferentes, dificultando um caminhar eficaz rumo ao objetivo.

Manter a integração, a união de uma equipe, não é uma tarefa fácil. São necessárias doses diárias de bons exemplos, principalmente por parte da liderança, por influenciar a cultura organizacional.

Uma estratégia que está sendo utilizada para estimular a motivação, a integração e o espírito de equipe é o *team building*. Nesse processo, são trabalhadas por meio de atividades práticas, como: exercícios, simulações, retiros e gincana corporativa e situações que envolvem o meio coorporativo.

Outra ação direcionada para auxiliar os líderes é o *coaching*, um treinamento em que é realizado um acordo entre o *coach* (profissional contratado) e o *coachee* (cliente), no qual são abordadas tanto questões para o desenvolvimento pessoal quanto o profissional do líder.

Há organizações que utilizam o *mentoring*, principalmente quando um gestor ocupa um novo cargo ou quando está no início da carreira. Nele é designado um mentor, que normalmente é da organização e ocupa um cargo mais elevado. O mentor irá estimular e acompanhar o desenvolvimento do profissional. Essa prática é comum, principalmente em casos de sucessão.

Vivências de um líder

Um líder que está sendo considerado como grande gestor do século XXI é Jack Wech, ele cultivava talentos internacionalmente na General Eletric - GE.[1] Este líder nasceu na cidade de Salem, Massachusetts (EUA), e formou-se em Engenharia Química.

---

[1] TEIXEIRA, Alexandre. **Como se tornar um líder do século 21.** Reportagem de Capa. Liderança. Época Negócios. Disponível em: <http://epocanegocios.globo.com/Revista/Common/0,,EMI152657-16380,00-COMO+SE+TORNAR+UM+LIDER+DO+SECULO.html>.

Ele foi admitido na empresa em 1960 e chegou ao cargo de CEO da General Electric, aplicou e implementou inovações e tecnicas gerenciais e liderança, conseguindo tirar a empresa de uma grande burocracia, com muito sucesso. Em 2001, quando se aposentou, começou a viajar e fazer palestras e conhecer talentos internacionalmente, autor de dois livros de sucesso: *Jack definitivo* e *Winning*.

Algumas ideias que ele apresenta em suas palestras em relação a liderança e gestão: o líder deve inspirar talentos, incentivar a inovação e aprendizado, perceber nas mudanças uma oportunidade, motivar talentos, receber ideias de todas as pessoas, fazer além do que esperam dele, ter um objetivo e uma visao clara das coisas a serem realizadas, ser mais informal e controlar menos.

9.2 - A aliança estratégica entre liderança organizacional e a área de gestão de pessoas

Os líderes devem utilizar-se estrategicamente da área de gestão de pessoas na organização, a fim de que estas, com motivos, atitudes e comportamentos diferentes, atuem em sintonia para alcançarem os objetivos da liderança organizacional.

O que ocorre na prática é que, em muitos casos, gestores que ocupam cargos de liderança simplesmente abrem um pedido de contratação de pessoas, mas dificilmente planejam junto com os colaboradores e gestores da área de gestão de pessoas as habilidades e competências necessárias para o cargo.

Algumas organizações fazem isso uma vez, desenham a estrutura, criam um molde e o segue por anos, sem uma atualização, o que torna a estrutura engessada e por vezes defasada, pois as habilidades, as competências e os conhecimentos importantes há cinco anos podem já não ser os mesmos de hoje.

Tendo em vista que no mundo onde a mudança é certeira, tornam-se necessárias constantes revisões do perfil adequado ao quadro de colaboradoras, ou seja, não pode ocorrer uma comodidade, pois, se isso acontece, a probabilidade de haver erros na contratação torna-se cada vez maior.

Para a constante atualização, é necessário que o gestor da área de gestão de pessoas esteja afinado com a liderança, acompanhando sua evolução, seus desafios, barreiras, progressos, pois no mercado em que se estuda cada vez mais os pontos fortes e fracos do concorrente, para poder atacar suas debilidades, é preciso que a área de gestão de pessoas seja o escudo protetor.

O sucesso em uma organização não é obra do acaso, é conquistado, é o somatório de diversas batalhas internas, quebra de paradigmas, de conceitos e preconceitos internalizados na cultura e externalizados por meio de atos e atitudes dos que compõem a organização.

A firmeza das propostas de liderança precisa de um perfeito ajuste às ações das áreas de gestão de pessoas, para que o que se propõe possa ser realmente eficaz e haja uma única direção.

Quando se está no décimo oitavo andar, ao olhar por uma janela, tem-se a visão distorcida quando se olha para baixo. Comparando à liderança, líderes que não criam mecanismos para eliminar essa distorção, ou seja, que não criam mecanismos para estarem próximos aos colaboradores e clientes, estão propícios a desenvolver planos, metas, objetivos que não poderão ser cumpridos conforme o desejado.

Estudo de caso...

> Conversando com o diretor de uma faculdade do Rio de Janeiro, ele comentou que precisava melhorar o *endomarketing* da faculdade ou então todo o dinheiro investido em propaganda teria o resultado menor do que o esperado.
>
> Fiz de conta que entendi... Respeitei a preocupação dele e logo mudei de assunto, antes que ele me perguntasse se eu tinha alguma ideia para ajudá-lo. Na época eu cursava economia, mas era comum conversarmos sobre estratégias gerenciais no período pós abertura comercial. Fascinava-me o mundo dele, tanto que logo depois decidi estudar *marketing*.
>
> No dia da nossa conversa, descobri o significado do termo *marketing* interno ou *endomarketing*: recomenda que a empresa de serviços deve treinar e motivar seus funcionários que contatam com os clientes e todo o pessoal de apoio ao serviço como um time para proporcionar satisfação ao cliente. (KOTLER, 1992)
>
> Então eu pensei... Ele havia investido no *marketing* externo, agora precisava cuidar do interno para recepcionar os futuros clientes e os encantar... Entendi a proposta dele, só discordei dias depois da ordem. Comentei em outra conversa

> posterior, que, para mim, primeiro ele deveria cuidar da local da festa, ou seja, da organização, para depois enviar o convite, ou seja, desenvolver as estratégias para atrair os clientes...
>
> Sua organização está realmente preparada para receber seus convidados? Quais áreas precisam de uma manutenção? De uma pequena reforma? O que pode ser melhorado?

A liderança atualmente tem identificado, nos colaboradores, as múltiplas inteligências, que são importantes para o desenvolvimento das funções e atividades do cargo e que convergem para o sucesso dos objetivos organizacionais.

9.3 - O uso das inteligências múltiplas na organização

Utilizou-se por décadas o teste de QI (quociente de inteligência) antes de ampliar o entendimento de que o que envolve a inteligência humana é mais abrangente.

Esse entender foi baseado nos estudos das inteligências múltiplas, que identificam, mapeiam e analisam inteligências como a espacial (presente em navegantes e engenheiros), corporal-cinestésica (desenvolvida em atletas ou dançarinos), intrapessoal (expressa pelo autoconhecimento) e interpessoal (capacidade de compreensão do outro, o que facilita formar vínculos).

De acordo com o a teoria das inteligências múltiplas, o cérebro humano possui oito tipos de inteligência. O grande desafio, no que se refere às inteligências múltiplas, é o gestor conseguir identificar e aproveitar efetivamente essas inteligências na organização. Alocar as pessoas em funções em que suas habilidades possam ser utilizadas.

- Inteligência linguística: facilidade para utilizar a língua para se expressar e comunicar. A sua organização reconhece as pessoas que possuem facilidade para falar? Reconhece os bons oradores? Esse potencial é devidamente utilizado na captação de novos clientes, por exemplo?
- Inteligência lógico-matemática: facilidade tanto com os números quanto com o raciocínio lógico. Podem ajudar de maneira ímpar em lugares que precisem de decisões que estejam atreladas a números.

- Inteligência espacial: facilidade em fazer muito bem gráficos, representar visualmente suas ideias e ajudar na decoração e organização do ambiente de trabalho.
- Inteligência corporal-cinestésica: facilidade em fazer uso do corpo para expressar ideias e sentimentos, tendo também como característica muita destreza com as mãos. É a pessoa ideal para passar uma ideia, um valor da organização, para os demais colaboradores.
- Inteligência musical: facilidade em se expressar, principalmente por meio da música. Tem uma sensibilidade que pode ser utilizada para compreender melhor as pessoas e o universo que as cerca.
- Inteligência interpessoal: facilidade em motivar, influenciar e compreender adequadamente os demais, respondendo satisfatoriamente aos questionamentos destes. Esse colaborador é muito importante para conduzir os demais ao objetivo organizacional predefinido.
- Inteligência intrapessoal: facilidade em compreender com rapidez uma cultura organizacional. Tem senso crítico apurado sobre suas qualidades e limitações, assim como consciência constante de seu estado de espírito. Esse colaborador como líder auxiliará muito à organização.
- Inteligência naturalista: facilidade em criar, desenvolver e disseminar uma cultura diretamente correlacionada à responsabilidade social empresarial.

As organizações devem conhecer e estimular os colaboradores a desenvolverem suas múltiplas inteligências, no ambiente de trabalho, e nas atividades do cargo que ocupam.

> **Dotados de múltiplas inteligências; você conhece as suas?**[2]
>
> *Viviane Macedo*
>
> Você já parou para pensar por que algumas pessoas desenvolvem com tanta facilidade funções que para outras são praticamente impossíveis ou extremamente difíceis? Para o jogador de futebol Ronaldo, por exemplo, driblar um,

---

[2] MACEDO, Viviane. **Dotados de múltiplas inteligências; você conhece as suas?** Profissional em Foco. Emprego Certo. Disponível em: <http://empregocerto.uol.com.br/info/dicas/2010/01/22/dotados-de-multiplas-inteligencias-voce-conhece-as-suas.html#rmcl>.

dois, três adversários e fazer um gol parece ser algo muito fácil, natural. Mas, se pedíssemos para ele cantar uma música, ou compor uma letra, sua atuação já não seria a mesma.

Este é apenas um exemplo, mas situações parecidas são recorrentes no mercado de trabalho. Quantos profissionais você conhece que são extremamente competentes e realizam suas atividades de forma invejável? Você mesmo talvez seja um deles. Além da competência e do comprometimento, há outros aspectos que determinam esse sucesso.

Segundo o psicólogo americano Howard Gardner, essa explicação pode ser dada a partir da Teoria das Inteligências Múltiplas. Depois de anos de estudos, a teoria desenvolvida por Gardner e um grupo da Universidade de Harvard, na década de 80, é que a inteligência pode ser dividida em oito: Linguística, Lógico-matemática, Espacial, Corporal-cinestésica, Musical, Interpessoal, Intrapessoal e Naturalista.

Vamos a uma breve descrição de cada uma delas:

- Linguística: se dá na capacidade de escrever, falar, lidar com a linguagem e ter prazer em trabalhar com as palavras.
- Lógico-matemática: é a intimidade com números, com lógica, a capacidade de trabalhar e ter raciocínio lógico desenvolvido.
- Espacial: é a habilidade de entender o mundo espacial com precisão, localizar-se com facilidade geograficamente.
- Corporal-cinestésica: é a aptidão para conhecer e ter controle sobre o próprio corpo, tendo domínio dos movimentos e facilidade para manipular objetos.
- Musical: é capacidade de produzir sons e ritmos, entender e ter "ouvido" para manifestações musicais.
- Intrapessoal: reflete autoconhecimento desenvolvido, é conhecer as próprias emoções e saber lidar com elas de forma mais equilibrada.
- Interpessoal: se dá no maior entendimento e facilidade para lidar e conviver com o outro, além da habilidade de compreender suas motivações e aspirações.
- Naturalista: é uma inteligência traduzida na sensibilidade para reconhecer e ter facilidade de compreensão sobre fenômenos

da natureza, plantas, animais, vegetais – de uma forma geral, todas as questões relacionadas ao meio ambiente.

Seguindo este raciocínio, todos nós somos dotados de inteligências, basta conhecê-las e saber qual ou quais delas mais nos destacam com relação às outras pessoas.

As inteligências múltiplas e a carreira profissional

A Teoria das Inteligências Múltiplas é apenas uma visão com relação ao assunto, outros estudiosos se posicionam de maneira diferente. Mas, pensando a partir do conceito criado por Gardner, muito podemos relacionar e utilizar no decorrer da carreira profissional. "Essa teoria é um referencial importante para a carreira, porque identificar precocemente aspectos que são mais preponderantes numa pessoa pode fazer toda a diferença em sua vida profissional. Um jovem que comece a manifestar uma habilidade maior com determinado aspecto do intelecto e leve isso em consideração desde cedo terá mais chances de escolher uma carreira que seja condizente com sua inteligência mais forte", afirma o psicólogo e professor de gestão de pessoas do Insper, Francisco Ramirez.

Como bem disse o professor, "inteligência mais forte", isso é, a teoria não sugere que uma pessoa terá apenas uma inteligência, pelo contrário, o indivíduo pode ter múltiplas inteligências, mas uma será mais marcante, mais forte que as demais. "Todos nós possuímos mais de uma inteligência, o importante é descobrirmos qual delas nos faz sobressair com relação aos outros", aconselha Ramirez.

Apoiar-se nessa inteligência predominante é um dos caminhos para ser realizado profissionalmente. Conhecer as principais habilidades e trabalhá-las a seu favor pode transformá-lo num profissional mais completo e feliz. "O sucesso profissional depende muito do sentimento que o trabalho nos proporciona. Ser feliz é fundamental e para isso é preciso antes se conhecer e saber o que aspira para a carreira e para a vida", aponta Irene Azevedo, consultora da DBM. Segundo ela, é a partir daí que o profissional escolhe quais pontos deve atacar em seu desenvolvimento. "Tem de procurar fazer uma escolha profissional relacionada com aquilo que se faz melhor, com mais facilidade. Temos de procurar sempre reforçar nossos pontos fortes, para que eles sejam cada vez melhores", aconselha a consultora.

Descubra-se

Se você ainda tem dúvidas sobre qual é a sua inteligência predominante, descobrir é muito fácil. Basta pensar naquilo que faz bem, com facilidade e lhe dá prazer. "Tente descobrir o que é que você gosta de fazer e faz bem. Aquilo que te dá alegria, onde você sente que está dando o melhor de si. Sem dúvida nenhuma, essa é uma grande indicação de onde você vai ter sucesso na carreira", diz Ramirez. Se o seu trabalho já está relacionado a essa inteligência, ótimo, as chances de ser bem-sucedido são muito grandes.

O professor aconselha, ainda: não se arrisque numa profissão para a qual você não tem a menor habilidade ou jeito, apenas para seguir desejos de outras pessoas ou tradições familiares. "Se você é alguém que tem um talento fantástico para estar num campo de futebol, impressiona os demais, mas não tem nenhuma agilidade com números, por favor, não escolha fazer estatística", brinca Ramirez. O recado que ele quer passar é simples – as chances de sucesso das pessoas são muito parecidas, e o que determina isso na maioria das vezes são as escolhas de cada um.

Portanto, esteja você começando sua carreira agora, ou não, o importante é descobrir-se. "A nossa atuação tem de andar junto com aquilo que nos move, que nos motiva, por isso é tão importante que nos conheçamos cada vez mais, só assim podemos fazer escolhas acertadas e nos sentir preenchidos", finaliza Irene.

Reflexões

Vamos parar para pensar... Seja você um gestor ou não, é importante identificar os talentos a sua volta e ter atitudes que auxiliem o sucesso organizacional e o seu desenvolvimento profissional. Façamos um teste rápido... Leia as alternativas abaixo e se dê uma nota de zero a dez, para cada uma delas:

QUESTÕES	NOTA
Possui um bom relacionamento com os colaboradores.	
Sabe o nome dos colaboradores.	
Sabe identificar o potencial de cada colaborador.	
Promoveu algum colaborador nos últimos três anos?	

Elogiou nos últimos dois dias o trabalho de algum colaborador?
Incentiva a criatividade dos colaboradores.
Incentiva e inovação dos colaboradores.
Está sempre realmente disposto a orientar e sanar dúvidas dos colaboradores.
Motiva para que os colaboradores tenham uma boa interação e integração na organização.
Participa das atividades comemorativas, como aniversariantes do mês, chá de fraudas, amigo oculto.

Atingiu entre 100 a 90 pontos?

Parabéns! Aproveite seu potencial para desenvolver seu crescimento pessoal.

Atingiu entre 80 a 70 pontos?

Em alguns pontos você pode melhorar! Faça uma reflexão sobre seus pontos fortes e fracos e procure pensar em estratégias para gerenciar melhor as questões nas quais não obteve boa pontuação.

Atingiu entre 60 a 50 pontos?

Reflita sua postura como gestor. Como seus colaboradores o vêem? Será que eles admiram suas atitudes?

Atingiu menos de 50 pontos?

Procure ver pontos em que possa melhorar. Sua equipe precisa de você!

Divulgado na internet...

> O artigo a seguir demonstra como as organizações estão explorando o *coaching* como mecanismo para desenvolver habilidades de liderança em seus profissionais.
>
> **LG Sistemas oferece programa de *coaching* a gestores da empresa**[3]
>
> *Ação faz parte do programa academia de líderes, que visa ao desenvolvimento dos gestores da LG.*

---

[3] LG Sistemas oferece programa de coaching a gestores da empresa. **LG.** Disponível em: http://www.lg.com.br/sala-de-imprensa/releases/lg-sistemas-oferece-programa-de-coaching-a-gestores-da-empresa-1.

Goiânia, 13 de março de 2012 – Visando promover o conhecimento e aprimorar as competências profissionais e pessoais de seus gestores, a LG Sistemas irá oferecer um programa de *coaching* empresarial para os líderes da empresa. Para isso, a LG fechou uma parceria com o Alpha Coaching Instituto de Desenvolvimento, que irá trabalhar buscando que os objetivos da empresa sejam sustentados. A ação também contemplará os líderes das unidades da LG Sistemas.

"Resumidamente, o papel do *coaching* é alinhar o objetivo do profissional, com os interesses da organização. É um trabalho muito personalizado e que traz resultados para as empresas", explica a *coach* Lysia Moreira. A expectativa é que todo o processo de *coaching* dure cerca de oito meses. A cada 15 dias, serão realizados encontros individuais e sigilosos entre os líderes e as *coaches.* No total, estão programados 14 encontros com cada gestor, até o fim do ano.

Para o Diretor de Mercado da LG Sistemas, Gustavo Teixeira, com o crescimento constante da empresa, cada vez mais é preciso aprender a liderar, delegar e a não perder o foco. "Com certeza é uma nova porta que se abre, trazendo crescimento profissional e pessoal, além da possibilidade de alcançarmos nossos objetivos e metas", concluiu ele.

Academia de Líderes: O lançamento do programa aconteceu em 29 de fevereiro, com a palestra "Coaching Education", ministrada por *coaches* do Alpha Coaching Instituto de Desenvolvimento. Nesta oportunidade, os líderes foram apresentados tanto ao programa de *coaching*, como ao projeto Academia de Líderes, que institucionaliza o programa de desenvolvimento gerencial da LG.

Sobre a LG Sistemas: A LG Sistemas é especialista em tecnologia para gestão de recursos humanos e, há 25 anos, busca oferecer flexibilidade ao trabalho dos profissionais de RH através de suas soluções. Os produtos da empresa integram uma solução completa para gestão de RH, a suíte FPW, e são construídos para que as mais variadas necessidades desses departamentos sejam atendidas.

Com sede e centro de desenvolvimento em Goiás, a LG Sistemas mantém escritórios próprios em São Paulo, Rio de Janeiro, Paraná, Pernambuco, Minas Gerais e um representante na Bahia. Alguns de seus clientes são AMBEV, Vale, Oi, Carrefour, Caterpillar, Fiat, Telefônica, Grupo Positivo, Grupo Votorantim e Rede Globo.

Dica de Filme:

"O homem que mudou o jogo"
Direção: Bennett Miller
Ano: 2011

Dados sobre o filme: Este filme foi baseado no livro "Moneyball: tje Art of winning na Unfair Game, de Michael Lewis, em história real, demonstra como o treinador Billy Beane do time de basebol, da liga americana, conseguiu que seu time o Oakland Athletics se destacasse e fosse vencedor. Ele elaborou uma estratégia, juntamente com Peter Brand, recém formado em Yale, a fim de analisar cada jogador, para criar um time competitivo para a temporada em 2002. O time esbarrava na questão financeira, pois não tinha tanto dinheiro para contratar jogadores da elite. A sua estratégia, foi analisar estatisticamente as qualidades de cada jogador que tinha um custo menor. Com isto ele conseguiu montar uma equipe, que tinha a menor folha salarial entre as competidoras, mas que tinha bom desempenho no jogo.

Observe no filme: característica de planejamento, estratégia, e habilidade para liderar e motivar equipe.

Capítulo 10
Rotatividade de Empregados
Turnover

"Somente o gênio tem a coragem de não tentar ser agradável a todos."

Emanuel Wertheimer

> *Objetivos deste capítulo:*
>
> *1) Perceber o motivo da rotatividade de pessoal, ou turnover.*
> *2) Identificar o índice de rotatividade de pessoal, ou turnover .*
>
> *Antes de ler sobre o assunto, faça uma reflexão:*
>
> *1) A quantidade de profissionais contratados e demitidos em sua organização é alta?*
> *2) Por quais razões se preocupar com os índices de rotatividade de pessoal, ou turnover, de uma organização?*

10.1 - Evasão de talentos na organização

De acordo com o Estudo de Remuneração 2012/2013 realizado pela Page Personnel[1], cerca de 70% dos entrevistados pretendiam mudar de área ou de emprego nos próximos doze meses. Os dados da pesquisa apresentaram que: para 72% das empresas, o maior turnover ocorre entre analistas, assistentes e técnicos.

Isso implica dizer que pessoas com conhecimento dos procedimentos da organização poderão procurar novas oportunidades, e com isso gestores terão que contratar novas pessoas, apresentá-las à organização, explicar os procedimentos operacionais, capacitá-las, treiná-las, para depois esperar que estas desenvolvam o resultado esperado. Além do fato de que o tempo de adequação e adaptação entre um talento e outro pode durar meses. Até lá, a organização terá dificuldade em seguir um ritmo acelerado, pois erros são inerentes a novas contratações.

Divulgado na internet...

> De acordo com pesquisas da empresa de recrutamento especializado Robert Half[2], na visão de diretores de recursos humanos, no Brasil, o baixo desempenho profissional é a principal causa de demissões (34%), a falta de aderência à cultura da empresa aparece em segundo lugar (26%), seguida de relacionamento

[1] ESTUDO de Remuneração 2012-2013. **Page Personnel**. Disponível em:
<http://www.pagepersonnel.com.br/>. Acesso em: 29 mar. 2013
[2] BAIXO desempenho é o principal motivo de demissões no Brasil. Imprensa. Robert Half. Disponível em:
<http://www.roberthalf.com.br/portal/site/rh-br/menuitem.b0a52206b89cee97e7dfed10c3809fa0/?vgnextoid=e3a632df80b0a-410VgnVCM100000180af90aRCRD>.

> ruim com a equipe (16%), problemas relacionados à frequência, como atrasos e faltas (12%), e baixa empatia com o superior (10%).

Por que as organizações perdem os seus talentos para outras?

A reposta para essa questão é complexa. Eis alguns dos fatores que podem favorecer a evasão de talentos nas organizações:

- instabilidade no emprego;
- ausência de apoio da gestão imediata para a realização das atividades e tarefas a serem executadas;
- ausência de integração entre superiores e subordinados;
- descumprimento das normas ou regulamentações pela organização ou pelos gestores;
- ausência de envolvimento dos colaboradores no processo decisório;
- imposição de regras e ordens pelos gestores sem realizar uma análise compartilhada;
- ausência de investimento em treinamento, capacitação e desenvolvimento de pessoas;
- insatisfação dos relacionamentos interpessoal entre os colegas e e/ou gestores;
- prática de ações antiéticas, abusivas e desiguais da organização e/ou dos gestores;
- insatisfação com as tarefas realizadas e como estas são distribuídas entre os colaboradores;
- ausência de tarefas desafiadoras;
- estímulo à cultura de liderança autocrática, baseada no autoritarismo e no controle;
- ausência de valorização e perspectiva de crescimento pessoal e profissional;
- remuneração e benefícios incompatíveis com o mercado de trabalho.

Reflexões:

Quais outros itens você acrescentaria? Pense em relações de trabalho que não foram motivadoras. Reflita sobre o que o fez sentir satisfeito e insatisfeito. Qual foi o reflexo da sua satisfação e insatisfação? Caso você esteja insatisfeito, o que a organização deixou de ganhar com a sua falta de motivação?

Quanto mais itens listados ocorrerem em uma organização, mais as pessoas estarão propensas a procurar um outro lugar para trabalhar. Quando muitos colaboradores se desligam de uma organização em um mesmo período de tempo, isso poderá indicar um maior índice de turnover, ou rotatividade na organização.

10.2 - O *turnover* na organização

Turnover está correlacionado ao estudo da rotatividade de pessoas dentro da organização. Para uma organização, é extremamente importante compreender os motivos pelos quais as pessoas que aceitaram o convite para participar desta, ou seja, que fizeram com que fossem selecionadas e contratadas, não permaneceram.

Para auxiliar no esclarecimento da questão, procure refletir e responder com sinceridade a cada uma das questões a seguir e, se possível, tente aplicá-las, por meio de um questionário aos colaboradores, preferencialmente sem ter a necessidade de identificação, para investigar como está a retenção de pessoas na organização.

1. O processo de recrutamento e seleção está adequado?
2. São contratadas pessoas com o perfil adequado e que se identificam com a organização?
3. A remuneração e os benefícios são compatíveis com a realização das tarefas e os oferecidos pelo mercado de trabalho?
4. Existe meritocracia na organização?
5. Existe uma avaliação da satisfação dos colaboradores em relação à organização?
6. Os colaboradores conseguem perceber crescimento profissional e pessoal na organização?
7. Existem treinamento, capacitação e desenvolvimento para os colaboradores de forma adequada?
8. Os colaboradores gostam da organização?
9. Existem harmonia e boa comunicação entre os colaboradores e entre colaboradores e gestores?

10. A demanda de trabalho é adequada ao tempo que o colaborador fica na organização?
11. A gestão estimula positivamente os colaboradores?
12. A organização estimula o respeito, a cooperação e a integração dos colaboradores?

Questionamento como esse ajuda a entender a razão pela qual a organização pode não conseguir reter seus talentos. A alta rotatividade traz, via de regra, dificuldades operacionais, pois erros são inerentes a novas contratações, ou seja, os recém-chegados à organização poderão cometer erros até aprender o trabalho e se acostumar com o ritmo dos processos e dos demais colaboradores.

Outro prejuízo que a alta rotatividade traz é a dificuldade em conseguir obter o comportamento organizacional desejado, pois o entra e sai de pessoas dificulta a implantação e a manutenção da cultura e os valores desejados pela organização.

Cada organização tem sua própria identidade, seu estilo, seu jeito de fazer as coisas funcionarem. Quando a organização não dá as diretrizes, tanto a cultura quanto os hábitos adquiridos são alheios a sua escolha, sendo repassados a novos colaboradores, que copiam aprendem e repassam posteriormente a novos ingressantes.

À direção cabe a decisão de escolher a cultura que deseja implementar. À organização cabe estabelecer e influenciar seus colaboradores a seguirem os valores desejados por ela. Por essa razão, uma alta rotatividade não ajuda a atingir esse objetivo, pois a sinergia pode ser quebrada com a saída, por exemplo, de um colaborador que tenha uma acentuada inteligência interpessoal.

Outro custo embutido no processo da alta rotatividade é a perda do tempo e dinheiro investido no processo de recrutamento, seleção e contratação, bem como no treinamento do colaborador que saiu. Por vezes, organizações tornam-se especialistas em profissionalizar trabalhadores para a concorrência.

É importante lembrar que investir em treinamento é necessário para se ter colaboradores que tenham conhecimento dos produtos e serviços oferecidos pela organização, para que, assim, possam desenvolver de forma adequada o atendimento, seja este externo (clientes, fornecedores, governo, ente outros), seja interno (colaboradores e gestores).

Transformam-se em gasto o tempo e o dinheiro investidos em treinamento quando este não está atrelado a uma política de retenção de talentos. Obter o comprometimento, o interesse, a boa vontade, a alta produtividade dos colaboradores não é uma tarefa simples, porém, ajuda a manter os bons profissionais na organização.

10.3 - Cálculo da rotatividade de pessoal, ou *turnover*

É possível calcular a taxa de rotatividade (turnover) das pessoas na organização. Para verificar se a rotatividade está ou não alta, é possível realizar um cálculo, como o descrito a seguir:

Inicialmente, faz-se uma média de um período que pode ser estipulado pela organização, podendo ser bimestral, semestral ou anual:

Quantidade de admissão dos colaboradores
+
Quantidade de desligamento de colaboradores
_____

Dividido por 2
= Total de colaboradores

Suponha que:
Admitidos no ano = 50 colaboradores
Demissões no ano = 10 colaboradores
(50 + 10)/ 2 = 30 (Média de entradas e saídas de colaboradores)

A quantidade de efetivos média na organização durante o período foi: 400 colaboradores, portanto temos:
Média de entrada e saída dividida pela quantidade de colaboradores =
(30 / 400) x 100 = 7,5%
O percentual de turnover na organização é 7,5% no ano.

Portanto:
Essa organização obteve, durante esse período, o índice de 7,5% de rotatividade de pessoal, ou turnover.

Em relação ao turnover, estudos mostram que uma taxa superior a 20% é preocupante para a organização e um alerta quanto a despesas e desperdício de tempo e custos em contratação.

Após apurar o resultado do índice da totalidade da rotatividade de pessoal, ou turnover, devem ser analisadas as situações que podem alterar/aumentar a rotatividade de pessoal no período em questão, como o fato de trabalhar com profissionais temporários.

É importante também fazer uma análise em relação aos custos da rotatividade de pessoal, ou turnover, ou seja, os gastos com rescisão de contrato de trabalho. Em algumas organizações, o custo da rotatividade de pessoal pode ser muito oneroso, dependendo do ramo da organização, do profissional em questão e da época da rotatividade.

Organizações devem pesquisar as principais causas da rotatividade de pessoal, diagnosticar cada uma delas e elaborar plano de melhoria, com o intuito de reduzir o índice de rotatividade de pessoal.

Por fim, a rotatividade de pessoal, pode estar diretamente relacionada com a contratação errada do colaborador. Além dos custos legais que envolvem uma demissão, outros poderão ser acrescentados, como:
- As horas trabalhadas pelos profissionais da área de gestão de pessoas com a necessidade de um novo processo de recrutamento e seleção;
- As horas gastas com as entrevistas;
- As despesas com a nova contratação;
- As horas com treinamentos do novo empregado;
- Os gastos com os salários e encargos relacionados.

Divulgado na internet...

Como as empresas encaram a alta rotatividade de pessoal[3]

Wellington Moreira

Uma pesquisa conduzida no país revelou que 80% dos trabalhadores querem mudar de emprego em 2014. Destes, 73% já estão procurando uma nova oportunidade e o que mais dizem motivá-los a buscar novos ares é a falta de um plano de carreira onde estão (48%) e o desejo de obter melhores salários (37%). Outro dado que chama a atenção é o fato de que 69% dos entrevistados já trocaram de emprego há menos de dois anos.

Estes números são o reflexo de uma mudança de mentalidade do trabalhador brasileiro. Se antes as pessoas aguardavam pacientemente que as empresas lhes concedessem oportunidades, agora muita gente tem tomado a iniciativa quando não está satisfeita com os rumos da carreira, o que só ajuda a aumentar a rotatividade nas companhias.

Para se ter uma ideia da mudança de percepção, algumas médias e grandes corporações já consideram que profissionais com quatro anos de casa são antigos no quadro. E mais: nas varejistas e nas centrais de atendimento ao cliente o período médio que um funcionário permanece não chega a um ano.

Porém este quadro não tem tirado o sono da maioria dos empresários, principalmente porque eles sabem que muitos dos fatores que influenciam a alta rotatividade não estão sob seu controle e o mercado como um todo tem ofertado boas posições até mesmo para quem possui o mínimo de qualificação profissional. Resultado: quem não tinha alternativas até poucos anos atrás, agora escolhe aonde [sic] trabalhar.

Além do mais, as empresas também sabem que o esforço de tentar segurar todo mundo é muito custoso e não vale à pena [sic]. É por isto que sua energia está voltada a engajar as pessoas reconhecidamente talentosas e que farão falta, caso decidam ir embora. Gente que tem a capacidade de conduzir ou travar projetos, que assume os desafios de abrir novos mercados, cujo conhecimento tácito é preciso na indústria em que a organização atua ou que não faz nada disto, mas tem um potencial e tanto para ajudá-la num futuro próximo.

[3] MOREIRA, Wellington. **Como as empresas encaram a alta rotatividade de pessoal.** RH. Desenvolvimento. RH. COM.BR. Disponível em: <http://www.rh.com.br/Portal/Desempenho/Artigo/9073/como-as-empresas-encaram-a-alta-rotatividade-de-pessoal.html.

> Pode ver. Aqueles que fazem apenas seu dever de casa ou atuam em cargos de baixa especialização, dificilmente encontram pedidos calorosos de "fica" ao comunicarem que estão de saída, afinal os substitutos absorverão o trabalho deles rapidamente. É claro que empresa alguma vai declarar o "tô-nem-aí" em alto e bom som, mas a realidade é exatamente esta.
>
> O verdadeiro problema que as empresas enfrentam atualmente é que a imensa maioria delas não sabe quem são os profissionais que possuem um ótimo desempenho, quem faz um trabalho razoável e quem só engana. Seus gestores vivem de inferências, como: "Acho que Fulano de Tal é muito bom porque ele é esforçado". E repito: só descobrem quem realmente é ótimo quando o profissional em questão vai embora e dificuldades que não existiam até então começam a ser perceptíveis para todos.
>
> É por isto que algumas delas buscam o apoio de consultores para amadurecer seus modelos de gestão de desempenho, criam ferramentas com o objetivo de avaliar o potencial de desenvolvimento dos colaboradores e utilizam esta base de informações sempre que precisam decidir como procederão com as pessoas que estão saindo por vontade própria.
>
> Só que, em linhas gerais, certamente a estratégia mais eficaz adotada pelas empresas para baixar o *turnover* de pessoal – tanto dos profissionais talentosos quanto da grande massa – tem sido investir sua energia e recursos na capacitação das lideranças.
>
> Já está mais do que provado que a maior parte das pessoas pede demissão por causa do relacionamento conflituoso que tem com aqueles que estão à frente das equipes de trabalho e não porque recebem pouco ou suas empresas não contam com um plano de carreira. Eu mesmo tenho encontrado cada vez mais pessoas que mudam para outro emprego no qual ganham menos, mas estão felizes por terem recuperado sua saúde mental.

Existem mecanismos de desligamento de pessoas, como, por exemplo, o Programa de Demissão Voluntária – PDV, que é um mecanismo que incentiva os colaboradores que não se sentem satisfeitos ou não se enquadram nos objetivos da organização a buscarem outras organizações que lhes satisfaçam, deixando-os à vontade para se demitirem, caso assim decidam.

10.4 - Programa de demissão voluntária

O programa de demissão voluntária deve oferecer vantagens para ambos os lados. Sendo assim, o empregado fica satisfeito com a sua saída, pois pode cuidar dos seus projetos pessoais, de sua aposentadoria, de sua família, entre outras situações, e a organização poderá contratar novos profissionais.

Divulgado na internet...

> **Veja os prós e contras de aderir a programas de demissão voluntária**[4]
>
> *Marta Cavallini*
>
> Telefônica/Vivo lançou PDV para 1 mil funcionários no país. Especialistas em RH e advogado falam sobre vantagens e direitos.
>
> A Telefônica/Vivo abriu um programa de demissão voluntária (PDV) nesta semana para reduzir seu quadro de pessoal em cerca de 1 mil funcionários em todo o Brasil. A justificativa da empresa é fazer a readequação na estrutura administrativa e operacional, após a fusão com a Vivo, para reorganizar setores, departamentos e sobreposição de cargos. OG1 ouviu especialistas para saber o que levar em conta para aderir ao plano e quais as vantagens e desvantagens.
>
> O PDV é uma forma de enxugamento do quadro de funcionários e pode ser motivada por fatores como fusão de empresas, reestruturação produtiva, mudança do local da empresa e crise financeira.
>
> Além das verbas rescisórias já previstas na legislação trabalhista oriundas da demissão sem justa causa, os funcionários recebem vantagens como pagamento de salários, assistência médica ao empregado e dependentes por um determinado período após o desligamento, complementação do plano de previdência privada e auxílio de consultorias para transição de carreira ou para abertura de um empreendimento.

---

[4] CAVALLINI, Marta. **Veja os prós e contras de aderir a programas de demissão voluntária.** Concursos e Emprego. G1. Globo. com. G1. Disponível em:
<http://g1.globo.com/concursos-e-emprego/noticia/2013/03/veja-os-pros-e-contras-de-aderir-programas-de-demissao-voluntaria.html>.

> **Veja o que levar em conta ao receber uma proposta de adesão ao 'pdv'**
>
> **A empresa vai mal?** Se o PDV decorre de uma situação difícil da empresa, muitas vezes é aconselhável aceitá-lo, mesmo que não seja muito atraente, pois, no futuro, uma demissão pode ser pior. Analise, caso esteja pensando em buscar uma nova recolocação.
>
> - Quanto você vai ganhar se sair?
> - O PDV é representativo em relação aos seus rendimentos ou à sua poupança?
> - Qual é o seu projeto profissional?
> - O PDV pode significar o capital inicial para você deixar de ser empregado e tornar-se dono de seu próprio negócio ou para optar por uma vida diferente.
> - Como está o mercado de trabalho?
> - Qual é o seu momento na empresa?
>
> **Lembre-se que normalmente as empresas, mesmo fazendo PDV, buscarão reter os seus melhores talentos. O que sua mulher/seu marido acha disso? Reflita e discuta o assunto com a sua família, já que da sua decisão podem decorrer ajustes para todos.**

Uma pesquisa realizada, pelo portal trabalhando.com[5], sobre os motivos que levariam os profissionais a pedir demissão, identificou que:

- 67% deles pediriam demissão caso a empresa mudasse para algum lugar de difícil acesso;
- 4% largariam seu trabalho por conta de uma briga com um colega;
- 16%, deixariam o trabalho caso houvesse o cancelamento de benefícios; e
- 13% restantes disseram que sairiam por discutir com seu chefe.

Uma estratégia para entender a rotatividade de pessoal na organização é realizar uma entrevista com o colaborador desligado. Dessa forma, o gestor poderá conseguir subsídios para entender quais foram os motivos que provocaram a saída.

---

[5] O QUE o levaria a pedir demissão. **Trabalhando.com.** Disponível em: <http://www.trabalhando.com/conteudo/noticia/21181/o-que-o-levaria-a-pedir-demissao.html>.

8.5 - A entrevista de desligamento

Compreender as razões pelas quais seus colaboradores deixariam ou trocariam a organização por outra é muito importante para os gestores que se preocupam em manter os bons colaboradores, ou seja, os que pretendem reter seus talentos.

Quando se contrata um colaborador, convida-se este a participar da organização, permite-se a este acesso aos documentos e à rotina de trabalho. O recém- contratado então começa a compreender a organização, visualizar seus pontos fortes e fracos e a gostar ou não dela.

Quando os pontos fracos começam a pesar muito para o colaborador, este pode se sentir motivado a pedir seu desligamento, assim como o gestor também pode cortar o vínculo empregatício se entender que o colaborador não corresponde ao esperado.

Se o contrato de trabalho realizado não previa o término, ou seja, não era predeterminado, o tempo de duração do colaborador na organização, independentemente de quem pediu o desligamento, pode ter sido menos que o desejado ou imaginado no momento da contratação.

Compreender a razão da ruptura do contrato de trabalho é uma grande fonte de aprendizado, pois pode trazer à luz fatos que estão desmotivando os colaboradores e que podem não estar sendo percebidos, como falta de comunicação e/ou de estrutura ou liderança não eficaz.

Uma estratégia para compreender a razão da saída do colaborador é a entrevista de desligamento, que deve ser realizada por meio de uma conversa na qual se procura deixar o entrevistado confortável para efetuar seus comentários. O objetivo é descobrir o que levou essa pessoa ou a não produzir conforme o esperado ou a não desejar mais estar na organização.

Nesse caso, o melhor é realizar perguntas abertas, que deixem o entrevistado livre para fazer seus comentários. As perguntas podem ser previamente estruturadas, para ajudar sobre o que se deve perguntar, sendo também proveitoso deixar um momento livre para o entrevistado comentar o que desejar e que não tenha sido abordado nas perguntas.

É importante que o entrevistador mantenha um posicionamento neutro e respeite o ponto de vista do entrevistado. Recomenda-se que essa entrevista seja realizada por uma pessoa especializada em entrevista de desligamento.

Na entrevista, será possível verificar, por exemplo, se a remuneração e os benefícios oferecidos são atrativos; se a liderança fez uma boa atuação; constatar o impacto das políticas de gestão de pessoas na retenção de talentos; identificar se a relação entre os colaboradores e entre estes e os gestores coopera para o sucesso organizacional; saber a real imagem que o colaborador possui da organização.

Embora a organização, no momento de desligamento do colaborador, possa estar perdendo um talento, este pode deixar grandes contribuições, pois conheceu a organização, conviveu com seus pontos fortes e fracos, com seus procedimentos, com sua gestão e poderá dar um feedback construtivo, sinalizando problemas não identificados, apontando defeitos que mereçam ser sanados para que haja um bom clima e uma boa produtividade organizacional.

Conhecer os resultados da entrevista de desligamento e procurar sanar possíveis problemas da organização podem ser os primeiros passos para diminuir um alto índice de rotatividade, o que acarreta custos com a perda do treinamento realizado ou com relação ao domínio da rotina de trabalho (colaboradores que ficam mais tempo no cargo costumam dominar melhor as atividades que realizam).

Outros problemas que a alta rotatividade traz são: a possível dificuldade de manter os clientes por muito tempo, pois a memória da relação, do aprendizado, da conquista é continuamente apagada com a troca constante de colaboradores; bem como a dificuldade de conquistar os objetivos organizacionais e de manter a cultura desejada pela organização.

Reflexões:

- A organização em que você trabalha calcula sistematicamente a rotatividade de pessoas (turnover)?
- Você já pediu demissão de uma organização? Quais foram os motivos do desligamento? Participou de entrevista de desligamento? Como foi essa entrevista?
- Em sua opinião, as organizações realmente conhecem os motivos pelos quais seus colaboradores pedem demissão?

- Existe alguma vantagem no entra e sai de profissionais nas organizações?
- Você consegue perceber quais são os fatores que levam ao troca-troca de profissionais na organização?
- A culpa de uma alta rotatividade na organização é tanto da organização quanto do colaborador?

Divulgado na internet...

Controle do Turnover – Case de Sucesso Nivea[6]

VIRANDO O JOGO – Graças a um plano que aumentou o envolvimento dos funcionários, a Nivea reduziu pela metade seu índice de rotatividade.

O DESAFIO – Em 2005, a Nivea alcançou um recorde negativo. A empresa encerrou o ano com um índice de evasão de 30%, o dobro da média do mercado. Era uma situação inviável para uma companhia que havia planejado dobrar o faturamento até 2010. Se permanecesse nesse ritmo, em três anos praticamente todos os funcionários teriam sido trocados. O curioso é que, ao sair, as pessoas diziam que gostavam da companhia. "Elas iam embora porque não viam possibilidade de desenvolvimento", diz Mônica Longo, diretora de recursos humanos. Era fundamental não só aumentar a satisfação dos funcionários, mas também oferecer a cada um a chance real de crescer.

A SOLUÇÃO – Para virar o jogo no curto prazo, a Nivea lançou, no começo de 2006, um plano organizacional que procurava valorizar e estimular os funcionários. A organização optou por atacar em seis frentes, todas elaboradas pelo RH. Para começar, decidiu trabalhar o desenvolvimento profissional. Foi criado um plano de carreira e o processo de avaliação de desempenho foi revisado. Chefes passaram a analisar a performance de seus subordinados – e vice-versa. Os empregados receberam uma lista de objetivos a cumprir e seriam valorizados de acordo com o que haviam realizado. O segundo ponto foi a criação de um organograma para os 350 funcionários, do presidente ao contínuo. Para ficar sempre atualizado, a cada seis meses o organograma seria refeito. "Com isso, as pessoas reconheceram melhor o seu papel dentro da Nivea", diz Mônica.

---

[6] MORAES, Vanderlei. **Controle do Turnover - Case de Sucesso Nivea.** Cases. Dicas. Estratégia. Ferramentas de Recursos Humanos. Gestão de Pessoas. Indicadores de Desempenho. inovação. Planejamento. Rotatividade. Turnover. GP Portal dos Gestores de Pessoas. Controle do Turnover. Disponível em:
<http://www.gpportal.com.br/2013/08/controle-do-turnover-case-de-sucesso.html?utm_source=feedburner&utm_medium=email&utm_campaign=Feed%3A+blogspot%2FLSeoA+%28Gest%C3%A3o+de+Pessoas%29>..

A terceira ação revelou-se fundamental no aumento do grau de envolvimento. Duas vezes por mês, o presidente, Nicolas Fischer, passou a reservar sua agenda para tomar café da manhã com um grupo de 12 funcionários. Selecionadas por área de atuação e sem distinção de nível hierárquico, as equipes têm total liberdade para falar sobre o que bem entendem, dos negócios da empresa a questões pessoais. O acesso ao presidente mexeu com o brio do grupo. "Você percebe neles o orgulho, a vontade de fazer parte", afirma Mônica Longo Diretora de RH. Para reforçar o nível de comprometimento, o RH introduziu a disseminação da missão, visão e valores da companhia. E não parou por aí.

Os subsídios à educação, que antes eram restritos aos gestores, passaram a ser oferecidos a todos – desde que seja comprovada a importância do curso para o desenvolvimento profissional. Para estimular a mobilidade, a Nivea também organizou o recrutamento interno. Hoje, antes de contratar alguém de fora, a companhia olha para dentro. Até o ambiente físico sofreu modificações. Localizada na capital paulista, a Nivea ocupa dois andares muito charmosos, com direito a orquídeas espalhadas por toda a área. Esse capricho também entra como plano de ação para segurar seus talentos.

O RESULTADO – Em 2008, pouco mais de dois anos da implantação do plano, a rotatividade caiu praticamente pela metade – para 17%. Em 2007, houve 146 movimentações internas (mudanças de um departamento para outro, para promover o aprimoramento profissional) e 43 promoções – o dobro de dois anos antes. Em termos financeiros, os resultados também vieram. A meta definida pela matriz alemã, de crescer 15% no faturamento em 2007, foi cumprida pela subsidiária brasileira. A resposta dos funcionários também chegou. Em 2008, pela primeira vez, a Nivea figurou no Guia VOCÊ S/A-EXAME – As Melhores Empresas para Você Trabalhar.

Reflexão:

- Quais foram as mudanças realizadas pela organização Nívea em relação ao controle de *turnover*?
- Qual foi a motivação da empresa em relação a buscar subsídios relativos ao plano de melhoria?

Vamos à prática...

Existem vários modelos de entrevista para desligamento de colaborador. A organização deve elaborar uma ficha de acordo com suas necessidades e expectativas. Veja um exemplo a seguir:

1) Expresse os motivos que o levaram a se demitir desta organização:
a) remuneração;
b) conflitos com a chefia;
c) intenção de buscar novos horizontes;
d) outros motivos. Quais?
_____

2) Qual a imagem da organização que você tinha antes de ser contratado?
a) Ótima;
b) boa;
c) ruim.
Justifique sua resposta:
_____

3) Qual a imagem da organização que você vai levar, ao ser desligado dela?
a) Ótima;
b) boa;
c) ruim.
Justifique sua resposta:
_____

4) O seu gestor ofereceu oportunidades para o seu desenvolvimento profissional?
a) Sim.
b) Não.
Justifique sua resposta:
_____

5) Você acredita que teve dificuldade para crescer na organização?
a) Sim.
b) Não.
Justifique sua resposta:
_____

6) Como você avaliar o ambiente físico da organização?
a) Ótimo;
b) bom;
c) ruim.
Justifique sua resposta:
_____

7) Como foi o seu relacionamento com seu ex-gestor, no período em que atuaram juntos?
a) Ótimo;
b) bom;
c) ruim.
Justifique sua resposta:
_____

8) Como foi o seu relacionamento com os ex-colegas de trabalho?
a) Ótimo;
b) bom;

c) ruim.
Justifique sua resposta:
_____

9) Que avaliação você faz do funcionamento da comunicação, da gestão e do relacionamento das demais áreas da organização ligadas à área na qual você trabalhou?
a) Ótimo;
b) bom;
c) ruim.
Justifique sua resposta:
_____

10) Que avaliação que você faz das políticas de gestão de pessoas oferecidas pela organização?
a) Ótimas;
b) boas;
c) ruins.
Justifique sua resposta:
_____

11) Os canais de comunicação interna da organização são:
a) Ótimos;
b) bons;
c) ruins.
Justifique sua resposta:
_____

12) Você gostaria de algum dia voltar a trabalhar nesta organização?
a) Sim.
b) Não.
Justifique sua resposta:
_____

13) Gostaria de dizer algo que não foi abordado nesta entrevista?
_____

Veja um exemplo de acompanhamento de desligamento de colaboradores, disponibilizado no Portal do Banco do Brasil.

Rotatividade - GRI LA2 [7]

(1) Desligamentos no período/Número de funcionários no final 2011.

	2009	2010	2011		2009	2010	2011
Desligamentos no Período	981	1.716	1.436	Desligamentos no Período	1.805	3.188	2.45
Taxa de Rotatividade [1] (%)	1,13	1,75	1,26	Taxa de Rotatividade 1 (%)	2,80	3,25	2,16

	2009	2010	2011
Desligamentos no Período	2.786	4.904	3.895
Taxa de Rotatividade 1 (%)	2,93	4,60	3,42

	Até 25 anos	2009	2010	2011	26 a 35 anos	2009	2010	2011	36 a 45 anos	2009	2010
	Desligamentos no Período	360	351	408	Desligamentos no Período	802	1.027	1.081	Desligamentos no Período	395	437
	Taxa de Rotatividade [1] (%)	0,31	0,35	0,36	Taxa de Rotatividade [1] (%)	0,84	1,04	0,95	Taxa de Rotatividade [1] (%)	0,46	0,45
Por Faixa Etária	Acima de 45 anos	2009	2010	2011	TOTAL	2009	2010	2011			
	Desligamentos no Período	1.229	3.089	1985	Desligamentos no Período	2.786	4.904	3.895			
	Taxa de Rotatividade [1] (%)	2,31	3,15	1,74	Taxa de Rotatividade [1] (%)	2,93	4,60	3,42			

---

[7] CONEXÃO Funcionários. Relatório Anual 2011. **Banco do Brasil**.
Disponível em: <http://www45.bb.com.br/docs/ri/ra2011/port/ra/09-3.htm#>.

Por Região	Norte	2009	2010	2011	Sudeste	2009	2010	2011	Nordeste	2009	2010	2011
	Desligamentos no Período	117	188	227	Desligamentos no Período	940	2786	1.483	Desligamentos no Período	398	429	680
	Taxa de Rotatividade ¹ (%)	0,12	0,16	0,20	Taxa de Rotatividade ¹ (%)	1,08	2,50	1,30	Taxa de Rotatividade ¹ (%)	0,48	0,38	0,60
	Centro-Oeste	2009	2010	2011	Sul	2009	2010	2011	TOTAL	2009	2010	2011
	Desligamentos no Período	623	429	680	Desligamentos no Período	708	734	737	Desligamentos no Período	2.786	4.904	3.895
	Taxa de Rotatividade ¹ (%)	0,66	0,69	0,67	Taxa de Rotatividade ¹ (%)	0,89	0,65	0,65	Taxa de Rotatividade ¹ (%)	2,93	4,60	3,42

Dica de Filme:

"Amor sem escalas"
Direção: Jason Reitman
Ano: 2009

Dados sobre o filme: O filme retrata a vida de um executivo que tem a função de demitir pessoas pelo país. Ao exercer sua função, mantem-se alheio aos problemas e realidade das pessoas que são demitidas. Ele faz isto por meio de seu raciocínio rápido e perspicaz contornando a situação e amenizando o sofrimento e conflito das pessoas. Em determinado momento é apresentado à empresa, por uma jovem executiva um novo sistema que propõem a utilização de vídeo conferência para fazer as demissões, fazendo diminuir os custos de viagens e diárias. O sistema foi implementado, porém, por não considerar os aspectos emocionais e os impactos da demissão na vida das pessoas, a empresa se viu obrigada a voltar atrás e optar pelo processo antigo.

Observe no filme: características de conflitos e processos que envolvem a demissão.

Capítulo 11
Desafios da Gestão de Talentos

"Os talentos atingem metas que ninguém jamais pode atingir, os gênios atingem metas que jamais conseguem ver."

Arthur Schopenhauer

> *Objetivos deste capítulo:*
>
> *1) Apresentar os desafios da gestão de pessoas.*
> *2) Proporcionar uma reflexão sobre o futuro da gestão de talentos.*

11.1 - Desafios da gestão de pessoas

Descrever o futuro nunca é fácil. O que podemos fazer no presente é olhar os sinais de mudança e imaginar no que isso implicará. Ao fazer esse exercício, vemos, entre outros, os seguintes cenários e desafios:

1º Desafio – Transformar a área de gestão de pessoas em área que identifica e cuida dos seus talentos.

A transformação da área de gestão de pessoas em uma área que identifica, cuida, facilita e concilia talentos ocorre de forma lenta e gradual. Tem-se verificado que a área de gestão de pessoas está ampliando cada vez mais a magnitude de sua visão e função. O seu papel já não é somente o de realizar atividades pertinentes ao departamento pessoal. Nas organizações, isso é refletido na constante alteração da nomenclatura da área de recursos humanos para área de gestão de pessoas ou área de gestão de talentos.

A área de gestão de pessoas está tendo seu papel de destaque na organização e já não é mais vista somente como uma área executora que contrata, paga, desconta e demite. E a tendência é cada dia mais a área de gestão de pessoas ser menos ignorada e mais consultada, influenciando na tomada de decisão da organização e na elaboração de políticas e diretrizes organizacionais.

Enfim, um dos grandes desafios da área de gestão de pessoas é ampliar a sua área de atuação para ações mais estratégias e visando a gestão de talentos; ela deve procurar ser consultora ou facilitadora, dando suporte a outras áreas em seus processos; e os seus gestores deverão ser profissionais com o perfil de mentores, cuidadores, conciliadores e facilitadores de talentos.

2º Desafio – Saber utilizar o eSocial e integralizar as áreas da organização.

O eSocial é um projeto do governo federal que visa unificar a emissão de informações pelo empregador em relação aos seus empregados. É uma ação conjunta dos seguintes órgãos e entidades do governo federal: Caixa Econômica Federal; Instituto Nacional do Seguro Social – INSS; Ministério da Previdência – MPS; Ministério do Trabalho e Emprego – MTE; Secretaria da Receita Federal do Brasil – RFB, e conta com uma assessoria do Ministério do Planejamento, no que se refere à equalização dos diversos interesses de cada órgão, gerenciando a condução do projeto através de sua Oficina de Projetos.

Atualmente, o uso do eSocial é opcional e está destinado somente a empregados domésticos (Emenda Constitucional nº 72/2013), porém, o governo pretende estender o programa aos demais empregadores, pessoas físicas e jurídicas. O que representará em novos desafios para a área de gestão de pessoas, no sentido de se obter o conhecimento e saber utilizar e alimentar a ferramenta, que poderá servir, entre outras coisas, para tomada de decisões no que se refere a contratações de colaboradores e fornecedores.

Para o preenchimento e envio de informações (admissão, férias, afastamento, aviso prévio, demissão, comunicação de acidente de trabalho, alteração salarial, folha de pagamento, demissão, ações judiciais, contribuições previdenciárias, Imposto de Renda e FGTS, entre outros dados) pelo eSocial, será necessária a integração de áreas como: gestão de pessoas, jurídica, fiscal, financeira e contábil. As organizações serão identificadas pelo Cadastro Nacional da Pessoa Jurídica (CNPJ) e os trabalhadores serão identificados pelo Cadastro de Pessoa Física (CPF) e pelo Número da Identificação Social (NIS), podendo ser o Programa de Integração Social (PIS)/ Programa de Formação do Patrimônio do Servidor Público (PASEP) ou Número de Identificação do Trabalhador (NIT).

>ATO DECLARATÓRIO EXECUTIVO Nº 5, DE 17 DE JULHO DE 2013.
>Aprova e divulga o leiaute do Sistema de Escrituração Fiscal Digital das Obrigações Fiscais, Previdenciárias e Trabalhistas – eSocial.
>
>O SUBSECRETÁRIO DE FISCALIZAÇÃO, no uso da atribuição que lhe confere o inciso III do art. 311 do Regimento Interno da Secretaria da Receita Federal do Brasil, aprovado pela Portaria MF nº 203, de 14 de maio de 2012, e tendo em vista o disposto no art. 11 do Decreto-Lei nº 1.968, de 23 de

novembro de 1982, nos incisos I, III e IV da Lei n° 8.212, de 24 de julho de 1991, e no Decreto n° 6.022, de 22 de janeiro de 2007, resolve:

Art. 1° Declarar aprovado o leiaute dos arquivos que compõem o Sistema de Escrituração Fiscal Digital das Obrigações Fiscais,Previdenciárias e Trabalhistas (eSocial), que será exigido para os eventos ocorridos a partir da competência de janeiro de 2014.
Parágrafo único. O leiaute aprovado nos termos do caput consta no Manual de Orientação do eSocial – versão 1.0, que está disponível na Internet, no endereço eletrônico <www.esocial.gov.br>.

Art. 2° A escrituração de que trata o art. 1° é composta pelos eventos decorrentes das obrigações fiscais, previdenciárias e trabalhistas, cujos arquivos deverão ser transmitidos em meio eletrônico pela empresa, pelo empregador ou por outros obrigados a eles equiparados, nos prazos a serem estipulados em ato específico.

3° Desafio – Recrutar e selecionar talentos.

De acordo com pesquisa da Confederação Nacional da Indústria (CNI)[1], 65% das indústrias brasileiras enfrentam problemas com a falta de trabalhador qualificado, 49% destas encontram dificuldades para qualificar e apontam a baixa qualidade da educação básica como a maior dificuldade, sendo que 81% qualificam os trabalhadores na própria empresa.

Um dos maiores desafios que a área de gestão de pessoas deve enfrentar é na hora de contratar. Nesse caso, é o recrutamento e seleção de profissional que requer adquirir profissional com perfil adequado à organização. Como as organizações também estão enfrentando mudanças a fim de permanecerem competitivas no mercado, elas buscam profissionais no mercado com perfis mais criativos e inovadores e que gostem de desafios.

4° Desafio – Adotar novas políticas para os jovens conectados em internet.

Com o aumento de pessoas no mercado de trabalho da geração Y e da Z, que possuem perfil e ritmo diferente de trabalho, isso implicará a necessidade de adequações no modelo atual de trabalho, no que se refere a horários e modelos de gestão, e até mesmo uma adequação das leis trabalhistas.

---

[1] FALTA de trabalhador qualificado na indústria. Sondagem especial indústria de transformação. **CNI**. Ano 3, n. 1, out. 2013. Disponível em: <http://arquivos.portaldaindustria.com.br/app/conteudo_18/2013/10/28/5230/20131028145358467214a.pdf>.

Vivemos períodos de transformações globais, constantes e automáticas. A cada dia surgem novas tecnologias influenciando e acelerando o processo produtivo e ao mesmo tempo exigindo adaptação e dinamismo. E, neste mundo de constantes mudanças, é necessário acompanhar as inovações. E para que isso aconteça dentro da organização, a transformação deve ser realizada na mente e nas atitudes das pessoas que trabalham nela, bem como na cultura organizacional.

A presença da tecnologia em quase todos os setores da economia fez com que houvesse uma mudança na forma de recrutamento e seleção de talentos. A tendência da nova geração de colaboradores é ficar quase sempre conectados. As organizações, para contratar essa geração, deverão utilizar formas alternativas e eficientes para anunciar vagas de emprego, por meio de redes sociais. Já é uma realidade, por exemplo, o processo seletivo via videoconferência, em que a pessoa pode ser contratada mesmo estando em outro lado do planeta.

5° Desafio – Estruturar políticas que possam se adequar ao horário flexível e ao trabalho a distância.

De acordo com a Exame.com[2], pesquisa realizada pela Robert Half, 64% das empresas brasileiras já permitem, esporadicamente, que seus colaboradores trabalhem em casa, ou seja, home office.

A presença das pessoas nos escritórios tenderá a diminuir, provocando mudanças nas relações sociais de trabalho, pois o contato, a comunicação, as motivações e até as cobranças passarão a ser por vias virtuais.

E essa mudança poderá ser significativa para que as organizações adotem novas políticas, alterando o fluxo da comunicação, o controle do trabalho e o gerenciamento do tempo, para que haja sincronia entre as atividades planejadas e as desenvolvidas. Além de se preocupar com a necessidade de fortalecer o ambiente de responsabilidade e comprometimento, dado o aumento considerável de pessoas que, em vez de irem à organização, trabalharão em casa e enviarão as demandas solicitadas.

---

[2] PATI, Camila. **As áreas que mais contratam em esquema de home office**. Carreira, Exame. Com. Disponível em: <http://exame.abril.com.br/carreira/noticias/as-areas-que-mais-contratam-em-esquema-de-home-office>..

6° Desafio – Desenvolver os talentos.

Uma das ações desenvolvidas pelas organizações atuais é a parte de treinamento e capacitação. Esses são os pontos chaves do futuro de qualquer organização. Como já foi explicado anteriormente, a maioria das organizações está preocupada em capacitar os seus colaboradores conforme seus objetivos organizacionais, cada vez mais aperfeiçoando os seus talentos.

Ações como qualificação e atualização dos colaboradores – como cursos, palestras e workshops – auxiliam a desenvolver habilidades e conhecimentos, a fim de agregar valores aos colaboradores e à organização. Muitas organizações contratam talentos e oferecem bolsas de estudos para seus colaboradores estudarem fora do país, para que possam aperfeiçoar idiomas estrangeiros e conhecer outras culturas.

7° Desafio – Reter seus talentos.

Um dos desafios mais impactantes será o de reter talentos. O mercado de trabalho está enfrentando, nos últimos anos, uma escassez de talentos, e a organização que não se preparar para isso poderá perder os seus. Como já foi dito anteriormente, as organizações têm esse desafio, o que requer uma reavaliação e possível mudança nas suas estruturas e políticas.

As políticas da organização devem procurar oferecer mais oportunidades de ascensão profissional, outros tipos benefícios além do salário e disponibilidades de treinamentos e capacitação.

Reter talentos não é fácil, requer que a organização implemente políticas e diretrizes que proporcionem aos colaboradores o sentimento de pertencimento a ela, ou seja, que eles possam acreditar, internalizar e direcionar esforços para conquistar os objetivos organizacionais

8° Desafio – Zelar pela imagem da organização.

Zelar pela boa imagem da organização, seja por meio da responsabilidade social empresarial ou por meio de como seus colaboradores a visualizam, deve ser uma preocupação contínua. Não há nada que possa ser mais prejudicial do que ter um colaborador, ou ex-colaborador, que conhece a organização, comentando e expondo as falhas e os pontos negativos desta.

Sugestões a um futuro talento:

- Tenha interesse em aprender línguas estrangeiras. O mundo hoje está conectado e globalizado. Pode ser que você tenha que negociar, gerenciar, trabalhar com pessoas de outros países.
- Não fique somente plugado em jogos. Tenha curiosidade em conhecer e praticar outras formas de interação. Faça uma caminhada, amizade com os vizinhos;
- Cultive o hábito de ler. Trabalhos, principalmente os estratégicos, exigem conhecimentos específicos e gerais para a realização de análises e interpretações de assuntos correlacionados à função exercida.
- Seja disciplinado! O sucesso profissional é de quem tem disciplina. O futuro pode proporcionar-lhe trabalhar a distância e/ou com horário flexível, mas com ferramentas de controle de produtividade e prazos definidos.
- Seja uma pessoa adaptável. Conviver com pessoas, inclusive que tenham comportamentos diferente do seu, faz parte do mundo profissional.
- Tenha uma boa rede de relacionamentos (network). Conhecer pessoas em diferentes posições hierárquicas poderá ajudá-lo a obter informações importantes para o seu crescimento pessoal. Relacionamento precisa ser cultivado, alimentado e mantido. Procure sempre, de alguma forma, estar presente.

Divulgado na internet...

O futuro é agora na Gestão de Pessoas[3]

Os profissionais da área de Recursos Humanos deverão estar preparados para as mudanças que a tecnologia vai trazer. Descubra os principais contributos dos oradores do 1° Fórum de Tecnologias de RH da Human Resources Portugal.

O 1° Fórum de Tecnologias de RH decorreu hoje no Hotel Dom Pedro, em Lisboa. O evento, com organização da Human Resources Portugal, em parceria com a Microsoft e o Hay Group, contou com a presença de dezenas de profissionais para discutir o futuro tecnológico da Gestão de Pessoas.

---

[3] O futuro é agora na Gestão de Pessoas. Notícias. **Human Resources** Portugal. Disponível em: http://www.hrportugal.pt/2014/10/14/o-futuro-e-agora-na-gestao-de-pessoas/.

Carlo Goretti, Head of Key Clients do Hay Group Southern Europe, começou o Fórum com o tema "HR 2030: Megatrends, Work and Tech". O especialista começou por falar sobre as seis *megatrends* que pautam a área de Recursos Humanos hoje em dia: a globalização, as alterações climáticas, as mudanças demográficas, a individualização, os novos estilos de vida digitais e a convergência tecnológica.

«É preciso para uma nova geração criar ligações com práticas de trabalho virtuais», defende. «A tecnologia funciona como *enabler* principal, porque é preciso chegar a todos os colaboradores em todo o mundo.»

Carlo Goretti defendeu, na sua apresentação, que uma análise de dados eficiente deverá substituir a intuição, o julgamento humano, na tomada de decisões nas empresas. Uma forma de analisar dados que o quadro do HayGroup chama de "análise preditiva", no que é um objetivo atual das empresas, já que permite antecipar eventuais problemas e soluções.

Já a apresentação "HR Always On – O impacto da tecnologia na vida das organizações", de Bruno Agostinho, diretor de Soluções de Relacionamento com Pessoas, e Tiago Esteves, diretor Técnico de Soluções de Relacionamento com Pessoas da Microsoft, focou-se na interactividade dentro das empresas.

Esta está, defendem, baseada em três pilares: o talento, a inovação e o *engagement*. A conectividade é decisiva para escutar o talento, especialmente junto dos Millennials, habituados a usar as redes sociais e os diversos dispositivos tecnológicos no mercado. Um novo público orientado para a produtividade, que já não entende o trabalho como um local fixo – o escritório – mas sim como um conjunto de tarefas que podem ser desempenhadas em qualquer lado.

A colaboração que as tecnologias permitem é igualmente responsável pela inovação, já que o acesso à informação é muito maior atualmente. E, segundo os representantes da Microsoft, o *engagement* também sai reforçado desta maior conectividade, graças ao aumento da comunicação dentro da organização.

A última intervenção esteve a cargo de Raul Mascarenhas, administrador e vice-presidente WeDo Technologies, sobre a importância das pessoas nas empresas e sobre o desenvolvimento eficaz das equipas. «Para estar numa empresa é preciso gostar de trabalhar com pessoas e de gostar de fazer a diferença», defendeu.

Estudo de caso

Gestor *versus* colaborador

Quanto maior a quantidade de pessoas na organização, maior se torna a responsabilidade das ferramentas que permitem uma visão clara, o que implica dizer que a área de gestão de pessoas deverá estar internamente muito estruturada, organizada, focada, determinada e, acima de tudo, extremamente alinhada com a liderança, para que haja congruência entre os objetivos e os resultados a serem alcançados.

Lembro-me da vez que liguei para uma das instituições de ensino em que trabalhava, pois precisava falar com a secretária que cuidava de três cursos. Por engano da telefonista, a ligação foi parar na mesa do diretor, reconheci a sua voz pela sua rispidez e sotaque. Pedi que ele transferisse a ligação, porém, cometi o equívoco de dizer o nome da secretária, e não o cargo. Quando ele ouviu o nome, disse que não a conhecia. Estranhei o fato, pois ela trabalhava para ele havia quase um ano.

> Não conhecer os colaboradores é como não conhecer as peças de um jogo de xadrez. Pode-se dar à torre atribuições e funções que deveriam ser do rei.

É de vital importância também, para uma organização, ter uma equipe entrosada e comprometida, pois, quando uma organização tem clientes internos satisfeitos, isso gera um reflexo positivo no mercado. O processo da qualidade dos produtos e serviços passa, necessariamente, pelo desempenho dos colaboradores.

Estimular a criatividade de seus colaboradores é outro ponto estratégico, assim como entender que a falha é uma possível consequência da busca do êxito. Por isso é necessário incentivar os colaboradores a testarem novos métodos e técnicas que possibilitem a otimização dos recursos utilizados, o que pode gerar uma grande economia para organização e talvez nova oportunidade de negócios.

Reflexão:

- Quais outros desafios você acrescentaria para a gestão de talentos?
- A legislação brasileira vigente está aderente à gestão de talentos?

Glossário

Termos, siglas, palavras estrangeiras utilizadas pela área de Gestão de Pessoas.

Absenteísmo – processo utilizado para medir as ausências de empregados ao trabalho, seja por falta, atraso, licença médica, auxílio-doença ou algum outro motivo relevante.

Atitudes (querer fazer) – comportamento que temos diante de situações do nosso cotidiano.

Atração de talentos – a organização tem o desafio de despertar nos profissionais o interesse ou mesmo encontrar profissionais qualificados que buscam aumentar seu potencial de competitividade.

Capacitação – é tornar habilidades para o desempenho de uma função; é qualificar a pessoa para determinado trabalho.

Capital intelectual – conjunto de informações e conhecimentos desenvolvidos pelos profissionais na organização que envolve as partes de capital humano, estrutural e de negócio da organização. Refere-se a toda a parte intelectual e criativa dos profissionais que trabalham para gerar resultados ou lucros, aproveitamento de oportunidades, conquistas de mercados e clientes, garantindo a sustentabilidade da organização.

Captação de pessoas – pode ser considerada como toda e qualquer atividade da organização com o intuito de encontrar e estabelecer uma relação de trabalho com pessoas capazes de atender a suas necessidades presentes e futuras.

Cargo – pode ser definido como o conjunto de todas as atividades ou tarefas desempenhadas pelo empregado ou colaborador dentro da organização.

Checklist – termo em inglês que significa "checar" ou "averiguar" alguma coisa. Considerado como lista de verificação muito utilizada por profissionais que desejam analisar as atividades ou funções da gestão de pessoas nas organizações.

Clima organizacional – percepção dos empregados sobre como é trabalhar na organização. Para a avaliação, é realizado um levantamento em que são levados em conta vários itens: a liderança, a motivação, a qualidade de vida no trabalho, o crescimento profissional, todas as satisfações e insatisfações dos empregados.

Código de Ética – documento baseado nos princípios como **visão**, **valores** e **missão**, definidos pela organização, que tem o intuito de nortear o relacionamento entre os stakeholders e a organização, servindo como orientação para as ações de seus empregados e para a postura social da organização.

Coach – palavra inglesa que significa: "professor", "treinador", "facilitador", "instrutor" de equipe que atue como agregador das capacidades de cada elemento da cadeia de negócio da organização dentro da equipe, do departamento ou do setor.

Coachee – palavra inglesa que tem o significado de "profissional ou pessoa que utiliza ou contrata o serviço de treinador" (coach) para agregar valores e competências ao seu cotidiano.

Coaching – termo em inglês que significa 'treinamento". Metodologia ou processo utilizado pela organização em que a liderança se utiliza de treinamento para melhorar o comportamento no trabalho ou o perfil do colaborador, desenvolvendo as habilidades dos componentes de uma equipe e desta como um todo, ou mesmo como aconselhamento ao profissional.

Competências – conjunto de conhecimentos, habilidades e atitudes observáveis e necessárias para a atuação em determinado cargo, função ou atividade.

Concurso público – processo de recrutamento e seleção com o objetivo de atrair candidatos para o acesso a emprego ou cargo público, sendo assegurada a igualdade de oportunidades a todos os interessados que estejam dispostos a concorrer a uma vaga para exercer as atribuições oferecidas pela União, pelos estados ou municipios, descritas em edital.

Conhecimentos (saber) – conhecimentos adquiridos no decorrer das atividades e estudos.

Cultura organizacional – é a maneira costumeira ou tradicional de pensar e fazer as coisas, que são compartidas por todos os membros de organização e que os novos membros devem aprender e aceitar para serem aceitos no serviço da organização. Refere-se a um sistema de significados pelos membros e que distinguem a organização das demais organizações. A essência da cultura de uma organização provém da maneira como esta faz negócios, a maneira como trata clientes e empregados e o grau de autonomia ou liberdade que existe nos departamentos ou escritórios, de lealdade expressada pelos empregados a seu respeito.

Currículo – documento de apresentação do candidato em que constam todas as suas informações pessoais e profissionais.

Desenvolvimento – foca, em geral, nos cargos a serem ocupados futuramente na organização e nas novas habilidades e capacidades que serão requeridas.

Feedback – termo em inglês que significa "retorno de comunicação". É o retorno de uma analise e/ou avaliação de resultado como forma de reforçar ou corrigir o desempenho de um colaborador e/ou grupo.

Flex time (horário flexível) – expressão em inglês que significa "horário móvel". Mecanismo utilizado pelas organizações como forma de beneficiar o empregado em relação à flexibilização da jornada de trabalho, permite aos empregados escolherem o seu horário de início e término da atividade laboral, dentro de certos limites regulamentados.

Habilidades (saber fazer) – conhecimentos que praticamos à habilidade.

Home office – termo em inglês que significa "trabalho em casa". Jornada de trabalho em que o profissional realiza as suas atividades em casa, por meio de internet ou intranet acessada em sua própria residência.

Mentoring – palavra inglesa com o significado de "mentor", profissional (tutor) mais velho e que tem muita experiência e habilidade de relacionamento, o qual compartilha com os profissionais mais jovens ou que estão iniciando na organização suas experiências, sua competência e seu aconselhamento.

Esse profissional irá acompanhar um novo profissional e passar a ele todo o seu conhecimento e suas ideias sobre o trabalho.

Meritocracia – sistema em que os mais capacitados são escolhidos para ser promovidos conforme seus progressos.

Networking – termo em inglês que significa "rede de trabalho" ou "trabalhando". Rede de contatos ou relacionamentos que uma pessoa desenvolve ao longo da sua vida profissional e que tem como perspectiva maior possibilidade de conseguir uma boa colocação profissional, realizar bons negócios, obter informações e várias outras vantagens que se pode obter da rede formada.

Organograma – é um desenho que tem o objetivo de visualizar, de forma sistêmica, a organização, e também todos os cargos que fazem parte dela, visualizando também a hierarquia, ou seja, responsabilidade versus autoridade.

Perfil – considerado como um conjunto de competências necessárias para o desenvolvimento das atividades definidas.

Pessoas com deficiência (PCD) – conforme o art. 2° do Decreto n° 7.612, de 17 de novembro de 2011, são consideradas pessoas com deficiência aquelas que têm impedimentos de longo prazo de natureza física, mental, intelectual ou sensorial, os quais, em interação com diversas barreiras, podem obstruir sua participação plena e efetiva na sociedade em igualdades de condições com as demais pessoas.

Reter talentos – são políticas e estratégias que podem favorecer a permanência do profissional na organização.

Rotatividade de Pessoal (ou *turnover*) – palavra inglesa que significa "rotatividade", "movimentação", "giro", "circulação". Esse termo é muito usado atualmente pela área de gestão de pessoas das organizações, como rotatividade dos profissionais, sendo o percentual de substituição dos profissionais com as contratações (entradas), as demissões e as aposentadorias, entre outros motivos (saídas) das organizações.

Talento – qualquer pessoa ou profissional que é capaz de contribuir de forma relevante para a organização ou entidade, demonstrando suas habilidades e competências para produzir resultados positivos para esta, para os clientes e para si mesmo.

Team Building – termo em inglês que significa "formação ou construção de equipe". Denominada como uma dinâmica de grupo em área externa, em que os participantes serão expostos a várias tarefas físicas desafiadoras, que são exemplos comparativos dos problemas do dia a dia da organização, com o intuito de integração da equipe.

Treinamento – é orientado para o presente, com o foco atual, e busca melhorar aquelas habilidades e capacidades para desempenho imediato do cargo.

Referencias Bibliográficas

ABERJE - Associação Brasileira de Comunicação Empresarial. Disponível em: <http://www.aberje.com.br/associacao_quemsomos.asp>. Acesso em: 15 mar. 2013.

ABRH – SP – Associação Brasileira de Recursos Humanos – São Paulo. Jornal de Recursos Humanos. Ano 28, n. 1514. São Paulo. 7 abr. 2013.

ALENCAR, E. S. **A gerência da criatividade**. São Paulo: Makron Books, 1996.

ARAUJO, Luis Cesar G. **Gestão de pessoas:** estratégias e integração organizacional. São Paulo: Atlas. 2006.

BENNIS, W. Tradução de Marcelo Filardi. **Os gênios da organização**: as forças que impulsionam a criatividade nas equipes de sucesso. Rio de Janeiro: Campus, 1999.

BERGAMINI, C. W. **Liderança**: administração do sentido. São Paulo: Atlas, 1994.

BOEHRINGER INGELHEIM DO BRASIL. As "50 melhores empresas psicologicamente saudáveis". **Revista Gestão de RH** Especial. p.6-17. Disponível em: <http://www.boehringer-ingelheim.com.br/conteudo_imprensa_texto.asp?conteudo=12 &texto=969>. Acesso em: 10 mar. 2014.

BORGES-ANDRADE, J. E.: ABBAD, G. S.: MOURÃO, L. (2006). **Treinamento, desenvolvimento e educação em organizações e trabalho:** fundamentos para a gestão de pessoas. Porto Alegre: Artmed, 2004.

BRASIL. **Constituição da República Federativa do Brasil** promulgada em 5 de outubro 1988. 25. ed. São Paulo: Saraiva, 2000.

_____. Ministério de Trabalho e Emprego – MTE. Ministro defende PEC do Trabalho Escravo na Conatrae. Disponível em: <http://portal.mte.gov.br/imprensa/brizola-neto-participa-de-reuniao-da-conatrae-em-bh.htm>. Acesso em: 18 fev. 2013.

_____. Ministério de Trabalho e Emprego – MTE. Quadro das operações de fiscalização para erradicação do trabalho escravo - SIT/SRTE. Disponível em: <http://portal.mte.gov.br/data/files/8A7C816A39E4F614013A-D5968E702C3A/Quadro%202011%20para%20a%20internet.pdf>. Acesso em: 14 fev. 2013.

_____. Ministério do Trabalho e Emprego. Normas Regulamentadoras. Disponível em: <http://portal.mte.gov.br/main.jsp?lumPageId=F-F8080812BD60D31012BD87C18076B5C&query=Norma+regulamentadora>. Acesso em: 15 jan. 2013.

BRAUER. Marcus. Fundamentos da Estratégia e Gestão Estratégica de Pessoas. Disponível em: <https://docs.google.com/viewer?a=v&pid=sites&srcid=ZGVmYXVsdGRvbWFpbnxtYXJjdXNicmF1ZXJ8Z3g6NzJkODgwOGRkNGEzMTQ4Yg>. Acesso em: 25 out. 2012.

CAVALCANTI, Leonardo; OLIVEIRA, Antonio Tadeu; TONHATI, Tânia (Orgs.) **A Inserção dos Imigrantes no Mercado de Trabalho Brasileiro.** Brasília: Cadernos do Observatório das Migrações Internacionais, 2014.

CASTELLS, M. **O poder da identidade**. v. II. 2. ed. São Paulo: Paz e Terra, 1999.

CATHO. O que é Geração Flux? . Portal Carreira & Sucesso. Disponível em: <http://www.catho.com.br/carreira-sucesso/gestao-rh/o-que-e-geracao-flux#ixzz2AEwRZRmR>. Acesso em: 31 jan. 2013.

CHIAVENATO, Idalberto. **Gestão de pessoas**: e o novo papel dos recursos humanos nas organizações. 2. ed. rev. e atual. Rio de Janeiro: Campus. Elsevier, 2004.

_____, Idalberto. **Recursos humanos**. Edição compacta, 6. ed. São Paulo: Atlas, 2000.

_____, Idalberto. **Remuneração, benefícios e relações de trabalho:** como reter talentos na organização. 3. ed. São Paulo: Atlas, 2003.

CORONATO, Marcos. O jeito Google. Disponível em: <http://revistaepoca.globo.com/Revista/Epoca/0,,EMI164680-16165,00-O+JEITO+GOOGLE.html>. Acesso em: 06 fev. 2013.

CONFEDERAÇÃO Nacional do Comércio de Bens, Serviços e Turismo. Vagas temporárias para o Natal têm o menor crescimento em seis anos. Notícias. Comércio. Disponível em: <http://www.cnc.org.br/noticias/comercio/vagas-temporarias-para-o-natal-tem-o-menor-crescimento-em-seis-anos>. Acesso em: 08 jan. 2015.

CORREIO BRASILIENSE. Missão: qualificar o colaborador. p. 6,7. Suplemento especial. Guia da Pós-Graduação. 17 jul. 2011.

COVEY, S. R. **Liderança baseada em princípios.** Rio de Janeiro: Campus, 2002.

CRESPA, Rosa. **Laboratório Sabin gestão pelo amor.** HSM Management. Brasil: presença na gestão que dá certo. Edição especial. Mar. 2011. p. 18-19.

DALTON, G.; THOMPSON, P. **Novations**: strategies for career management. EUA, 1986.

DAVENPORT, Thomas O. **Capital humano**: o que é e por que as pessoas investem nele. São Paulo: Nobel, 2001.

DE BONO, E. **Criatividade levada a sério:** como gerar idéias produtivas através do pensamento lateral. Tradução de Nivaldo Montigelli Jr. São Paulo: Pioneira, 1994.

DESSLER, Gary. **Administração de recursos humanos.** São Paulo: Pearson Prentice Hall, 2003.

DRUCKER, P. **Desafios gerenciais para o Século XXI.** Tradução de Nivaldo Montigelli Jr. São Paulo: Thomson, 1999.

_____, P. **O gerente eficaz.** Tradução de William Heinemann. Rio de Janeiro: Livros Técnicos e Científicos Editora, 1967.

DUTRA, J. S. Um resgate conceitual e histórico dos modelos de gestão de pessoas. In: FLEURY, M. T. e outros. **As pessoas na organização.** São Paulo: Gente, 2002.

_____, J. S. **Gestão de pessoas:** Modelo, Processos, Tendências e Perspectivas. São Paulo: Atlas. 2002.

_____, J.S. **Gestão por competências.** São Paulo: Gente, 2001.

EBOLI, M. Universidades corporativas. São Paulo: Schmukler, 1999.

_____. Educação corporativa no Brasil: princípios de sucesso e melhores práticas. In:

BAYMA, F. **Educação corporativa**: desenvolvendo e gerenciando competências. São Paulo: Pearson Prentice Hall, 2004.

_____. **A educação corporativa no Brasil:** mitos e verdades. Conferência Internacional Educação Corporativa – Intraempreendedorismo e Inovação nas Organizações. 2008. Disponível em: <http://www5.fgv.br/fgvonline/universidadecorporativasebrae/docs/marisa_eboli.ppt>. Acesso em: 10 ago. 2013.

FERRAZ, Eduardo. Como reter os talentos na minha empresa? Disponível em: <http://exame.abril.com.br/pme/dicas-de-especialista/noticias/como-reter-os-talentos-na-minha-empresa>. Acesso em: 05 fev. 2013.

_____. Boas contratações só funcionam se houver uma excelente gestão de talentos. **Revista N Respostas.** Ano VI. n. 28. Jun./jul. 2013.

FISCHER, A. O conceito de modelo de gestão de pessoas: modismo e realidade em gestão de recursos humanos nas empresas brasileiras. In:

FLEURY, A. e FLEURY, M. T.
Estratégias empresariais e formação de competências. São Paulo: Atlas, 2000.

FNQ. Fundação Nacional da Qualidade. Conceitos Fundamentais da Excelência da Gestão Versão Digital (PDF). Disponível em: <http://www.fnq.org.br/site/376/default.aspx>. Acesso em 01 fev. 2012.

_____. Uma visão sistêmica da gestão organizacional. Disponível em: <http://www.fnq.org.br/Publicacao/eBook/Relatório%20Anual%202011.pdf>. Acesso em: 14 jan. 2013.

_____. Indicadores de Desempenho. **Estruturação do Sistema de Indicadores Organizacionais.** 3ª ed. São Paulo, 2012.

GIL, Antonio Carlos. **Gestão de pessoas**: um enfoque nos papéis profissionais. São Paulo: Atlas, 2006.

GOFFEE, R.; JONES, G. **Como desenvolver a liderança.** HSM Management. v. 26. p. 57 – 63, mai./jun. 2001.

GRAMIGNA, M. R. **Modelo de competências e gestão dos talentos.** 2. ed. São Paulo, Pearson, 2007.

HERMAN, Roger E., Como a retenção de talentos pode ser a chave para o sucesso financeiro de sua empresa. Disponível em:<http://www.rhportal.com.br/artigos/wmrate.php?idc_cad=ihjmvhgiz>. Acesso em: 31 jan. 2013.

HIPÓLITO, J. A. **Administração salarial.** São Paulo, Atlas, 2001.

HOLLENBECK, J. e WAGNERILL, J. **Comportamento organizacional**: criando vantagem competitiva. Tradução de Cid Knipel Moreira. São Paulo: Saraiva. 2004.

IBC - Instituto Brasileiro de Coaching. **O manual do coaching executivo -** Princípios e diretrizes para uma parceria de coaching bem sucedida. The Executive Coaching Forum (TECF). Disponível em: <http://www.ibccoaching.com.br>. Acesso em: 10 mai. 2013.

JEBAILI, Paulo. As idéias e a pratica. Entrevista a Linda Naiman. Melhor gestão de Pessoas. Ano 18, n. 278. Jan. 2011. p. 10 - 13.

KOTLER, Philip. **Administração mercadológica.** São Paulo: Atlas, 1992. p. 545.

LABORATÓRIO SABIN. Núcleo que visa estimular a criatividade e a experimentação dentro da empresa. Disponível em: <http://www.sabinonline.com.br/site/noticias/noticias_detalhes.asp?CodNoticia=4452>. Acesso em: 01 jan. 2012.

LESSI, Pedro.
A flexibilização das relações trabalhistas na percepção dos empresários. Disponível em: <http://www.administradores.com.br/informese/informativo/a-flexibilizacao-das-relacoes-trabalhistas-na-percepcao-dosempresarios/19854/>. Acesso em: 04 fev. 2012.

LOUREIRO, Juliano Mesquita; RODRIGUEZ Y RODRIGUEZ, Martius Vicente; VIEIRA, Rita. **Gestão Estratégica de Recursos Humanos -** Compartilhando o conhecimento para o desenvolvimento dos negócios. Rio de Janeiro: Qualimark. 2005.

MARQUES, Pedro. Empresas usam horários flexíveis para motivar funcionários. Disponível em: <http://economia.ig.com.br/carreiras/empresas-usam-horarios-flexiveis-para-motivar-funcionarios/n1237913550705.html>. Acesso em: 06 fev. 2013.

MARRA, Jean Pierre. **Administração de recursos humanos:** do operacional ao estratégico. 3. ed. São Paulo: Futura, 2000.

MARTINS, Humberto Falcão; Marini, Caio.
Um guia de governança para resultados na administração pública. Publix Editora, 2010. Disponível em: <http://bvsms.saude.gov.br/bvs/publicacoes/guia_governanca_resultados_administracao_publica.pdf>. Acesso em: 07 mar. 2014.

MAYO, Andrew. **O valor humano da empresa:** valorização das pessoas como ativos. São Paulo: Pearson Prentice Hall, 2003.

MENDES, Jerônimo. Talento, preparação e oportunidade. Disponível em: <http://www.administradores.com.br/informe-se/artigos/talento-preparacao-e-oportunidade/54719/+bill+gates+talentos+epoca&ct=clnk>. Acesso em: 05 jan. 2013.

MENDES, Tânia. O Brasil na era da convergência. **Revista Brasileira de Administração.** Mar./Abr. 2011. p. 10-15.

MICHELETTI, Camila. Delícias que valem ouro. Disponível em: <http://carreiras.empregos.com.br/carreira/administracao/ge/np/tipos/040402-sweet_brazil.shtm> Acesso em: 03 mar. 2011.

MICHELETTI, Camila. Sua empresa faz retenção de talentos? Comunidade RH. Empregos.com.Disponível em: <http://carreiras.empregos.com.br/comunidades/rh/noticias/171002-pesquisa_retencao_talentos.shtm>. Acesso em: 05 mar. 2011

MILLER, Jody Greenstone & MILLER, Matt. Para executivos e profissionais liberais, emprego fixo pode já não ser o melhor. **Revista Harvard Business** Review. Brasil. maio, 2012 p. 21-30.

NAKASHIMA, Cleide. **Reter talentos, o maior desafio**, 2003. Disponível em http://www2.uol.com.br/JC/sites/deloitte/artigos/a3.htm, Acesso em: 12 abr. 2013.

NETO, João Pinheiro de Barros. Recursos Humanos: desenvolvimento e gestão de pessoas. In: KUAZAQUI, Edmir (Org). **Administração para não administradores.** São Paulo: Saraiva, 2006.

OIT. Organização Internacional do Trabalho. Disponível em: <htttp://www.oit.org.br>. Acesso em: 17 jan. 2013.

PESQUISA CNI-IBOPE. **Retratos da sociedade brasileira**: a indústria brasileira na visão da população maio/2014. Confederação Nacional da Indústria. Brasília _ CNI, 2014. Disponível em: <http://arquivos.portaldaindustria.com.br/app/conteudo_24/2014/06/09/439/CNI_IBOPE_IndBrasnavisaodaPopulacao_MAIO2014_web.pdf>. Acesso em: 06 dez. 2014.

PETROBRAS Petróleo Brasileiro S/A. Disponível em: <http://www.petrobras.com.br/pt/quem-somos/carreiras/concursos/>. Acesso em: 15 jan. 2013.

PONTELO, Juliana; CRUZ, Lucineide. **Gestão de pessoas** – Manual de rotinas trabalhistas. 8ª ed. Brasília: Senac-DF. 2015.

PORTAL GESTÃO DE PESSOAS. Disponível em: <http://www.gpportal.com.br/p/sobre-nos.html>. Acesso em: 05 ago. 2013.

PORTER, M. **Competição:** estratégias competitivas essenciais. São Paulo: Campus, 1999.

PRAHALAD, C. K. & HAMEL, G. The core competence of the corporation. Harvard Business Review, May/ June, 1990, p.79-91.

PREDEBON, J. **Criatividade hoje**: como se pratica, aprende e ensina. São Paulo: Atlas, 1999.

_____, J. **Criatividade**: abrindo o lado inovador da mente: um caminho para o exercício prático dessa potencialidade, esquecida ou reprimida quando deixamos de ser crianças. 4. ed. São Paulo: Atlas 2002.

PRESS, Mauro & DUARTE, Débora. Gestao de Talentos. Disponivel em: <http://www.maksuri.com/Artigo%20Gest%C3%A3o%20de%20Talentos.htm>. Acesso em: 05 fev. 2013.

REVISTA ISTO É DINHEIRO. As melhores da dinheiro 500. **As melhores empresas do Brasi**l. Ano 13. Número 671-A. Editora Três. 18 ago. 2010.

REVISTA MELHOR GESTÃO DE PESSOAS. Ano 18, n. 278. Jan. 2011.
_____. Ano 21, n. 305. Abr. 2013.

ROBBINS, STEPHEN P. **Comportamento organizacional**. Tradução de Rita de Cássia Gomes. 14. ed. São Paulo: Person Prentice Hall, 2010.

SENAC. DN. **Referenciais para a educação profissional**. Rio de Janeiro: Ed. Senac. 2001.

SENAC. RIO. **Sem Limite – inclusão de portadores de deficiência no mercado de trabalho**. Rio de Janeiro: Senac Rio, 2002.

SOUZA, Levi Lima de. **A Teoria da relatividade na gestão de pessoas: uma nova visão para gerenciar pessoas com foco no crescimento das organizações**. Rio de Janeiro: Elsevier. 2005

TACHIZAWA, Takeshy; FERREIRA, Victor Cláudio Paradela; FORTUNA, Antônio Alfredo Mello. Gestão com pessoas: uma abordagem aplicada às estratégias de negócios. 2. ed. Rio de Janeiro: Fundação Getúlio Vargas, 2001.

TERRA, Helio Rangel. Empreendedorismo e Excelência em RH: o caso da Manager. Ricardo Xavier Recursos Humanos. Disponível em: <http://www.

ricardoxavier.com.br/arquivos/livros/empreendedorismo_e_excelencia_em_rh.pdf>. Acesso em: 31 out. 2014.

WERLAND, Patrícia. **O papel do gestor de recursos humanos na construção da responsabilidade social empresarial.** Disponível em: <http://www.ethos.org.br/_Uniethos/Documents/O%20PAPEL%20DO%20GESTOR%20DE%20RECURSOS%20HUMANOS%20NA%20CONSTRU%C3%87%C3%83O%20DA%20RESPONSABILIDADE%20SOCIAL%20EMPRESARIAL.pdf> . Acesso em: 01 mar. 2013.

WIKIPEDIA a biblioteca livre. Disponível em: <http://pt.wikipedia.org/wiki/Wikip%C3%A9dia:P%C3%A1gina_principal>. Acesso em: 10 jan. 2013.

ZARIFIAN, P. **Objetivo competências**. São Paulo: Atlas, 2001.

Anexos

Legislação Trabalhista de empregados, servidores públicos, Jovens Aprendizes, Estagiários e Pessoa com deficiência – PCD

Algumas leis que promovem o benefícios aos trabalhadores

Constituição da Republica Federativa do Brasil 1988 – CF

Consolidação das Leis do Trabalho – CLT

Decreto-Lei n° 5.452/43

Licença Maternidade

Lei no 8.861, de 25 de março de 1994 – Dá nova redação aos arts. 387 e 392 da Consolidação das Leis do Trabalho (CLT), altera os arts. 12 e 25 da Lei n° 8.212, de 24 julho de 1991, e os arts. 39, 71, 73 e 106 da Lei n° 8.213, de 24 julho de 1991, todos pertinentes à licença-maternidade.

Lei n° 11.770, de 9 de setembro de 2008 – Cria o Programa Empresa Cidadã, destinado à prorrogação da licença-maternidade mediante concessão de incentivo fiscal, e altera a Lei n° 8.212, de 24 de julho de 1991.

Segurança e Saúde do Trabalho

NORMAS REGULAMENTADORAS – A quantidade de NRs para trabalhadores urbanos são 36 e para trabalhadores rurais são 5, sendo as mais destacadas:
- NR 05 – Comissão Interna de Prevenção de AcidentesNR 06 – Equipamentos de Proteção Individual - EPI NR 07 – Programas de Controle Médico de Saúde Ocupacional NR 17 – Ergonomia

Legislação de Benefícios e Prêmios

Lei 10.101, de 19 de dezembro de 2000 – Dispõe sobre a participação dos trabalhadores nos lucros ou resultados da empresa e dá outras providências.

Lei nº 12.761, de 27 de dezembro de 2012 – Institui o Programa de Cultura do Trabalhador; cria o vale-cultura; altera as Leis nos 8.212, de 24 de julho de 1991, e 7.713, de 22 de dezembro de 1988, e a Consolidação das Leis do Trabalho - CLT, aprovada pelo Decreto-Lei no 5.452, de 1o de maio de 1943; e dá outras providências.

Legislação de Servidores públicos

Lei nº 8.112, de 11 de dezembro de 1990 – Dispõe sobre o regime jurídico dos servidores públicos civis da União, das autarquias e das fundações públicas federais.

Do Concurso Público

- Art. 11. O concurso será de provas ou de provas e títulos, podendo ser realizado em duas etapas, conforme dispuserem a lei e o regulamento do respectivo plano de carreira, condicionada a inscrição do candidato ao pagamento do valor fixado no edital, quando indispensável ao seu custeio, e ressalvadas as hipóteses de isenção nele expressamente previstas. (Redação dada pela Lei nº 9.527, de 10.12.97.) (Regulamento)
- Art. 12. O concurso público terá validade de até 2 (dois) anos, podendo ser prorrogado uma única vez, por igual período.
- § 1o O prazo de validade do concurso e as condições de sua realização serão fixados em edital, que será publicado no Diário Oficial da União e em jornal diário de grande circulação.
- § 2o Não se abrirá novo concurso enquanto houver candidato aprovado em concurso anterior com prazo de validade não expirado

Lei nº 12.772, de 28 de dezembro de 2012 (Vide Medida Provisória nº 614, de 2013) – Dispõe sobre a estruturação do Plano de Carreiras e Cargos de Magistério Federal;

Lei nº 12.774, de 28 de dezembro de 2012 – Altera a Lei no 11.416, de 15 de dezembro de 2006, que dispõe sobre as Carreiras dos Servidores do Poder Judiciário da União, fixa os valores de sua remuneração e dá outras providências. Disponível em:
http://www.planalto.gov.br/ccivil_03/_Ato2011-2014/2012/Lei/L12774.htm#art6

Lei nº 12.778, de 28 de dezembro de 2012 – Dispõe sobre remuneração e reajuste de Planos de Cargos, Carreiras.

Legislação especifica do Jovem Aprendiz

Decreto n° 5.598, de 1° de dezembro de 2005 – Regulamenta a contratação de aprendizes e dá outras providências.
Art. 2o Aprendiz é o maior de quatorze anos e menor de vinte e quatro anos que celebra contrato de aprendizagem, nos termos do art. 428 da Consolidação das Leis do Trabalho – CLT.
Parágrafo único. A idade máxima prevista no caput deste artigo não se aplica a aprendizes portadores de deficiência.

DO CONTRATO DE APRENDIZAGEM

- Art. 3o Contrato de aprendizagem é o contrato de trabalho especial, ajustado por escrito e por prazo determinado não superior a dois anos, em que o empregador se compromete a assegurar ao aprendiz, inscrito em programa de aprendizagem, formação técnico-profissional metódica compatível com o seu desenvolvimento físico, moral e psicológico, e o aprendiz se compromete a executar com zelo e diligência as tarefas necessárias a essa formação.
- Parágrafo único. Para fins do contrato de aprendizagem, a comprovação da escolaridade de aprendiz portador de deficiência mental deve considerar, sobretudo, as habilidades e competências relacionadas com a profissionalização.
- Art. 4o A validade do contrato de aprendizagem pressupõe anotação na Carteira de Trabalho e Previdência Social, matrícula e frequência do aprendiz à escola, caso não haja concluído o ensino fundamental, e inscrição em programa de aprendizagem desenvolvido sob a orientação de entidade qualificada em formação técnico-profissional metódica.
- Art. 5o O descumprimento das disposições legais e regulamentares importará a nulidade do contrato de aprendizagem, nos termos do art. 9o da CLT, estabelecendo-se o vínculo empregatício diretamente com o empregador responsável pelo cumprimento da cota de aprendizagem.
- Parágrafo único. O disposto no caput não se aplica, quanto ao vínculo, a pessoa jurídica de direito público.

Portaria n° 991, de 27/11/2008 – Aprova Termo de Referência e estabelece os critérios e as normas de transferência automática de recursos financeiros a Estados, a Municípios e ao Distrito Federal, relativos ao Projovem Trabalhador – Juventude Cidadã.

Decreto n° 6.629, de 04/11/2008 – Regulamenta o Programa Nacional de Inclusão de Jovens – Projovem, instituído pela Lei n° 11.129, de 30 de junho de 2005, e regido pela Lei n° 11.692, de 10 de junho de 2008, e dá outras providências.

Lei n° 11.692, de 10/06/2008 – Dispõe sobre o Programa Nacional de Inclusão de Jovens – Projovem, instituído pela Lei n° 11.129, de 30 de junho de 2005; altera a Lei n° 10.836, de 9 de janeiro de 2004; revoga dispositivos das Leis n°s 9.608, de 18 de fevereiro de 1998, 10.748, de 22 de outubro de 2003, 10.940, de 27 de agosto de 2004, 11.129, de 30 de junho de 2005, e 11.180, de 23 de setembro de 2005; e dá outras providências.

Lei n° 10.097 de 19 de dezembro de 2000, que altera a CLT, Lei n° 11.180 de 23 de setembro de 2005, e por meio do Decreto n° 5.598, de 1° de dezembro de 2005. Estas regulamentações estabelecem que todas as empresas de médio e grande porte estão obrigadas a contratarem adolescentes e jovens com idades entre 14 e 24 anos e pessoas com deficiência sem limite máximo de idade, alem de fixar cota de contratação de aprendizes entre 5%, no mínimo, e 15%, no máximo, por estabelecimento, calculada sobre o total de empregados cujas funções demandem formação profissional. As frações de unidade darão lugar à admissão de um aprendiz (art. 429, caput e § 1° da CLT).

Portaria n° 615, de 13 de dezembro de 2007 – Foi publicada com o intuito de promoção de entidades qualificadas em formação técnico-profissional metódica, buscando promover a qualidade pedagógica e a efetividade social, definindo diretrizes curriculares para o desenvolvimento dos cursos e programas de aprendizagem, classificados no âmbito da educação profissional como cursos de formação inicial e continuada.

Portaria n° 1.003, que altera importantes artigos da Portaria n° 615.

Lei n° 11.692 de 10 de junho de 2008 – Dispõe sobre o Programa Nacional de Inclusão de Jovens – Projovem, instituído pela Lei no 11.129, de 30 de junho de 2005; altera a Lei no 10.836, de 9 de janeiro de 2004; revoga dispositivos das Leis nos 9.608, de 18 de fevereiro de 1998, 10.748, de 22 de outubro de 2003, 10.940, de 27 de agosto de 2004, 11.129, de 30 de junho de 2005, e 11.180, de 23 de setembro de 2005; e dá outras providências. Esta regulamentação dispõe de Programa Nacional de Inclusão de Jovens – Projovem, instituído pela Lei no 11.129, de 30 de junho de 2005, passa a reger-se, a partir de 1o de janeiro de 2008, pelo disposto nesta Lei. Este Programa é destinado a jovens de 15 (quinze) a 29 (vinte e nove) anos, com o objetivo de promover sua reintegração ao processo educacional, sua qualificação profissional e seu desenvolvimento humano, será desenvolvido por meio das seguintes modalidades:

I - Projovem Adolescente – Serviço Socioeducativo;
II - Projovem Urbano;
III - Projovem Campo - Saberes da Terra; e
IV - Projovem Trabalhador.

Lei n° 11.180 de 23 de setembro de 2005 – Art. 18. Os arts. 428 e 433 da Consolidação das Leis do Trabalho – CLT, aprovada pelo Decreto-Lei no 5.452, de 1o de maio de 1943, passam a vigorar com a seguinte redação:

- "Art. 428. Contrato de aprendizagem é o contrato de trabalho especial, ajustado por escrito e por prazo determinado, em que o empregador se compromete a assegurar ao maior de 14 (quatorze) e menor de 24 (vinte e quatro) anos inscrito em programa de aprendizagem formação técnico-profissional metódica, compatível com o seu desenvolvimento físico, moral e psicológico, e o aprendiz, a executar com zelo e diligência as tarefas necessárias a essa formação.
- § 5o A idade máxima prevista no caput deste artigo não se aplica a aprendizes portadores de deficiência.
- § 6o Para os fins do contrato de aprendizagem, a comprovação da escolaridade de aprendiz portador de deficiência mental deve considerar, sobretudo, as habilidades e competências relacionadas com a profissionalização." (NR)
- "Art. 433. O contrato de aprendizagem extinguir-se-á no seu termo ou quando o aprendiz completar 24 (vinte e quatro) anos, ressalvada a hipótese prevista no § 5o do art. 428 desta Consolidação, ou ainda antecipadamente nas seguintes hipóteses:

  ...." (NR)

Legislação específica do Estagio Supervisionado

Lei n° 11.788, de 25 de setembro de 2008 – Dispõe sobre o estágio de estudantes; altera a redação do art. 428 da Consolidação das Leis do Trabalho – CLT, aprovada pelo Decreto-Lei n° 5.452, de 1° de maio de 1943, e a Lei n° 9.394, de 20 de dezembro de 1996; revoga as Leis n°s 6.494, de 7 de dezembro de 1977, e 8.859, de 23 de março de 1994, o parágrafo único do art. 82 da Lei n° 9.394, de 20 de dezembro de 1996, e o art. 6° da Medida Provisória n° 2.164-41, de 24 de agosto de 2001; e dá outras providências.

Legislação específica de pessoas com deficiência – PCD

Constituição Federal de 1988 – Dispõe sobre os seguintes direitos as pessoas com deficiência:
- art 7º XXXI – proibição de qualquer discriminação no tocante a salário e critérios de admissão de pessoa com deficiência;
- art. 37, VIII – a lei reservará percentual dos cargos e empregos públicos para as pessoas portadoras de deficiência e definirá os critérios de sua admissão;
- art. 203, IV A habilitação e reabilitação das pessoas portadoras de deficiência e a promoção de sua integração à vida comunitária por meio da assistência social;
- art. 203, V – a garantia de um salário mínimo de benefício mensal à pessoa portadora de deficiência e ao idoso que comprovem não possuir meios de prover à própria manutenção ou de tê-la provida por sua família;
- art. 227, § 1º, II – criação de programas de prevenção e atendimento especializado para as pessoas portadoras de deficiência física, sensorial ou mental, bem como de integração social do adolescente e do jovem portador de deficiência, mediante o treinamento para o trabalho e a convivência, e a facilitação do acesso aos bens e serviços coletivos, com a eliminação de obstáculos arquitetônicos e de todas as formas de discriminação. (Redação dada Pela Emenda Constitucional nº 65, de 2010.);
- art. 227, § 2º – de construção dos logradouros e dos edifícios de uso público e de fabricação de veículos de transporte coletivo, a fim de garantir acesso adequado às pessoas portadoras de deficiência;
- art. 244 – a lei disporá sobre a adaptação dos logradouros, dos edifícios de uso público e dos veículos de transporte coletivo atualmente existentes a fim de garantir acesso adequado às pessoas portadoras de deficiência, conforme o disposto no art. 227, § 2º.

Lei nº 7.853, de 24 de outubro de 1989 – Dispõe sobre o apoio às pessoas portadoras de deficiência, sua integração social, sobre a Coordenadoria Nacional para Integração da Pessoa Portadora de Deficiência – Corde, institui a tutela jurisdicional de interesses coletivos ou difusos dessas pessoas, disciplina a atuação do Ministério Público, define crimes, e dá outras providências.

Lei nº 8.213 de 24 de julho de 1991

Art. 93. A empresa com 100 (cem) ou mais empregados está obrigada a preencher de 2% (dois por cento) a 5% (cinco por cento) dos seus cargos com beneficiários reabilitados ou pessoas portadoras de deficiência, habilitadas, na seguinte proporção:

I - até 200 empregados..2%;
II - de 201 a 500...3%;
III - de 501 a 1.000...4%;
V - de 1.001 em diante. ....5%.

Decreto nº 914, de 6 de setembro de 1993 – Institui a Política Nacional para a Integração da Pessoa Portadora de Deficiência, e dá outras providências.

Decreto nº 7.612, de 17 de novembro de 2011 – Institui o Plano Nacional dos Direitos da Pessoa com Deficiência – Plano Viver sem Limite.

Lei Complementar nº 142, de 8 de maio de 2013 – Regulamenta o § 1º do art. 201 da Constituição Federal, no tocante à aposentadoria da pessoa com deficiência segurada do Regime Geral de Previdência Social – RGPS.

Tipografia	Avenir LT Std
	Bitter
Papel	Offset 80 g/m²
Impressão	Offset